„Jeder Mensch hat das Recht auf freie Meinungsäußerung; dieses Recht umfasst die Freiheit, Meinungen unangefochten zu vertreten sowie Informationen und Ideen mit allen Kommunikationsmitteln ohne Rücksicht auf Grenzen zu suchen, zu empfangen und zu verbreiten."

ARTIKEL 19

ALLGEMEINE ERKLÄRUNG DER MENSCHENRECHTE DER VEREINTEN NATIONEN, 10. DEZEMBER 1948

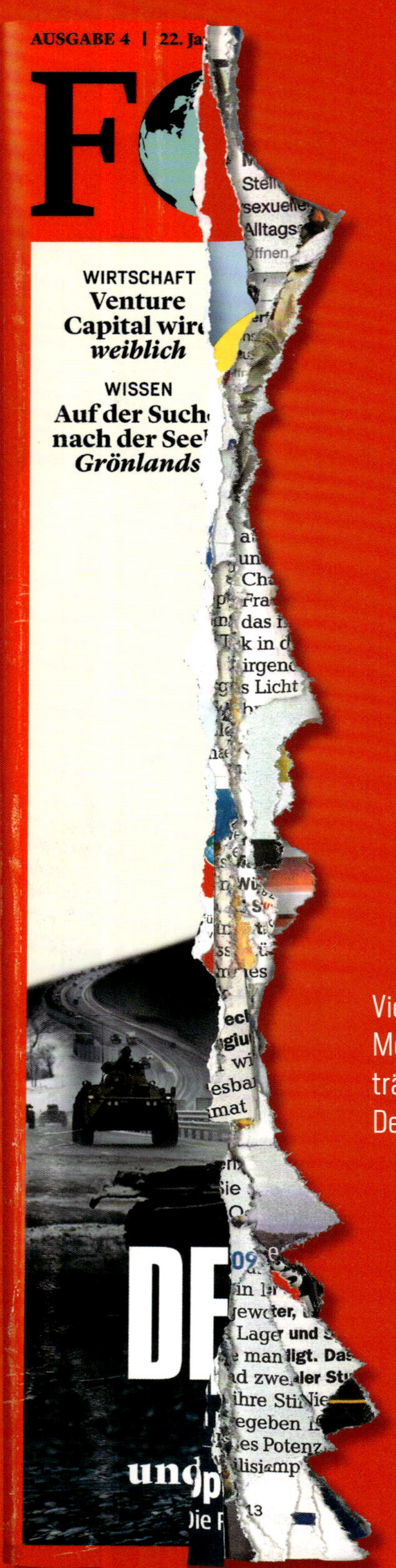
WIRTSCHAFT
weiblich
WISSEN
Grönlands

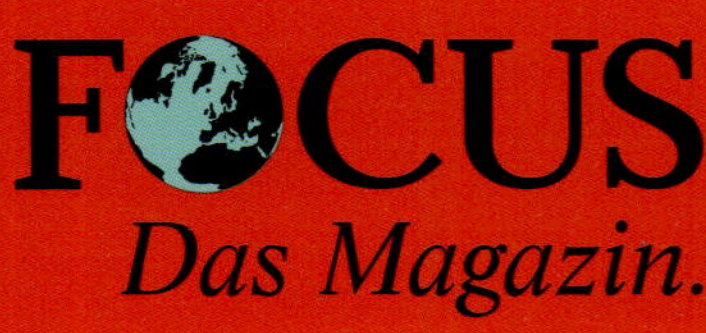
FOCUS
Das Magazin.

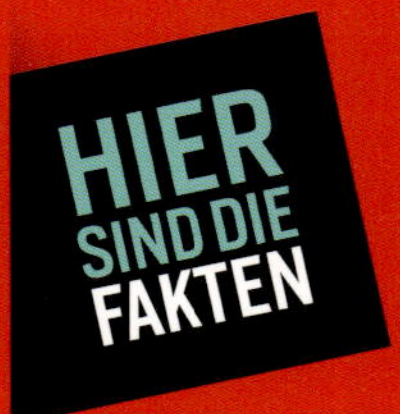
HIER
SIND DIE
FAKTEN

KEINE FREIHEIT OHNE PRESSE-FREIHEIT

REPORTER OHNE GRENZEN: RECHERCHIEREN, ANKLAGEN, UNTERSTÜTZEN

Reporter ohne Grenzen (RSF) dokumentiert weltweit Verstöße gegen die Presse- und Informationsfreiheit und alarmiert die Öffentlichkeit, wenn Journalistinnen und Journalisten und deren Mitarbeitende in Gefahr sind. Wir setzen uns für mehr Sicherheit und einen besseren Schutz von Kolleginnen und Kollegen ein. Wir kämpfen online wie offline gegen Zensur, gegen den Einsatz sowie den Export von Überwachungstechnik, gegen restriktive Gesetze und für unabhängige Medien.

Unser Nothilfereferat in Berlin unterstützt verfolgte Journalistinnen und Journalisten sowie deren Familien. Der Schwerpunkt unserer Arbeit liegt auf der Hilfe in den Herkunftsländern der Betroffenen. Das Ziel ist es, ihnen so zu helfen, dass sie ihre journalistische Tätigkeit möglichst in der Heimat weiterführen oder wiederaufnehmen können. *Reporter ohne Grenzen* ersetzt zerstörte oder beschlagnahmte Ausrüstungen, übernimmt Anwaltskosten und hinterlegt Kautionen für eine Haftverschonung. Nach Anschlägen oder Misshandlungen ermöglichen wir bedrohten Kolleginnen und Kollegen eine medizinische Behandlung. Bei Arbeitsverbot oder Entlassung sorgen wir für eine finanzielle Überbrückung und unterstützen die Angehörigen. Zudem spiegeln wir von Berlin aus zensierte Webseiten, schulen in Fragen digitaler Sicherheit und prüfen über unser Digital Security Lab, ob Telefone oder Computer von Spähsoftware befallen sind. Wenn es lebensgefährlich ist, im Heimatland zu bleiben, bemühen wir uns darum, ein sicheres Aufnahmeland zu finden.

GUTE LAGE
ZUFRIEDENSTELLENDE LAGE
ERKENNBARE PROBLEME
SCHWIERIGE LAGE
SEHR ERNSTE LAGE

EIN GLOBALES NETZWERK

Seit 30 Jahren ist die deutsche Sektion von Berlin aus aktiv. Der Verein *Reporter ohne Grenzen e.V.* ist Teil der im Jahr 1985 gegründeten internationalen Organisation *Reporters sans frontieres* mit Hauptsitz in Paris. *Reporter ohne Grenzen* Deutschland ist organisatorisch und finanziell eigenständig. Gemeinsam mit dem internationalen Sekretariat in Paris recherchiert die deutsche Sektion Verstöße gegen die Medienfreiheit weltweit, wertet diese aus, dokumentiert sie und koordiniert internationale Kampagnen und Aktionen.

Ein globales Netzwerk für schnelle Information und Intervention entsteht durch unsere 136 Korrespondentinnen und Korrespondenten, durch unsere Repräsentantinnen und Repräsentanten in Algerien, Indien, Mexiko, Pakistan und der Türkei, unsere Partner sowie unsere Sektionen und Büros in Belgien, Brasilien, Frankreich, Finnland, Großbritannien, Österreich, Schweden, der Schweiz, Spanien, Taiwan, Tunesien, im Senegal und in den USA.

Reporter ohne Grenzen finanziert sich hauptsächlich aus Spenden und Mitgliedsbeiträgen, aber auch mit Hilfe dieses Fotobuchs.

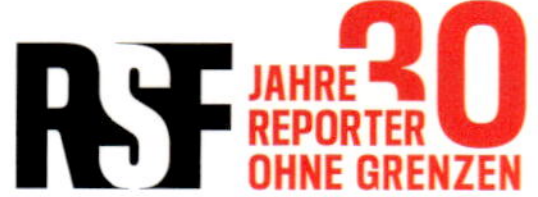

Die aktuelle Rangliste der Pressefreiheit von *Reporter ohne Grenzen* finden Sie unter: www.reporter-ohne-grenzen.de/rangliste

LIEBE LESERINNEN UND LESER

GEMMA PÖRZGEN FÜR DEN VORSTAND:
Katja Gloger, Martin Kaul, Gemma Pörzgen, Dr. Michael Rediske, Matthias Spielkamp

Vor 30 Jahren erschien der Bildband „Fotos für die Pressefreiheit" zum ersten Mal. Er gab am 3. Mai 1994, dem Tag der Pressefreiheit, das Startsignal für die Absicht, eine deutsche Sektion von *Reporters sans frontieres (RSF)* zu gründen. Der Erlös der ersten Ausgabe, die damals noch in Schwarz-Weiß gehalten war, sollte die finanzielle Grundlage dafür schaffen.

Seither hat sich die Gestalt dieses Fotobuchs immer wieder verändert, aber das Konzept ist in seinen Grundzügen gleichgeblieben. Internationale Fotografinnen und Fotografen stellen uns ihre Bilder zur Verfügung, damit wir die wichtigsten Ereignisse und Entwicklungen des jeweiligen Vorjahres dokumentieren können. Seit einigen Jahren ergänzen zudem Autorinnen und Autoren diese Essays mit ihren Texten, in denen sie – nach intensiven Vorgesprächen – von der Arbeit der Fotojournalisten erzählen.

2023 war ein besonders trauriges Jahr für die Pressefreiheit. Mit einem ungewöhnlichen Fotoprojekt dokumentiert die polnische Fotografin Agata Szymanska-Medina, wie die mittlerweile abgewählte PiS-Regierung die Demokratie in ihrem Heimatland deformiert hat. Der Schweizer Fotograf Dominic Nahr war wiederholt in der Ukraine unterwegs. In seinen Bildern zeigt er die Normalität des täglichen Lebens im Ausnahmezustand des Krieges.

Den Ereignissen in Israel und in Gaza nach dem Massaker der Hamas am 7. Oktober widmen wir uns aus zwei unterschiedlichen Perspektiven. Der Fotojournalist Tamir Kalifa war in Israel unterwegs und zeigt ein Land im Schockzustand. Die palästinensische Fotojournalistin Samar Abu Elouf dokumentiert in ergreifenden Bildern das Leid in Gaza.

Mit der Kraft seiner Bilder kämpft der brasilianische Fotograf Victor Moriyama gegen die Zerstörung des Amazonasbeckens. Die Bewohner eines maroden Wohnkomplexes in der indischen Metropole Mumbai sind das Thema der Fotoreportage von Francis Mascarenhas. Die britische Fotojournalistin Emily Garthwaite dokumentiert das Überleben der Menschen im Erdbebengebiet in der Türkei und in Syrien. Ala Kheir war einer der wenigen Fotojournalisten, die Zeugen der Kriegsereignisse im Sudan waren. Die Banlieues in Paris kennt William Keo wie kaum ein anderer Fotograf, weil er selbst dort aufwuchs.

Die Fotografinnen und Fotografen gewähren uns einen einzigartigen Blick in die Welt, der uns eindringlich daran erinnert, wieviel Arbeit noch vor uns liegt. Wir danken allen, die an diesem Jubiläumsband mitgewirkt haben. Sie alle unterstützen uns in unserem andauernden Kampf für die Pressefreiheit.

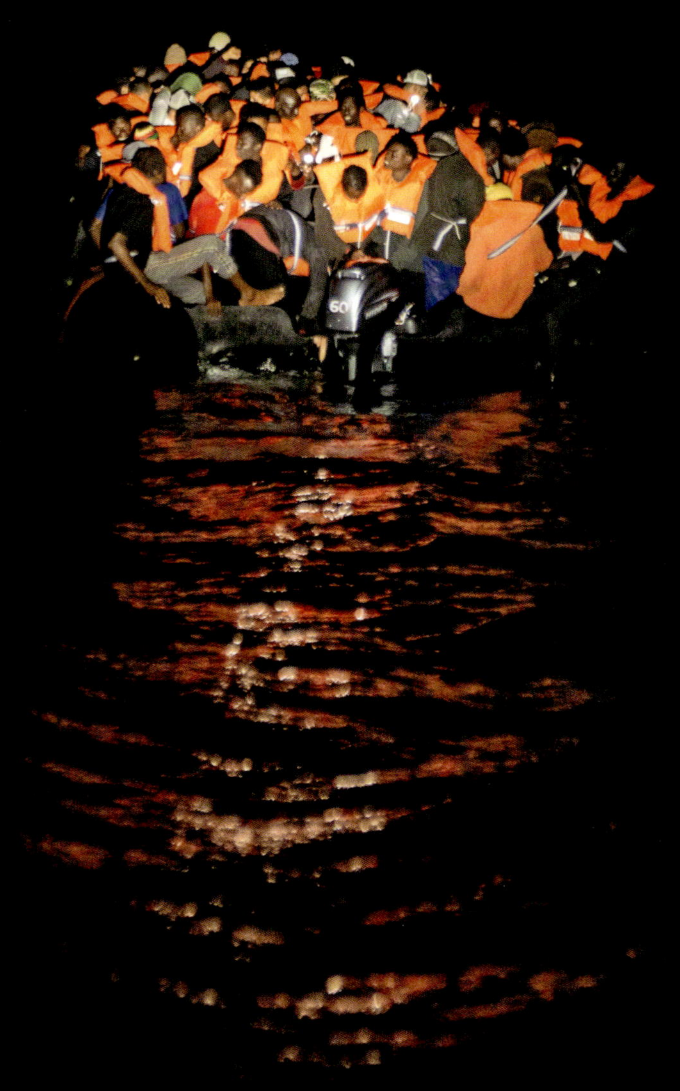

30 JAHRE FÜR DIE PRESSEFREIHEIT

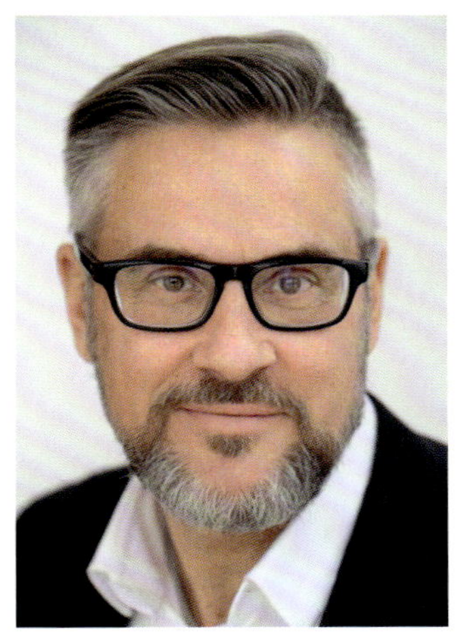

JAN-ERIC PETERS
Journalist, u. a. langjähriger Chefredakteur der *Welt*-Gruppe, Kuratoriumsmitglied bei *Reporter ohne Grenzen* und Stifter des *RSF*-Fellowships Digital Freedom & Safety

Foto: Martin Lengemann

Der Journalist Issam Abdallah steht auf einer Anhöhe bei Aalma El Chaeb im Süden des Libanons und filmt mit dem Handy sechs Kollegen. Die Reporterinnen und Reporter von *Reuters, AFP* und *Al-Dschasira* beobachten wenige Tage nach dem Massaker der Hamas Kampfhandlungen im libanesisch-israelischen Grenzgebiet. Es ist der Nachmittag des 13. Oktober 2023, die Sonne geht bald unter, die Journalisten werfen lange Schatten. Dann, in der letzten Szene des Videos, richtet der 37-jährige *Reuters*-Reporter die Kamera auf sich. Helm, Sonnenbrille, die blaue Schutzweste mit der Aufschrift „PRESS" eng am Körper, ein Lächeln. Kurz darauf ist Issam Abdallah tot.

Der Video-Reporter ist einer von mehr als 80 Medienschaffenden, die allein zwischen dem 7. Oktober und Ende des Jahres in Israel, Gaza und dem Libanon ums Leben gekommen sind. Kein anderer Krieg im 21. Jahrhundert hat für Reporter so tödlich begonnen wie dieser. Nach Erkenntnissen von *Reporter ohne Grenzen (RSF)* sind seit Beginn der Kampfhandlungen bis Jahresende mindestens 16 dieser Medienschaffenden während ihrer journalistischen Arbeit gestorben – oder wurden in einigen Fällen sogar gezielt getötet, gerade weil sie journalistisch tätig waren; zu allen ungeklärten Fällen wird weiterhin recherchiert.

Auch Issam Abdallah gehört zu den Berichterstattern, die wohl absichtlich getötet worden sind, wie eine aufwändige Recherche von *Reuters* ergab. Ein Panzer der israelischen Armee hatte ihn und seine Kollegen unter Beschuss genommen, obwohl die Gruppe deutlich erkennbar im journalistischen Einsatz war.

RSF hat beim Internationalen Strafgerichtshof mehrere Anzeigen eingereicht, damit mögliche Kriegsverbrechen gegen Medienschaffende untersucht werden. Dazu gehört auch das Schicksal des jüdischen Fotografen Roee Idan, der den brutalen Überfall der Hamas auf den Kibbuz Kfar Aza am 7. Oktober filmte und von Terroristen ermordet wurde – ebenso wie seine Frau und drei weitere Journalistinnen und Journalisten. Der 43-Jährige war der wohl erste Medienschaffende, der dieser Eskalation zum Opfer fiel.

Vor elf Jahren habe ich als *RSF*-Kuratoriumsmitglied schon einmal das Vorwort zu „Fotos für die Pressefreiheit" schreiben dürfen. Auch damals stand es nicht gut um die Pressefreiheit. Die Situation heute aber ist noch schlimmer und wird sich wahrscheinlich weiter verschlechtern, auch durch die beiden Kriege in Israel/Gaza und in der Ukraine. Immer hemmungsloser werden die Attacken gegen Journalisten.

Und doch, so deprimierend die Lage vielerorts ist: Der Kampf für die Pressefreiheit lohnt, unerlässlich für die Demokratie ist er ohnehin. *Reporter ohne Grenzen Deutschland* hat seit der Gründung vor 30 Jahren sehr viel leisten und in unzähligen Fällen ganz konkret helfen können – mit Unterstützung der vielen Spender und der Käufer dieses Fotobandes. Ich bin dankbar für das große Engagement und wünsche zum Jubiläum viel Kraft für die Herausforderungen der Zukunft, die Arbeit wird leider ganz bestimmt nicht ausgehen!

Wegschauen jedenfalls ist keine Option. Es ist an jedem von uns, die Pressefreiheit gegen Angriffe zu verteidigen. Mutig und kompromisslos.

INHALT

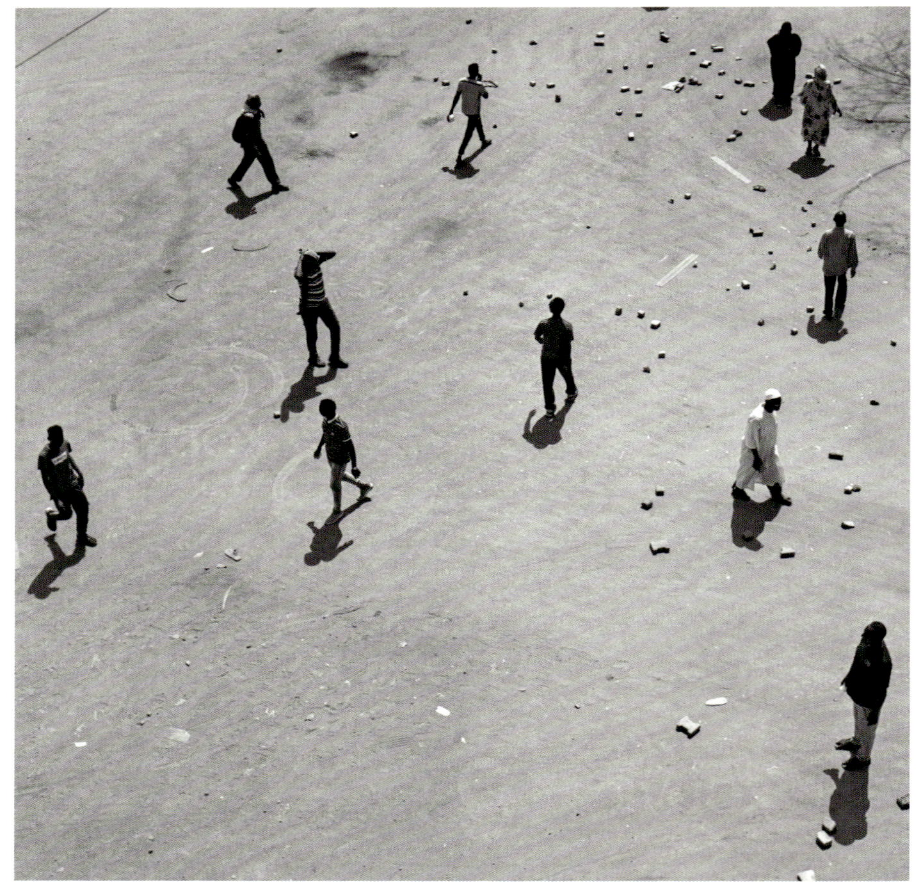

ALA KHEIR

DER VERGESSENE KAMPF UM KHARTUM

SUDAN

SEITE 54

Im April brachen in der sudanesischen Hauptstadt Khartum plötzlich Kämpfe zwischen zwei rivalisierenden Militärfraktionen aus. Die meisten Bewohner mussten alles stehen lassen, um sich in Sicherheit zu bringen. Auch der Fotojournalist Ala Kheir konnte nur retten, was er tragen konnte – darunter Teile seiner Kameraausrüstung. Mit der Kraft seiner Bilder kämpft er nun dagegen an, dass die Welt den Konflikt in seiner Heimat vergisst.

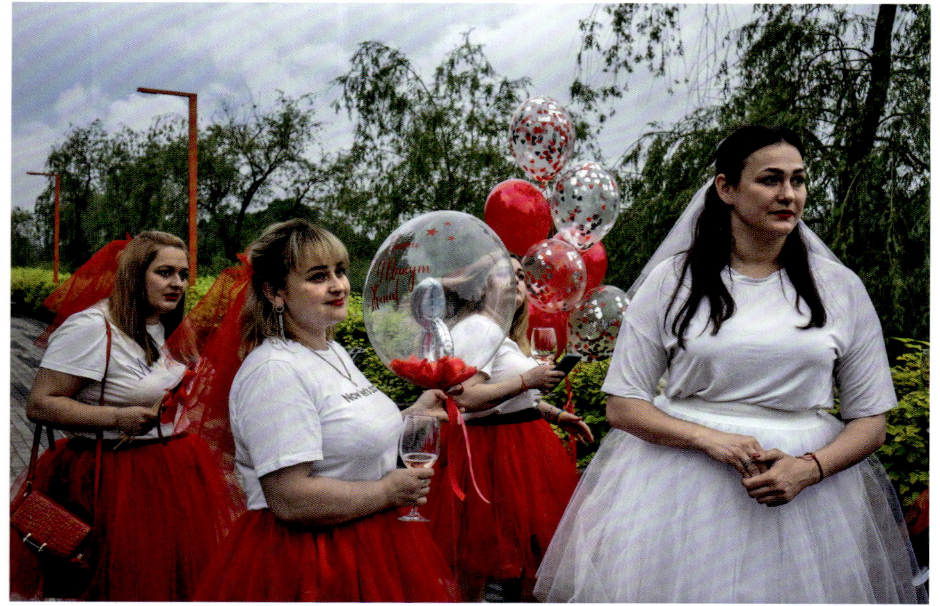

DOMINIC NAHR

AUGENKONTAKT

UKRAINE

SEITE 68

Trotz des Krieges geht auch der Alltag in der Ukraine weiter. Der Schweizer Fotojournalist Dominic Nahr war auf seinen Reisen durch das Land fasziniert von diesem vermeintlichen Gegensatz. Mit detaillierter Beobachtungsgabe hat er diverse Facetten dieser Normalität in der Krise eingefangen: die Ladenbesitzerin, die ihr Geschäft mit Essensrationen für Soldaten nahe der Front aufrecht erhält; Jugendliche, die tagsüber Häuser wiederaufbauen und abends tanzen gehen; oder die Braut, die trotz der Gefahr von Raketenbeschuss mit Freundinnen ihren Junggesellinnenabschied feiert.

TAMIR KALIFA & SAMAR ABU ELOUF

DAS TRAUMA DES 7. OKTOBERS

ISRAEL / GAZA

SEITE 34

Als die palästinensische Terrororganisation Hamas am 7. Oktober ihren brutalen Angriff auf Israel startete, war der Fotojournalist Tamir Kalifa zu Besuch bei seinen Eltern nahe Tel Aviv. Er fuhr sofort los, um die dramatischen Ereignisse zu dokumentieren. In seinen Bildern zeigt er die tiefe Trauer und den Schmerz der betroffenen Menschen und möchte so zu einem besseren Verständnis der Situation beitragen. In nicht weniger emotionalen Bildern hat die palästinensische Fotojournalistin Samar Abu Elouf die Folgen der israelischen Vergeltungsschläge im Gazastreifen festgehalten. Dabei zeigt sie vor allem die unvorstellbare Not der Kinder, die unter Bombenangriffen, Hunger und Flucht leiden. Sie selbst musste mit ihren vier Kindern aus Gaza-Stadt fliehen.

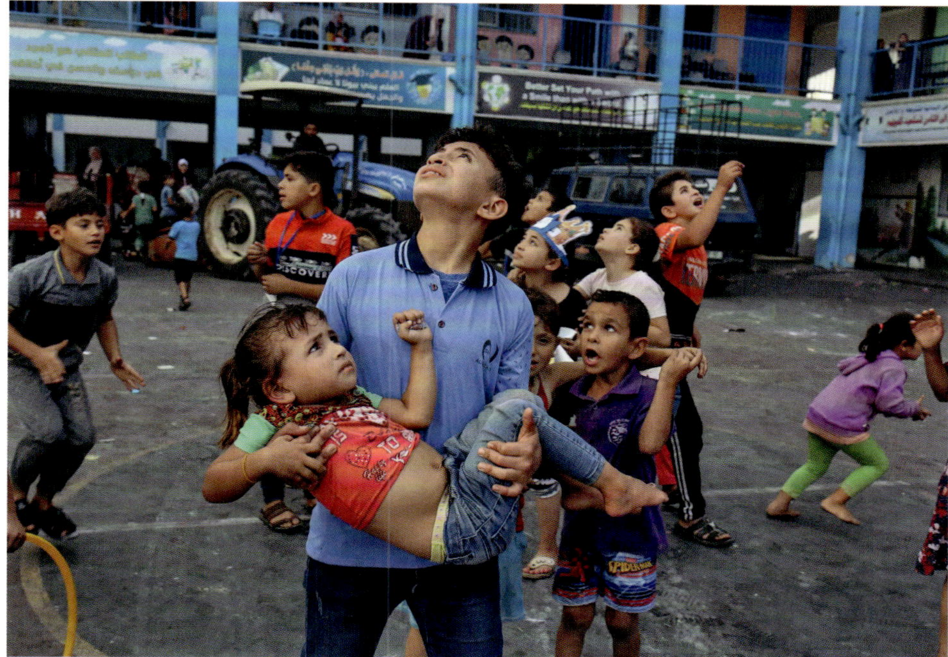

VICTOR MORIYAMA

DIE VERTEIDIGER DES REGENWALDS

BRASILIEN

SEITE 24

Der Fotojournalist Victor Moriyama versteht sich als Aktivist für den Erhalt der Natur und den Schutz indigener Menschen im Amazonasgebiet. Mit wirkungsvollen Bildern dokumentiert er die Zerstörung des Regenwalds durch illegale Landnahme, Abholzung und Brandstiftung genauso wie den Aufbau von Sojaplantagen und Rinderfarmen. Zugleich hält er auch den Alltag der letzten Überlebenden indigener Völker fest, die im Einklang mit der Natur leben und den Regenwald gegen rein wirtschaftliche Interessen verteidigen.

FRANCIS MASCARENHAS

KEIN SCHUTZ VON OBEN

INDIEN

SEITE 64

Mitten im schicken Stadtteil Worli in der indischen Großstadt Mumbai steht ein völlig maroder Häuserkomplex. Rund 600 Menschen wohnen in dem einsturzgefährdeten Gebäude, das dem Staat gehört. Doch die Behörden kümmern sich weder um eine Sanierung noch um alternative Unterkünfte für die Bewohner. Der Fotograf Francis Mascarenhas entlarvt mit seiner Dokumentation des baufälligen Wohnblocks die soziale Ungerechtigkeit und die mangelnde Verantwortung des staatlichen Systems in seiner Heimat.

AGATA SZYMANSKA-MEDINA

DIE VERFORMTE DEMOKRATIE

POLEN

SEITE 46

Die polnische Demokratie sei wie ein junger Garten erblüht, sagt die Fotojournalistin Agata Szymanska-Medina. Doch als die rechtspopulistische Partei „Recht und Gerechtigkeit“ (PiS) an die Macht kam, habe sie die zarten Pflänzchen zertrampelt. Mit ihrem Projekt „Deformierung der Demokratie“ enthüllt die Fotografin in Bildern und Dokumenten, wie die PiS-Regierung zunehmend autoritäre Züge annahm, Medien beeinflusste und Institutionen unterwanderte. Um zu verstehen, wie dieser Machtmissbrauch funktionierte, konzentrierte sich Szymanska-Medina auf die Justiz: Sie traf kritische Richterinnen und Richter, die bedroht wurden, wühlte sich durch Chatprotokolle und Gerichtsunterlagen. Das Ergebnis veröffentlichte sie in einer eigenen Zeitung – und bekam überraschend positive Resonanz.

EMILY GARTHWAITE

AUF DER SUCHE NACH LEBEN

TÜRKEI

SEITE 78

Als bei einem Erdbeben der Stärke 7,8 in der Türkei und Syrien fast 60.000 Menschen ums Leben kamen, war die britische Fotografin Emily Garthwaite nah genug, um die bedrohliche Erschütterung selbst zu spüren. Sie reiste sofort in das am stärksten betroffene Gebiet und dokumentierte in den folgenden Wochen die Auswirkungen der Katastrophe. In ihren einfühlsamen Bildern lenkt sie den Fokus nicht auf den allgegenwärtigen Tod, sondern auf die Überlebenden: Sie zeigt Menschen, die die Krise mit Lebensmut und auch mithilfe ihrer Kultur meistern.

WILLIAM KEO

ZUHAUSE IN DER VORSTADT

FRANKREICH

SEITE 86

Viele Jahre versuchte der Fotograf William Keo, seiner Herkunft aus der Pariser Banlieue zu entfliehen. Bis er erkannte, dass er gerade deswegen einen einzigartigen Zugang zu gesellschaftlichen Gruppen hat, die Außenstehenden sonst verschlossen bleiben. Mit seinen teils sehr persönlichen Bildern blickt er hinter die Fassade aus Gewalt und Armut und zeigt, dass das Leben in den Vorstädten auch Nähe und Kameradschaft bietet. Um das ihm entgegengebrachte Vertrauen nicht zu verspielen, ist er bei seinen Veröffentlichungen besonders achtsam.

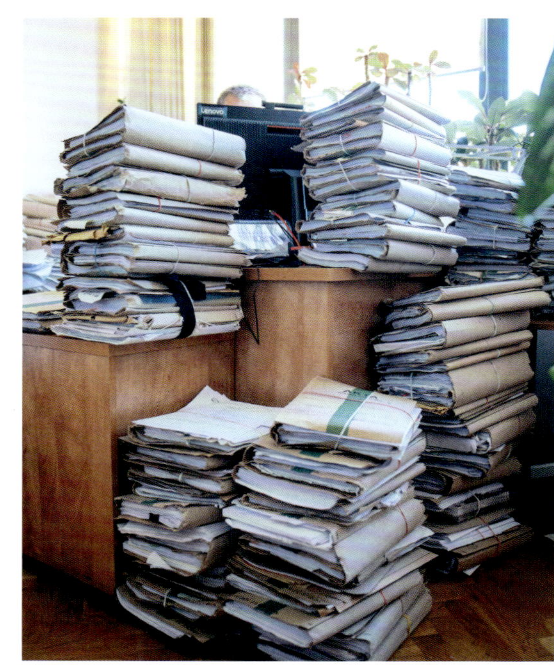

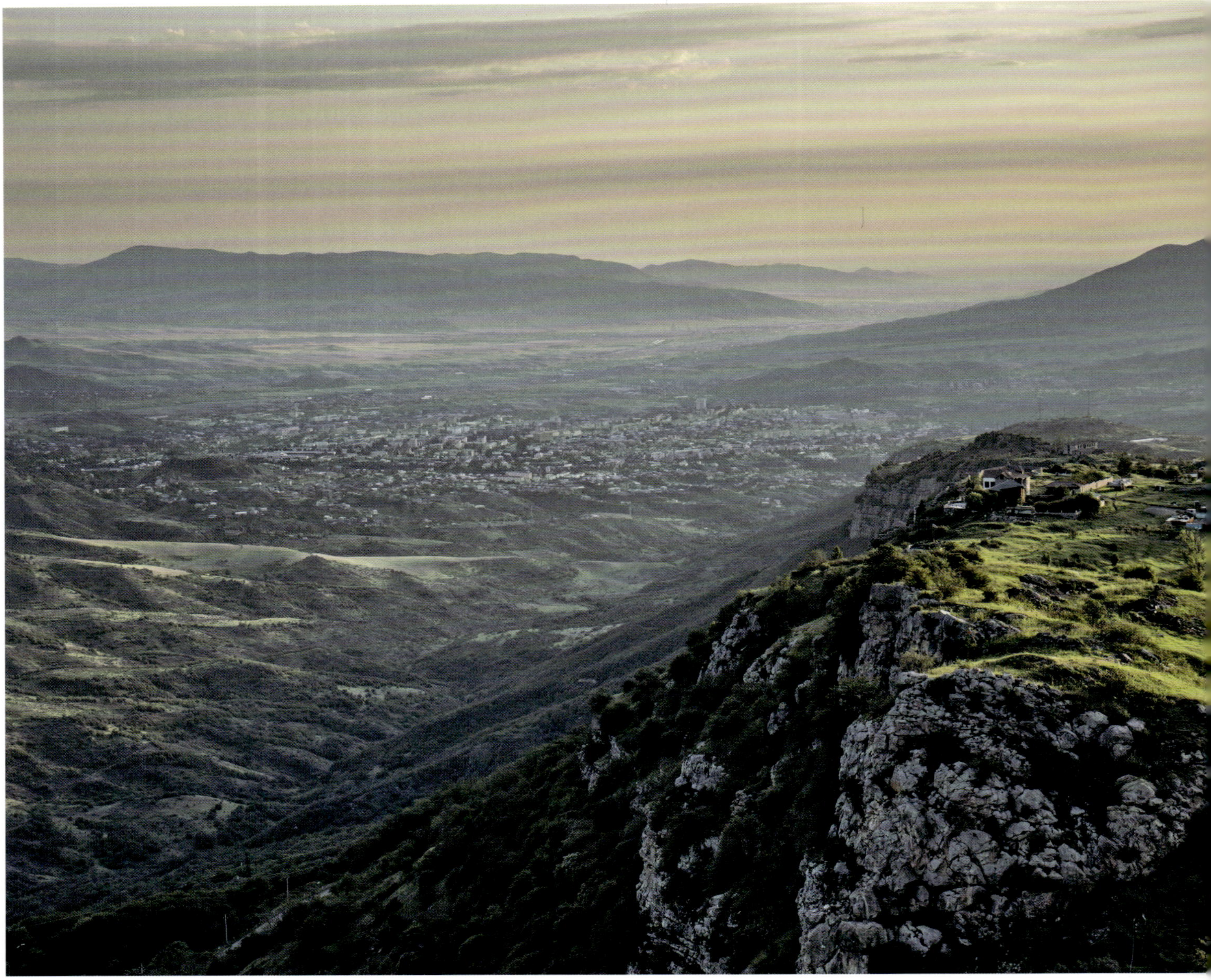

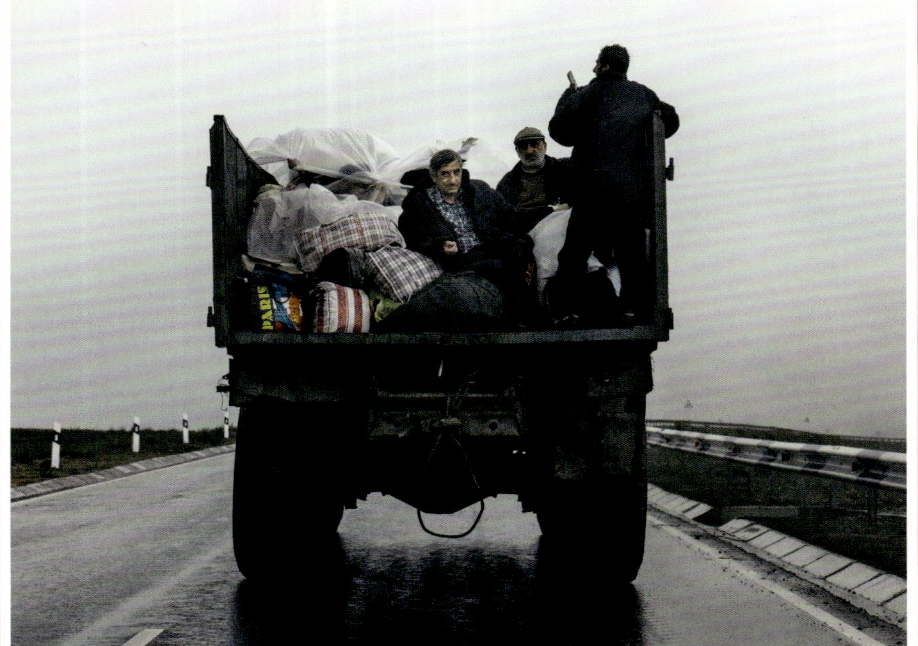

MEDIENSCHAFFENDE GETÖTET
KEINE

INHAFTIERT
7

Oben: Drei Monate vor dem Angriff der aserbaidschanischen Armee herrschte noch trügerische Idylle: Blick auf Stepanakert, die Hauptstadt von Berg-Karabach.
Foto: Sergey Ponomarev/ The New York Times/ Redux/laif

Unten: Sie konnten nicht mehr mitnehmen, als auf einen Lastwagen passt: Flüchtlinge aus Berg-Karabach erreichen am 25. September die armenische Grenze.
Foto: Nanna Heitmann/ Magnum Photos

Rechts: Geflüchtete aus Berg-Karabach stehen in einem Hilfszentrum im armenischen Grenzort Goris an, um sich registrieren zu lassen.
Foto: Nanna Heitmann/ Magnum Photos

ASERBAIDSCHAN

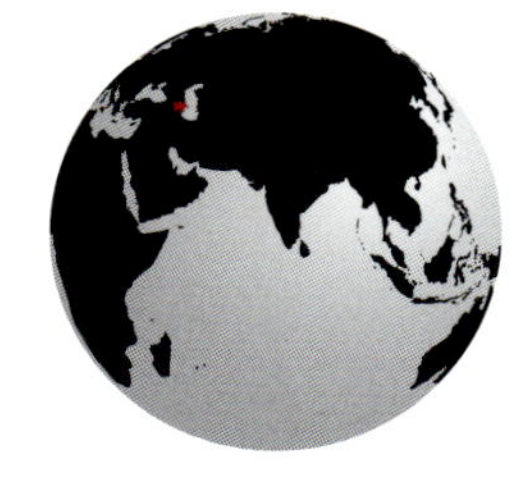

Die von Armenien und Aserbaidschan umkämpfte Region Berg-Karabach wurde zeitweise zu einem schwarzen Loch der Berichterstattung. Die einzigen Bilder aus der Region lieferten aserbaidschanische Staatsmedien, andere Reporter wurden von ihrer Arbeit abgehalten.

EINWOHNER
10.141.756

GESAMTFLÄCHE
86.600 KM²

STAATSPRÄSIDENT
ILHAM ALIJEW

PREMIERMINISTER
ALI ASADOW

Am 19. September startete das aserbaidschanische Militär eine großangelegte Offensive gegen die mehrheitlich von Armeniern bewohnte Enklave Berg-Karabach. Diese gehört völkerrechtlich zu Aserbaidschan, wurde aber von den Armeniern selbstverwaltet. Schon einen Tag nach dem Angriff mussten sich die pro-armenischen Kämpfer ergeben – es setzte eine Massenflucht ein. Fast alle der 120.000 armenischen Bewohner haben die Enklave aus Angst vor Gewalt und Verfolgung verlassen.

Vor dem Angriff hatten neun Monate lang aserbaidschanische Demonstranten den Latschin-Korridor blockiert, die einzige Zufahrtsstraße nach Berg-Karabach. Es handelte sich angeblich um einen Protest gegen eine Mine, doch vermutlich stand das aserbaidschanische Regime hinter der Aktion. Die Bewohner der Enklave konnten daher über lange Zeit nicht mit Lebensmitteln, Medikamenten und mit anderen Gütern versorgt werden.

Während der Blockade berichteten ausschließlich staatliche und regierungsnahe Medien über die Vorgänge in der Region. Reporter der wenigen unabhängigen Medien sowie ausländische Journalisten wurden nicht durch die Kontrollpunkte gelassen. Die einzigen Berichtsquellen über die Situation vor Ort waren Fotos und Videos von aserbaidschanischen Staatsmedien sowie ungeprüfte Aussagen von Einwohnern. Das einzige private Medienunternehmen mit Mitarbeitern in Berg-Karabachs Hauptstadt Stepanakert war die armenische Nachrichtenseite *Civilnet*.

Ende Februar gelang es David Lopez Frias, einem Reporter der spanischen Zeitung *El Periodico de Espana*, bis zum Latschin-Korridor vorzudringen. Er war jedoch im Rahmen einer staatlich organisierten Pressetour mit Teilnehmern aus elf Staaten unterwegs und stand daher unter ständiger Aufsicht. So konnte er zwar mit aserbaidschanischen Demonstranten sprechen, aber nicht mit Vertretern der armenischen Minderheit. Genauso wenig durfte er die russischen Friedenstruppen interviewen, die eigentlich dafür sorgen sollten, dass das letzte Waffenstillstandsabkommen von 2020 eingehalten wird und der Latschin-Korridor offen bleibt. Später veröffentlichte die staatliche aserbaidschanische Nachrichtenagentur *AZERTAC* ein Interview mit Lopez, in dem sie seine Beobachtungen völlig verzerrt wiedergab.

Seit ihrem Sieg über die armenischen Separatisten hat die aserbaidschanische Regierung auch im Rest des Landes die Attacken gegen unabhängige Journalisten weiter verschärft. Im November wurden drei Mitarbeiter der investigativen Nachrichtenseite *Abzas Media* festgenommen, darunter auch Chefredakteurin Sevinj Vagifgizi. Sie hatte mit einem Auszeit-Stipendium von *Reporter ohne Grenzen* 2021 drei Monate in Berlin verbracht. Kurz vor den Festnahmen hatte *Abzas Media* Korruptionsvorwürfe aufgedeckt – im Zusammenhang mit Landgebieten, die Aserbaidschan bei seiner Offensive gegen Berg-Karabach zurückerobert hatte. Wenig später wurden zwei Mitarbeiter des regierungskritischen Digitalfernsehsenders *Kanal 13* unter dem Vorwand krimineller Straftaten verhaftet. Später folgten fünf weitere Festnahmen von Mitarbeitern der unabhängigen Medien *Abzas Media, Kanal 13, Kanal 11, Azerinfo.az* und *dunyaninsesi.az.*

Das in Berlin ansässige Exilmedium *Mikroskop Media*, das weiterhin kritisch über Präsident Ilham Alijew und den Konflikt mit Armenien berichtet, erhält ebenfalls Drohungen. Im Januar hatte die Nachrichtenseite detailliert recherchiert, dass viele Protestteilnehmer im Latschin-Korridor überhaupt nichts mit Umweltschutz zu tun hatten. Danach wurde *Mikroskop Media* zur Zielscheibe einer Schmutzkampagne im staatlichen Fernsehen von Aserbaidschan.

Die selbst erklärte armenische Republik Berg-Karabach wurde am 1. Januar 2024 offiziell aufgelöst. Machthaber Samwel Schahramanjan hatte ein entsprechendes Dekret unterzeichnet.

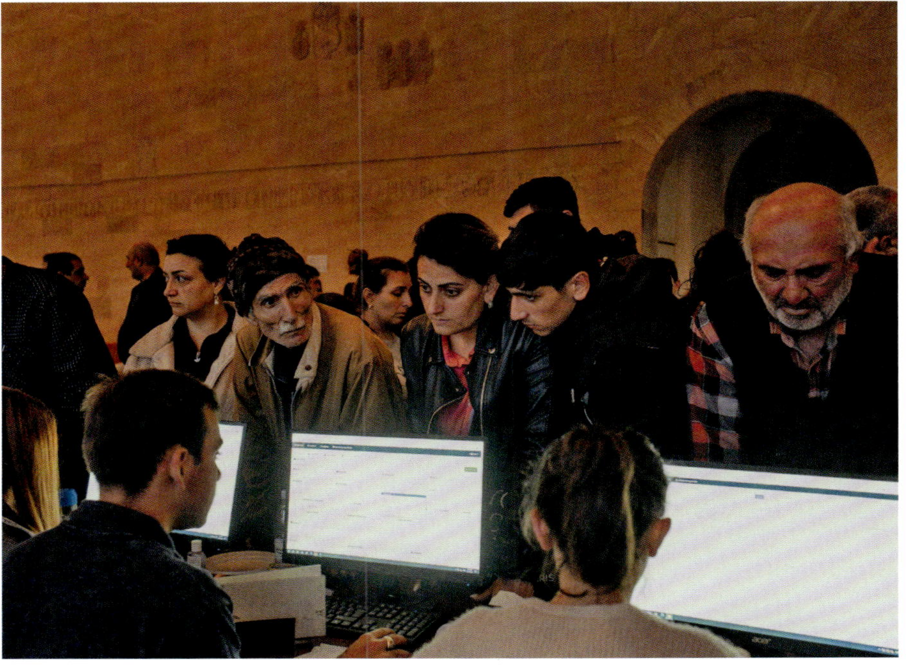

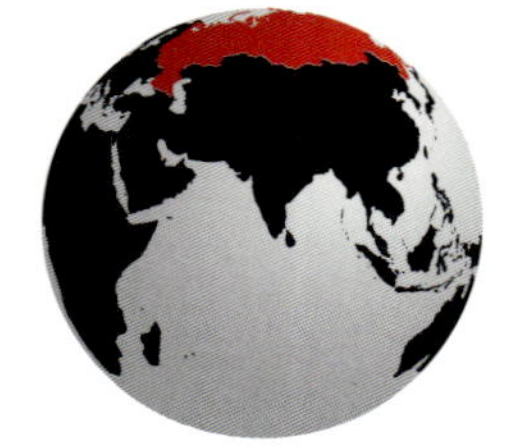

RUSSLAND

Kritische Berichterstattung ist in Russland kaum noch möglich. Hunderte Journalisten sind daher ins Ausland geflohen und setzen ihre Arbeit von dort fort. Unterstützt werden sie dabei von mutigen Kollegen, die in Russland geblieben sind und das Risiko auf sich nehmen.

STAATSPRÄSIDENT
WLADIMIR PUTIN

MINISTERPRÄSIDENT
MICHAIL MISCHUSTIN

Die Webseite ist seit März 2022 blockiert, die Mitarbeiter sind in sieben Länder geflohen – dennoch berichtet das Online-Magazin *Bumaga* (wörtlich: Papier) weiter über die Region St. Petersburg, wenn auch nun unter dem Namen *Paper*. Die virtuell vernetzte Redaktion bietet im Ausland eine sichere Basis dafür, dass Kollegen in Russland weiterhin verdeckt recherchieren und publizieren können. Es gibt heute 93 russische Exilmedien, die ähnlich arbeiten und ein Publikum in der Heimat erreichen wollen. Sie bieten eine Alternative zur russischen Staatspropaganda und erzielen teilweise hohe Reichweiten.

Seit Februar 2022 sind hunderte Medienschaffende aus Russland ins Exil geflohen – aus Angst, wegen ihrer Berichterstattung über den russischen Angriffskrieg gegen die Ukraine inhaftiert zu werden. Viele fanden Zuflucht in Nachbarländern wie Georgien oder den baltischen Staaten, aber auch in Polen, Deutschland und Frankreich. Kurz nach dem Angriff auf die Ukraine hatte die Kremlführung ein Gesetz erlassen, nach dem jede russische oder ausländische Person mit bis zu 15 Jahren Gefängnis bestraft werden kann, sollte sie „falsche Informationen“ über die russischen Streitkräfte verbreiten.

Russische Medienschaffende werden auch im Ausland verfolgt und bedroht. Während eines Berlin-Aufenthalts im Februar wurde das Smartphone von Galina Timtschenko, Herausgeberin des seit 2014 im lettischen Riga angesiedelten Nachrichtenportals *Meduza*, mit der Spähsoftware Pegasus infiziert. Potentiell konnten so Gespräche mit hochrangigen Politikern in Deutschland und der EU genauso abgehört werden wie Treffen mit anderen russischen Exil-Journalisten. Im Oktober klagte die *Meduza*-Reporterin Jelena Kostjutschenko nach einem Essen in einem Münchener Restaurant über eine rätselhafte Vergiftung. Eine Woche später erlitt Irina Bablojan, Moderatorin des kremlkritischen Radiosenders *Echo Moskwy*, in der georgischen Hauptstadt Tiflis ähnliche Symptome.

Reporter ohne Grenzen (RSF) unterstützt russische, belarussische, ukrainische und afghanische Medien und Journalisten dabei, ihre Arbeit im Exil fortzusetzen – auch mithilfe des JX Fund, den *RSF* mit der Rudolf Augstein Stiftung und der Schöpflin Stiftung 2022 gegründet hat.

MEDIENSCHAFFENDE GETÖTET
KEINE

INHAFTIERT
28

EINWOHNER
144.236.933

GESAMTFLÄCHE
16.376.870 KM²

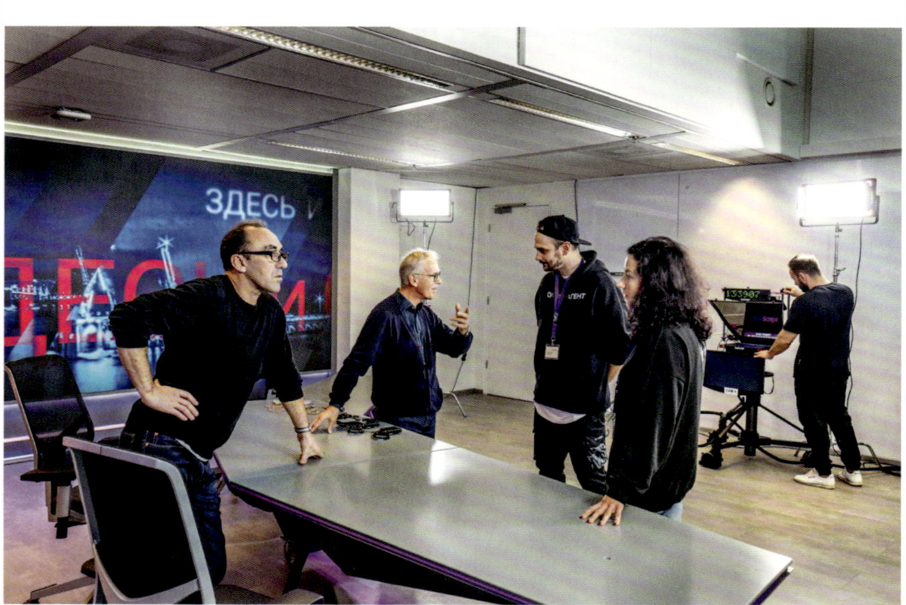

Doschd, einer der letzten unabhängigen russischen TV-Sender, arbeitet seit Oktober 2022 von Amsterdam aus. Unterstützt wird die Redaktion von dem niederländischen Medienmagnaten Derk Sauer (Mitte), Gründer der *Moscow Times*. Die englischsprachige Zeitung war bereits ein halbes Jahr zuvor von der russischen Hauptstadt in die Niederlande umgezogen.
Foto: Jean-Pierre Jans

ÄGYPTEN

Mit drakonischen Medien- und Internetgesetzen unterdrückt die Militärregierung unabhängige Berichterstattung. Wer sich trotzdem widersetzt, wird gnadenlos verfolgt – wie Mohamed Oxygen, Gewinner des Press Freedom Awards 2023 für Mut.

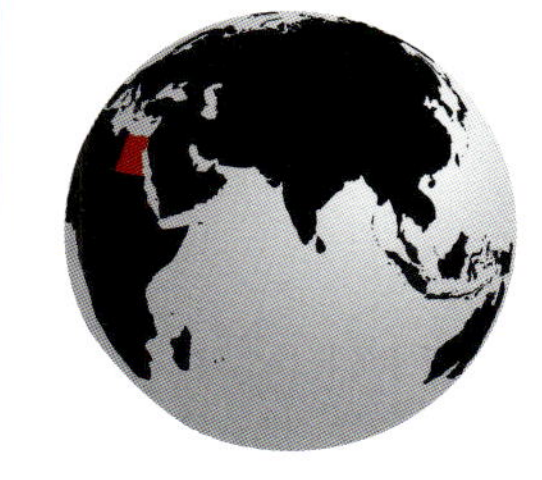

STAATSPRÄSIDENT
ABDEL FATTAH AL-SISI

MINISTERPRÄSIDENT
MOSTAFA MADBOULY

EINWOHNER
110.990.103

GESAMTFLÄCHE
995.450 KM²

MEDIENSCHAFFENDE GETÖTET
KEINE

INHAFTIERT
19

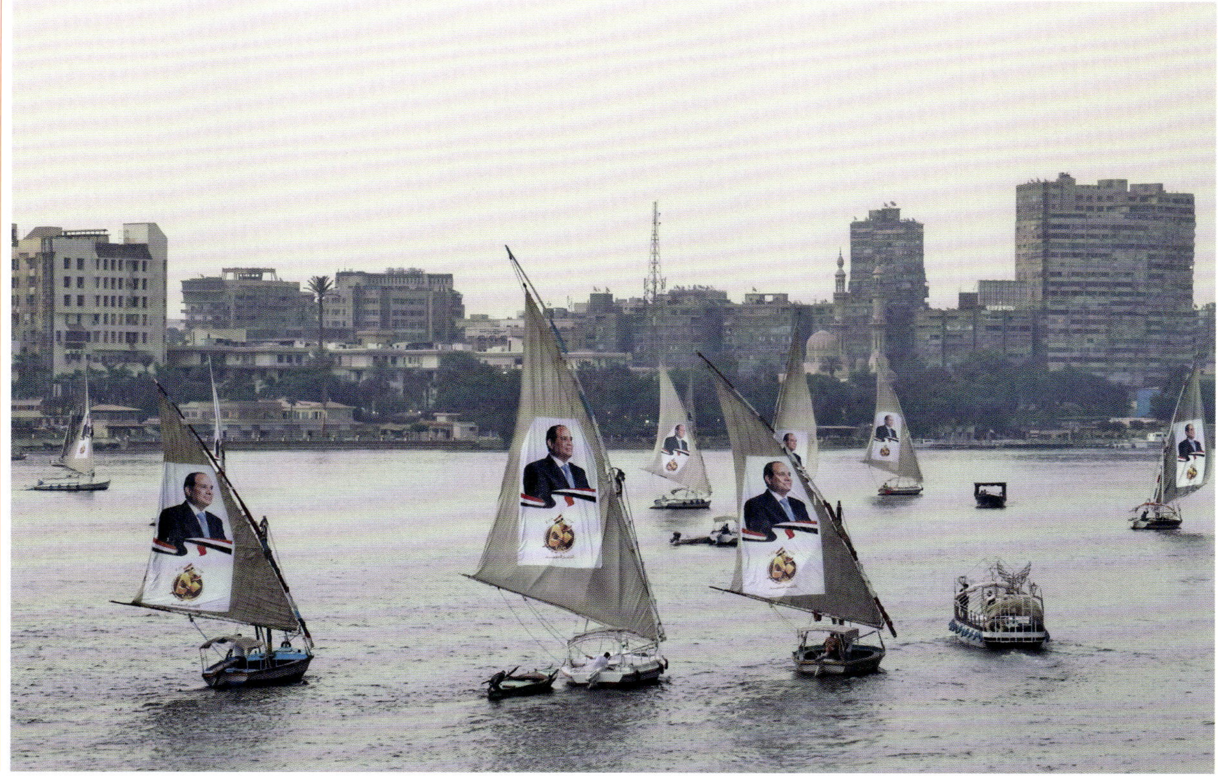

Im Sommer jährte sich die Machtübernahme von General Abdel Fattah al-Sisi zum zehnten Mal – die wohl schlimmste Dekade für die Pressefreiheit in Ägypten: Sieben Journalisten wurden in dieser Zeit getötet, mindestens 126 inhaftiert – oft unter menschenunwürdigen Bedingungen in Isolationshaft oder ohne Zugang zu jeder medizinischen Behandlung.

Der Gründer des Blogs *Egypt's Oxygen*, Mohamed Ibrahim Radwan, ist einer von ihnen, bekannt als Mohamed Oxygen. *Reporter ohne Grenzen (RSF)* hat ihm den Press Freedom Award 2023 für Mut verliehen: Als er 2019 aus einjähriger Haft entlassen wurde, erhielt er Berufsverbot. Dennoch berichtete er über Proteste. Er wurde erneut verhaftet, gefoltert und zu weiteren fünf Jahren Gefängnis verurteilt – wegen „Veröffentlichung von Falschnachrichten". Sein Name steht für mutigen Journalismus in Ägypten.

Drakonische Medien- und Internetgesetze ermöglichen der Regierung weitreichende Strafverfolgung und Zensur. Der Staat kontrolliert fast alle Medien im Land, mehr als 500 Webseiten sind blockiert. Medienschaffende, die über Korruption, Inflation oder Terroranschläge kritisch berichten, müssen mit Hetzkampagnen und Verfolgung rechnen. Jede Kritik am Militär ist tabu.

Drei Journalistinnen der Online-Zeitung *Mada Masr* schrieben dennoch über „schwerwiegende finanzielle Vergehen" in der Regierungspartei. Zusammen mit Chefredakteurin Lina Attalah wurden sie im März angeklagt, „Falschnachrichten zu verbreiten", „Mitglieder des Parlaments zu verleumden" und „eine unlizenzierte Website zu betreiben". Die Website von *Mada Masr* ist zwar seit 2017 gesperrt, das Büro seit 2019 geschlossen – dennoch gelingt es der Redaktion, weiter Nachrichten über Soziale Medien oder VPN-Kanäle zu verbreiten. Auf Kaution wurden die Journalistinnen freigelassen, teils aber weiter gerichtlich verfolgt.

RSF unterstützt die letzten unabhängigen Medien in Ägypten bei ihrem Kampf um die Pressefreiheit. Hoffnung macht, dass der ägyptische Journalistenverband trotz aller Repressionen im März überraschend den einzigen unabhängigen Kandidaten Khaled El-Balshy zum Vorsitzenden gewählt hat. Dabei konnte er sich gegen elf regierungsnahe Mitbewerber durchsetzen.

Auf dem Nil in Kairo fahren Segelboote mit Wahlwerbung für Abdel Fattah al-Sisi. Der Präsident sorgte dafür, dass er im Oktober mit 90 Prozent der Stimmen wiedergewählt wurde. **Foto: Amr Abdallah Dalsh/ Reuters**

KAMBODSCHA

Bevor Hun Manet im August die Macht übernahm, regierte sein Vater Hun Sen bereits fast 40 Jahre – und ging hart gegen Oppositionelle und kritische Medien vor. Vor der Wahl im Juli entzog er dem letzten unabhängigen Leitmedium im Land die Lizenz.

EINWOHNER
16.767.842

GESAMTFLÄCHE
181.040 KM²

MEDIENSCHAFFENDE GETÖTET
KEINE

INHAFTIERT
1

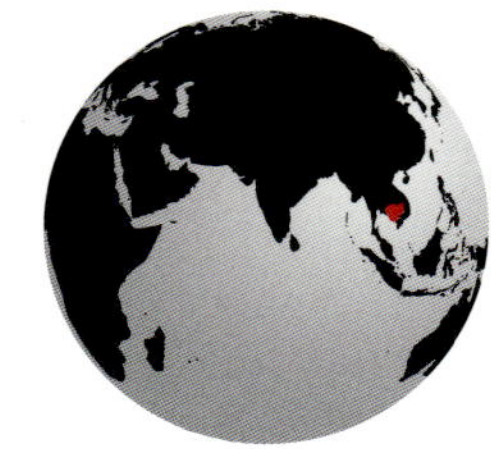

STAATSOBERHAUPT
KÖNIG NORODOM SIHAMONI

REGIERUNGSCHEF
HUN MANET

Die Nachrichtenagentur *Voice of Democracy (VOD)* galt als eine der wichtigsten unabhängigen Informationsquellen in Kambodscha – bekannt für investigative Berichterstattung über Korruption, Menschenrechtsverletzungen und Umweltzerstörung. Anfang des Jahres berichtete *VOD* über Vorwürfe gegen Militärchef Hun Manet, Sohn und Nachfolger des langjährigen Machthabers Hun Sen: Manet habe gegen geltende Richtlinien verstoßen, als er ein ausländisches Hilfspaket für Erdbebenopfer in der Türkei genehmigte. Darauf entzog die Regierung *VOD* am 13. Februar die Betriebserlaubnis. Der damals amtierende Informationsminister Khieu Kanharith bezeichnete die Maßnahme auf Facebook als „Lehre für andere Medien".

Reporter ohne Grenzen und 92 weitere Organisationen haben diese willkürliche Entscheidung wenige Monate vor den Parlamentswahlen im Juli verurteilt und forderten, das *VOD*-Verbot aufzuheben. Stattdessen ließ die Regierung jedoch kurz vor den Wahlen zusätzlich die aus dem Ausland operierenden Online-Medien *Cambodia Daily* und *Radio Free Asia* sowie den digitalen *VOD*-Nachfolger *Kamnotra* blockieren.

Ex-Premierminister Hun Sen regierte Kambodscha seit 1985, bevor sein Sohn Hun Manet im August die Macht übernahm. Um seine Position zu sichern, ließ er alle kritischen Stimmen unterdrücken, Oppositionelle festnehmen und Medien schikanieren. Im Mai untersagte das Verfassungsgericht der einzigen noch verbliebenen Oppositionspartei, an den jüngsten Wahlen teilzunehmen. Die Candlelight Party – Nachfolgepartei der 2018 aufgelösten Partei des wegen Hochverrats verurteilten und im Exil lebenden Politikers Sam Rainsy – habe notwendige Papiere nicht rechtzeitig eingereicht.

Schon vor den letzten Wahlen 2018 fuhr die kambodschanische Regierung einen harten Kurs gegen kritische Medien und schloss 30 Radiosender. Aufgrund einer Steuerforderung in Höhe von mehr als fünf Millionen Euro musste die unabhängige Tageszeitung *The Cambodia Daily* bereits 2017 ihre Printausgabe einstellen. Auf ähnliche Weise übten die Behörden Druck auf die englischsprachige Zeitung *The Phnom Penh Post* aus, die ein Jahr später an den malaysischen Geschäftsmann Siavakumar Ganapthy verkauft wurde. Dieser pflegt enge Verbindungen zur kambodschanischen Regierung.

Die verbliebenen Massenmedien gehören zu vier großen Unternehmensgruppen, deren Besitzer alle dem Hun-Sen-Clan nahestehen. Trotz eines existierenden Presserechts werden Journalisten, die kritisch berichten, meist strafrechtlich verfolgt. Während der Covid-19-Pandemie erließ der Premierminister ein Gesetz, das es ihm im Ausnahmezustand ermöglicht, alle unliebsamen journalistischen Inhalte zu zensieren. Ein geplantes Dekret nach chinesischem Vorbild könnte die Regierung in Zukunft sogar ermächtigen, die gesamte Internet-Kommunikation im Land zu überwachen und Webseiten zu blockieren: Es gibt nur einen einzigen Verbindungspunkt für alle 15 Millionen Internetnutzer in Kambodscha.

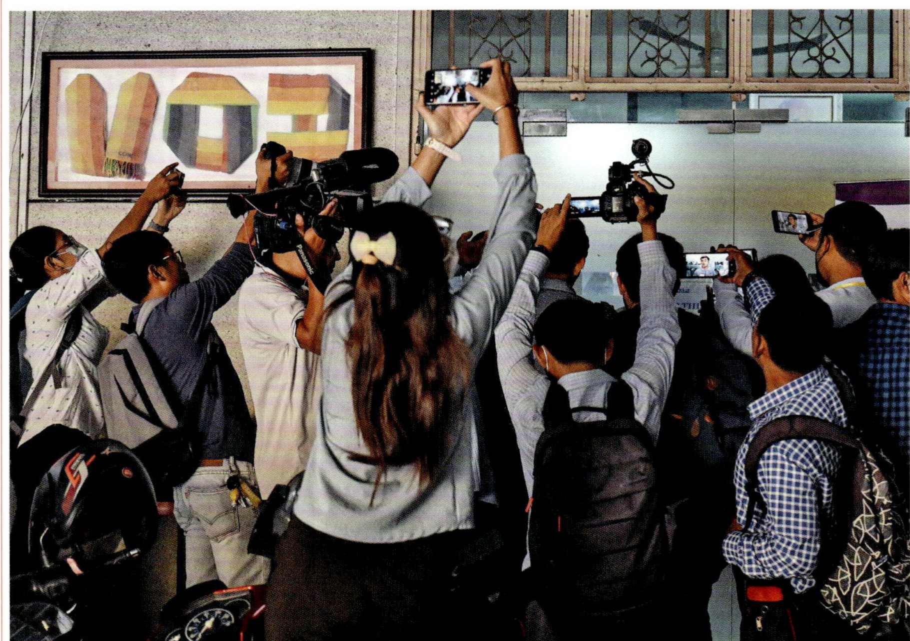

Am 13. Februar 2023 versammeln sich Journalisten vor dem Büro der Nachrichtenagentur *Voice of Democracy (VOD)* in Phnom Penh. Am Tag zuvor hat Kambodschas Premierminister Hun Sen der *VOD* die Betriebslizenz entzogen, nachdem sie kritisch über seinen Sohn berichtet hatte.
Foto: Tang Chhin Sothy/ AFP/Getty Images

ÖSTERREICH

EINWOHNER
9.041.851

GESAMTFLÄCHE
83.879 KM²

MEDIENSCHAFFENDE GETÖTET
KEINE

INHAFTIERT
KEINE

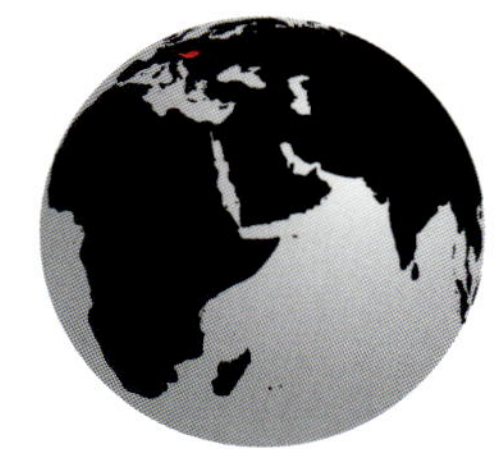

STAATSPRÄSIDENT
ALEXANDER VAN DER BELLEN

BUNDESKANZLER
KARL NEHAMMER

Erkaufte Berichterstattung, staatliche Gelder für Boulevardblätter und keine Informationspflicht der Behörden: Um Österreichs Pressefreiheit steht es nicht zum Besten. Dann beschloss die Regierung auch noch das Aus für die traditionsreiche *Wiener Zeitung*.

Als älteste gedruckte Zeitung der Welt schrieb sie Geschichte: 1703 erschien die *Wiener Zeitung* zum ersten Mal. Das Traditionsblatt war bekannt für seinen Qualitätsjournalismus und kritische Berichterstattung, auch den Regierenden gegenüber – und das, obwohl die Zeitung zu hundert Prozent dem österreichischen Staat gehörte. Am 30. Juni erschien die letzte Ausgabe.

Die *Wiener Zeitung* war zugleich das Amtsblatt der Republik Österreich. Sie finanzierte sich über staatliche Stellenausschreibungen und Bekanntmachungen von Firmenbuchänderungen. Aufgrund einer neuen EU-Richtlinie jedoch wurde die kostenpflichtige Veröffentlichung von Unternehmensnachrichten hinfällig: Im April verabschiedete der Nationalrat in Wien ein entsprechendes Gesetz. Doch anstatt eine alternative Finanzierung zu suchen, entschied die schwarz-grüne Regierung, die Zeitung zu schließen. Seit dem 1. Juli erscheint lediglich noch eine stark geschrumpfte Digitalausgabe des Blattes, drei Viertel der Belegschaft wurden entlassen.

Stattdessen plant die Bundesregierung nun einen neuen „Austria Media Hub", der zu 100 Prozent dem Bundeskanzleramt unterstellt ist. Dort sollen junge Journalisten und PR-Leute ausgebildet werden – mit Steuermitteln in Höhe von sechs Millionen Euro im Jahr. Parlamentarische Kontrollmöglichkeiten oder andere Mechanismen, die Qualität und Unabhängigkeit sichern könnten, sind nicht vorgesehen.

Österreichische Politiker haben in der Vergangenheit wiederholt versucht, die Medien zu beeinflussen. Der frühere Bundeskanzler Sebastian Kurz musste 2021 unter anderem wegen des Verdachts zurücktreten, positive Berichterstattung in der Boulevardzeitung *Österreich* erkauft zu haben. Doch auch seine Nachfolger schalten teure Anzeigen in Privatmedien, in der Hoffnung auf wohlgesinnte Berichterstattung. Besonders die großen Boulevardzeitungen profitieren von der staatlichen Presseförderung.

Österreich ist zudem der letzte EU-Staat ohne Informationsfreiheitsgesetz: Nach jahrelangem Ringen liegt seit Oktober ein neuer Gesetzesentwurf vor, mit dem das Amtsgeheimnis bis 2025 abgeschafft werden soll. Der bisher nicht umgesetzte, immer noch mangelhafte Entwurf ist mitverantwortlich für Österreichs Platz 29 auf der Rangliste der Pressefreiheit.

Abgeordnete der SPÖ halten im österreichischen Nationalrat aus Protest die Ausgabe der *Wiener Zeitung* vom 27. April 2023 hoch. An diesem Tag hat das Parlament ein von der Regierung vorgelegtes Medienpaket verabschiedet und somit das Aus der 320 Jahre alten Staatszeitung besiegelt.
Foto: Roland Schlager/ APA/picture alliance

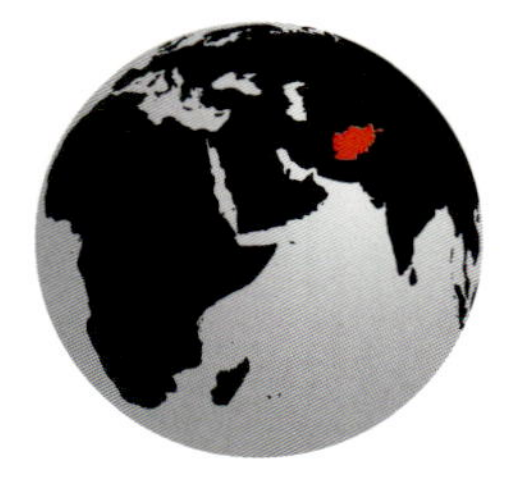

EINWOHNER
41.128.771

GESAMTFLÄCHE
652.230 KM²

AFGHANISTAN

Wer die Taliban kritisiert, über Menschenrechtsverletzungen berichtet oder mit ausländischen Medien zusammenarbeitet, dem drohen in Afghanistan drakonische Strafen. Viele Medienschaffende hoffen auf Unterstützung durch das Bundesaufnahmeprogramm der Ampelkoalition – bislang vergeblich.

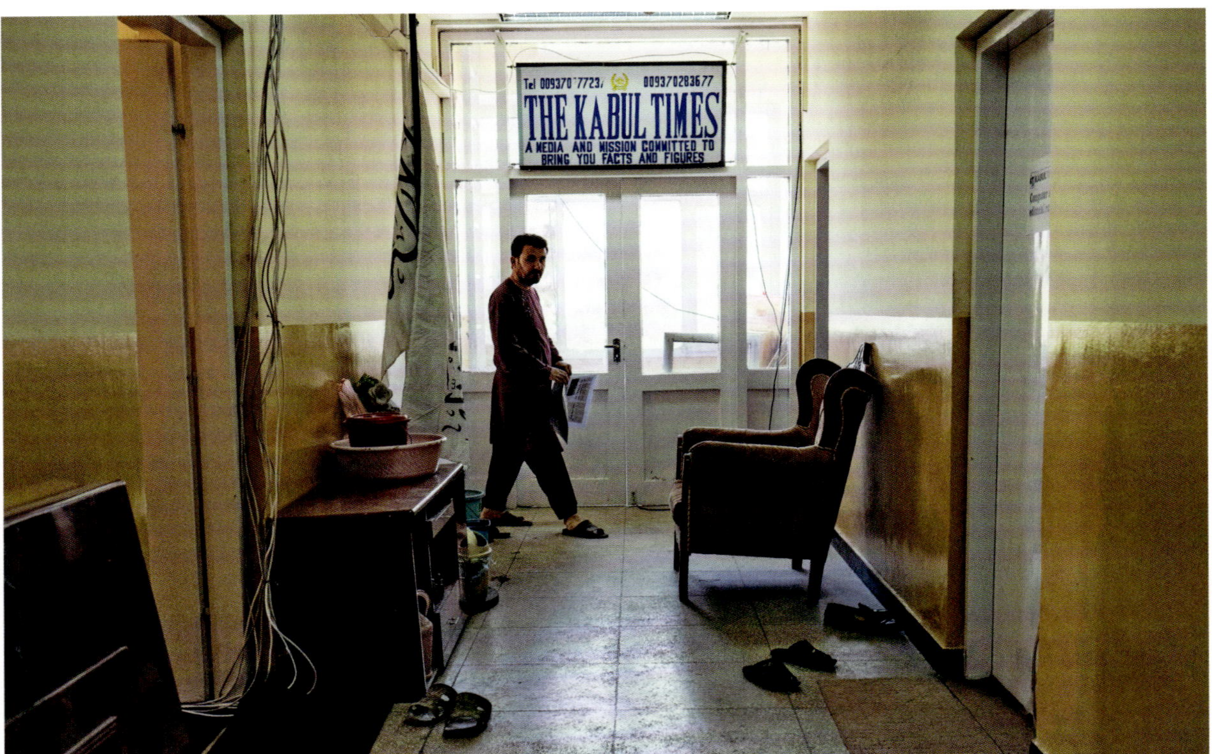

STAATSPRÄSIDENT
ASCHRAF GHANI (BIS AUGUST 2021)

REGIERUNGSCHEF
MOHAMMED ABDUL KABIR (SEIT MAI 2023)

MEDIENSCHAFFENDE GETÖTET
3

INHAFTIERT
3

Passend zum zweiten Jahrestag ihrer Machtübernahme nahmen die Taliban bei Razzien gegen unabhängige Medien neun Journalisten fest – ohne Angabe von Gründen. Über die brutalen Haftbedingungen in afghanischen Gefängnissen berichtete der französisch-afghanische *Arte*-Reporter Mortaza Behboudi, der im Oktober nach mehr als zehn Monaten frei kam – auch aufgrund einer Kampagne von *Reporter ohne Grenzen (RSF)*.

Wer über Menschenrechtsverletzungen berichtet oder mit ausländischen Medien zusammenarbeitet, wird oft beschuldigt, „falsche Propaganda" zu verbreiten, und läuft Gefahr, bestraft und gar getötet zu werden. Die Taliban verfolgen Medienunternehmen und ihre Mitarbeiter im Namen der Scharia, obwohl dies gegen das afghanische Massenmediengesetz verstößt. Medien, die noch nicht schließen mussten, verbreiten oft nur noch religiöse und vom Regime vorgegebene Inhalte. Nach Angaben der *Afghan Independent Journalists Association (AIJA)* sind mehr als die Hälfte der 547 afghanischen Medien verschwunden, die 2021 registriert waren. Frauen in Medienberufen sind besonders gefährdet: Mehr als 80 Prozent aller afghanischen Journalistinnen mussten seit der Machtübernahme der Taliban ihre Arbeit aufgeben.

Trotz der drakonischen Strafen des immer aggressiveren islamistischen Regimes bemühen sich einige Journalisten, weiter unabhängig zu berichten. Sie erhalten Drohbriefe, werden verfolgt und müssen regelmäßig ihren Wohnsitz wechseln, um Haft und Gewalt zu entgehen. Um Druck auszuüben, nehmen die Taliban ihre Angehörigen fest und misshandeln sie. Auch von anderer Seite droht Gefahr: Beim „Afghanischen Journalistentag" am 11. März in Masar-e-Scharif starben drei Journalisten durch ein Bombenattentat des „Islamischen Staats" (IS), 14 wurden verwundet. Laut „IS" richtete sich der Angriff gegen „Journalisten, die für Agenturen arbeiten, die am Krieg gegen den ‚Islamischen Staat' beteiligt sind".

Viele Medienschaffende hofften, durch das Bundesaufnahmeprogramm (BAP) der ständigen Bedrohung entkommen zu können. Als das BAP im Oktober 2022 anlief, hieß es, monatlich würden 1000 gefährdete Personen aus Afghanistan aufgenommen. Doch die meisten Bewerber warteten ein Jahr nach dem Start noch auf Antwort – viele in Pakistan, wo sie von Abschiebung in ihre Heimat bedroht sind. Nur wenige konnten auf alternativen Wegen nach Europa fliehen. *RSF* fordert die Bundesregierung dringend auf, den Aufnahmeprozess zu beschleunigen und afghanischen Medienschaffenden ihre Arbeit auch im Exil zu ermöglichen.

Links: Blick in die Redaktion der *Kabul Times:* Die älteste englischsprachige Zeitung Afghanistans untersteht heute dem Ministerium für Information und Kultur.
Foto: Rodrigo Abd/ AP Photo/picture alliance

Rechts oben: Ein Talib in Kabul tippt eine Nachricht auf seinem Smartphone. Aufgrund der US-Sanktionen haben Soziale Medien wie Whatsapp und Facebook Konten und Hotlines der Taliban gesperrt.
Foto: Jim Huylebroek/ New York Times/Redux/laif

Rechts unten: Ein Mann hilft zwei Kollegen, die beim Anschlag auf das Afghanische Journalistenzentrum in Masar-e-Scharif verletzt wurden. Die Bombe explodierte während einer Preisverleihung. Drei Journalisten starben, 14 wurden verletzt.
Foto: Abdul Saboor Sirat/ AP Photo/picture alliance

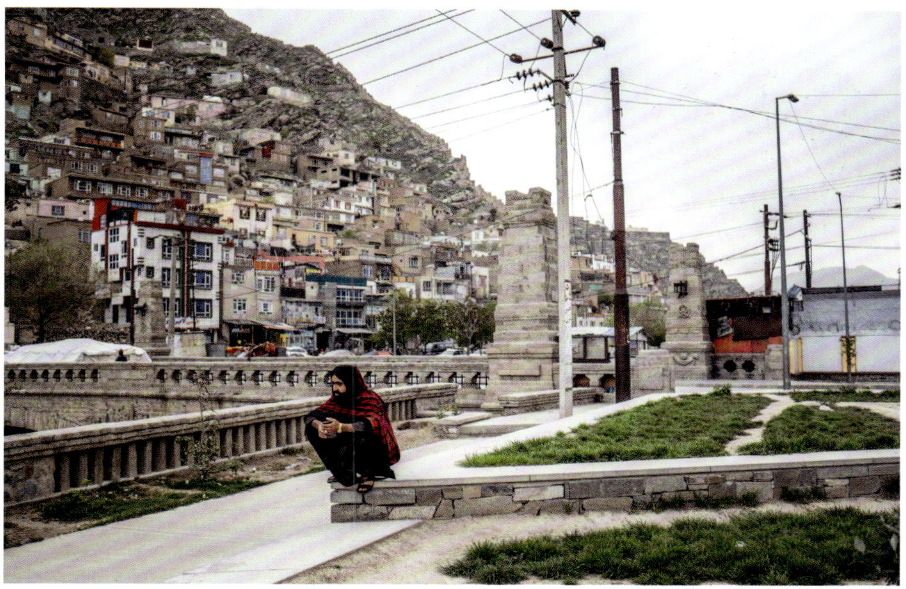

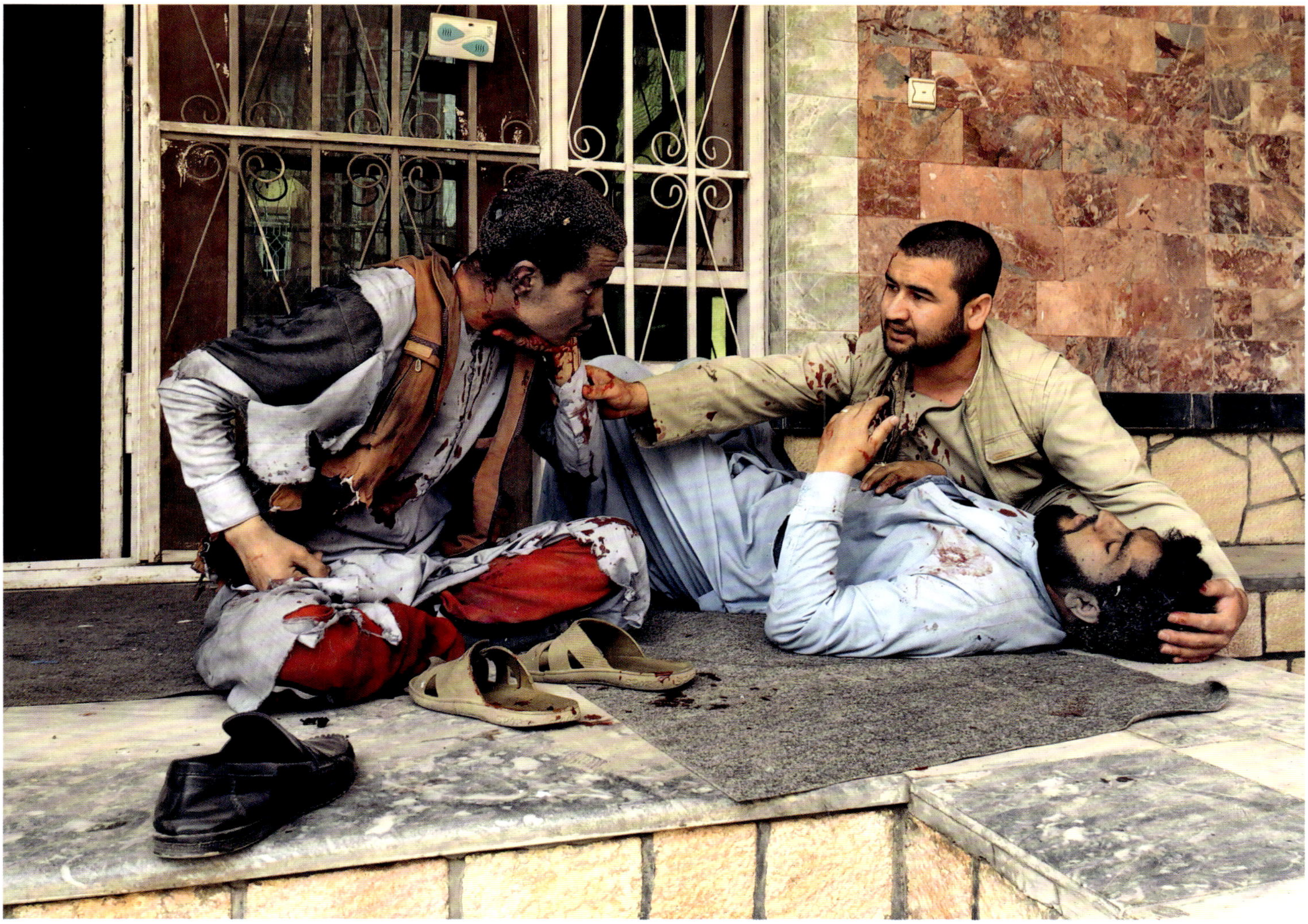

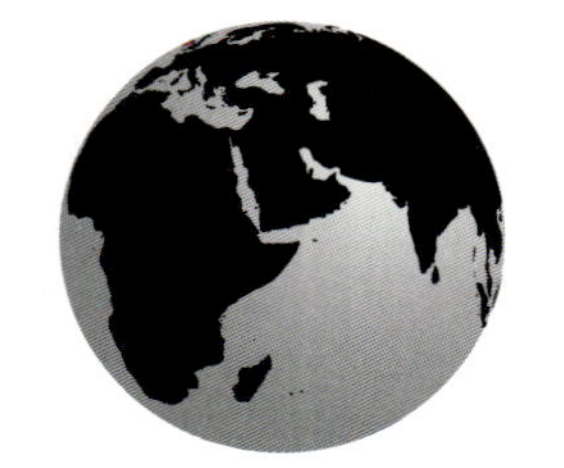

EINWOHNER
5.127.170

GESAMTFLÄCHE
70.280 KM²

STAATSPRÄSIDENT
MICHAEL D. HIGGINS

PREMIERMINISTER
LEO VARADKAR

IRLAND

Mehr Pluralismus auf dem Medienmarkt, ein Gesetz gegen Verleumdungsklagen und Reformpläne brachten Irland auf den zweiten Platz der Rangliste der Pressefreiheit. Doch neue Probleme gefährden diese Position bereits wieder.

Zu den Aufsteigern auf der Rangliste der Pressefreiheit gehörte 2023 Irland: Es verbesserte sich um vier Plätze und lag auf dem zweiten Platz hinter Norwegen. Ein Grund dafür ist ein lange diskutiertes Verleumdungsgesetz, das Journalisten vor missbräuchlichen Klagen schützen soll. Auch entwickeln sich auf dem stark konzentrierten irischen Medienmarkt wieder mehr Wettbewerb und Vielfalt, nachdem der Milliardär Denis O'Brien schrittweise seine Anteile an den großen Medienunternehmen *Independent News and Media* und *Communicorp* verkauft hat.

MEDIENSCHAFFENDE GETÖTET
KEINE

INHAFTIERT
KEINE

Zudem akzeptierte die irische Regierung fast alle der 50 Empfehlungen, die die „Kommission für die Zukunft der Medien" – eine vom Parlament eingesetzte unabhängige Arbeitsgruppe – vorgelegt hatte. Diese empfiehlt etwa einen staatlichen Medienfonds und mehr Berichterstattung über lokale Politik. Ungeklärt bleibt, wie der öffentlich-rechtliche Sender *RTE* in Zukunft finanziert werden soll. Bisher erzielt er seine Einnahmen zu 55 Prozent über Rundfunkgebühren, den Rest über Werbeeinnahmen. Die Kommission empfiehlt, den Sender allein aus Steuereinnahmen zu finanzieren.

Ein Skandal verschärfte die Debatte über die Zukunft des Senders: Im Juni wurde bekannt, dass *RTE* dem Starmoderator Ryan Tubridy Zahlungen in sechsstelliger Höhe zukommen ließ. Angesichts der öffentlichen Empörung signalisierte der für die Medien zuständige Staatsminister Patrick O'Donovan, dass er eine Reform des öffentlich-rechtlichen Rundfunks unterstützen werde. Er schlug vor, *RTE* zu verkleinern und auch Privatsendern Zugang zu öffentlichen Mitteln zu bieten.

Besorgniserregend ist eine Klage des Sinn-Fein-Abgeordneten Chris Andrews gegen die *Irish Times* und deren politischen Korrespondenten Harry McGee. Er hatte die Haltung der Oppositionspartei zu Palästina angesichts des Hamas-Angriffs in Israel kommentiert. Sinn Fein hatte bereits wiederholt versucht, Medien und Journalisten durch rechtliche Schritte einzuschüchtern. Das Vorgehen erinnert an sogenannte SLAPPs (strategische Klagen gegen öffentliche Beteiligung). Dabei tritt Sinn Fein auf nationaler und EU-Ebene gegen SLAPP-Klagen ein.

Zufahrt zu den *RTE*-Fernsehstudios in Donnybrook bei Dublin: Wegen falscher Angaben zu sechsstelligen Honoraren für Starmoderator Ryan Tubridy musste Generaldirektorin Dee Forbes gehen. *RTE*-Mitarbeiter in ganz Irland forderten Transparenz und eine Gehaltsobergrenze.
Foto: Liam McBurney / empics/picture alliance

KIRGISTAN

Strafrechtliche Schikanen und Androhung von Gewalt: Die kirgisische Regierung geht neuerdings hart gegen kritische Berichterstattung vor. Ein neues Mediengesetz könnte die Pressefreiheit im Land noch weiter aushebeln.

EINWOHNER
6.974.900

GESAMTFLÄCHE
199.950 KM²

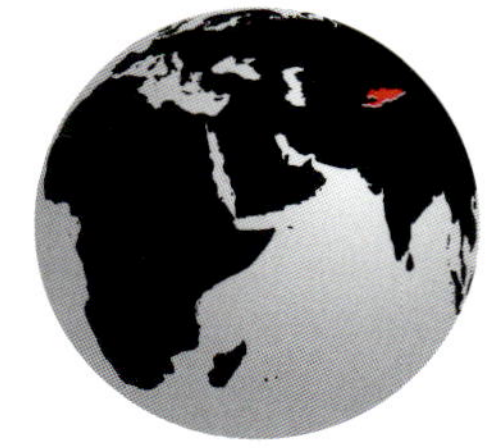

STAATSPRÄSIDENT
SADYR DSCHAPAROW

REGIERUNGSCHEF
AKYLBEK DSCHAPAROW

MEDIENSCHAFFENDE GETÖTET
KEINE

INHAFTIERT
10

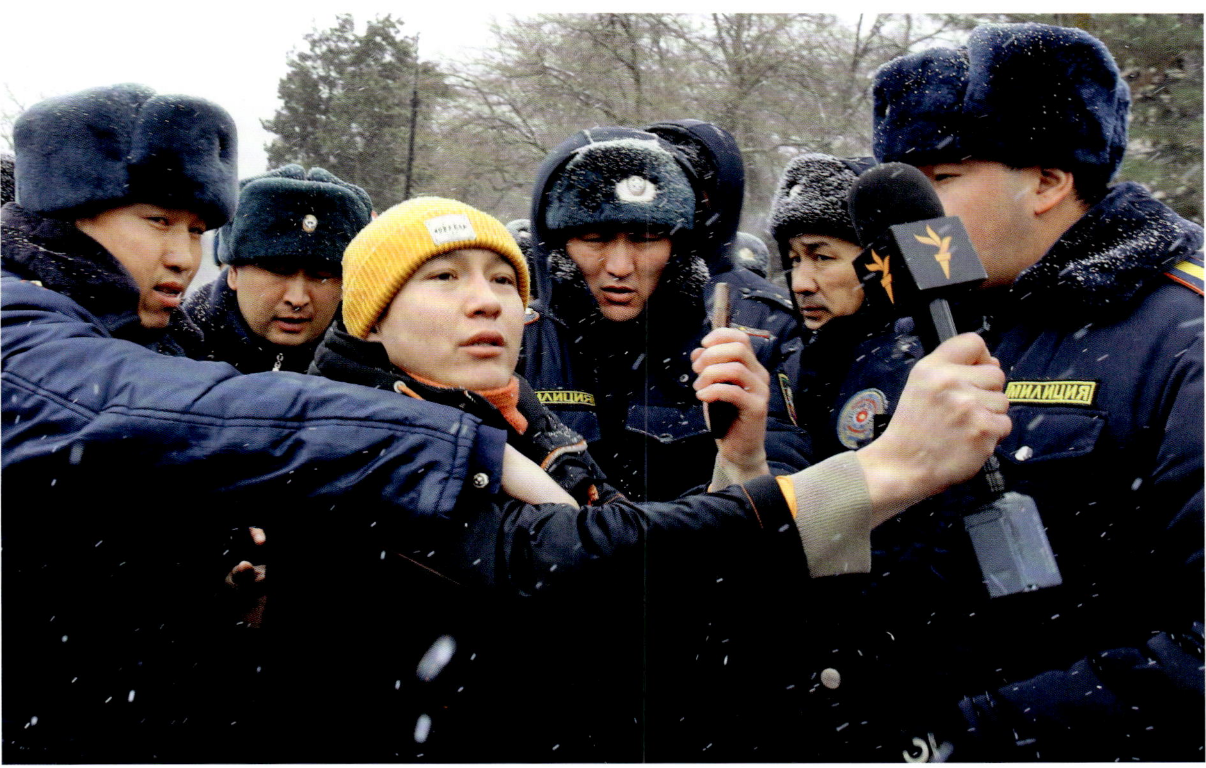

Es sollte ein Triumph für Präsident Sadyr Dschaparow sein: Umringt von Fußballstars des FC Barcelona eröffnete er am 29. August 2023 eine Fußballakademie des spanischen Clubs in Dschalalabad – die erste ihrer Art in Zentralasien. Doch die investigative Online-Plattform *Kloop* verdarb ihm die Vorfreude, als sie enthüllte, dass Günstlinge des Präsidenten von der Zusammenarbeit profitierten.
Noch am Tag des Berichts forderte die Staatsanwaltschaft in der kirgisischen Hauptstadt Bischkek die Auflösung von *Kloop*, weil diese als Stiftung und nicht als Medium registriert sei. Im September blockierte das Kulturministerium dann das unabhängige Nachrichtenportal, nachdem sich der Inlandsgeheimdienst über dort veröffentlichte Aussagen eines Oppositionspolitikers beschwert hatte.
Lange galt Kirgistan als demokratische Ausnahme unter den autokratisch regierten Staaten der Region. Doch seit der Populist Dschaparow 2021 Präsident wurde, gibt es immer weniger Raum für freie Meinungsäußerung. Im Januar beantragte das kirgisische Kulturministerium die Schließung von *Radio Azattyk*, dem lokalen Ableger des US-Auslandssenders *Radio Free Europe/Radio Liberty*. Grund war ein Bericht über einen bewaffneten Konflikt an der Grenze zu Tadschikistan. Im Juli kam es zu einem Vergleich: *Radio Azattyk* entfernte das Video von seiner Website, der Prozess wurde eingestellt.
Anfang 2022 berichtete der Investigativjournalist Bolot Temirow über illegale Geschäfte von Kamtschybek Taschijew, dem Geheimdienstchef. Die Regierung schob Temirow nach Russland ab und entzog ihm die kirgisische Staatsbürgerschaft. Dazu sperrte die Kirgistan-Bank die Spendenkonten für seine Youtube-Kanäle *Temirov Live* und *Ait Ait Dese*, die aber dennoch weitersenden. Unter dem Vorwurf, „zu Massenunruhen aufzurufen", nahmen die Behörden im Januar 2024 gleich elf Mitarbeiter beider Kanäle fest, darunter auch Temirows Ehefrau.
Ein neues Mediengesetz droht, die Pressefreiheit weiter einzuschränken: Künftig müssen sich alle Medienunternehmen bei den Ministerien für Justiz oder digitale Entwicklung registrieren lassen. Nicht registrierte Medien gelten dann als illegal. Ein weiteres Gesetz soll die Aktivitäten von NGOs einschränken, die Gelder aus dem Ausland erhalten. *RSF* hat dringend an das kirgisische Parlament appelliert, die beiden Entwürfe nicht anzunehmen.

Polizeibeamte verhaften einen Reporter von *Radio Azattyk*, der über einen Protest in der Hauptstadt Bischkek berichtet. Bei dem friedlichen Marsch forderten die Demonstranten die Freilassung inhaftierter Aktivisten. Sie wurden alle ebenfalls festgenommen.
Foto: Igor Kovalenko/EPA/picture alliance

EINWOHNER
88.550.570

GESAMTFLÄCHE
1.622.500 KM²

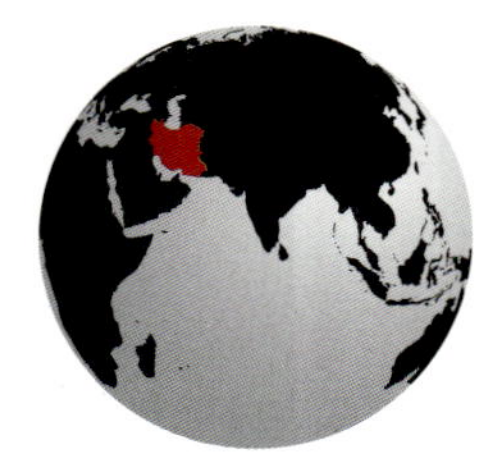

STAATS- UND REGIERUNGSCHEF
EBRAHIM RAISI

IRAN

Wegen ihrer mutigen Berichterstattung über den Tod von Jina Mahsa Amini und die Protestbewegung „Frau, Leben, Freiheit" wurden im Iran Dutzende Medienschaffende verhaftet. Vor allem Journalistinnen stehen im Visier des Regimes.

Ohne die iranischen Journalistinnen Elahe Mohammadi und Nilufar Hamedi hätten wohl nur wenige Menschen von Jina Mahsa Aminis Schicksal erfahren, die im September 2022 im Gewahrsam der Sittenpolizei starb. Der gewaltsame Tod der jungen Kurdin löste Massenproteste aus, die von der Regierung brutal unterdrückt wurden. Hamedi veröffentlichte Fotos von Amini und von ihren weinenden Eltern. Mohammadi wiederum berichtete vom Polizeiangriff bei der Beerdigung Aminis in ihrem Heimatdorf.

Die Reporterinnen wurden verhaftet und im Oktober zu sechs und sieben Jahren Gefängnis verurteilt – unter anderem wegen „propagandistischer Aktivität" gegen den Iran" und „Zusammenarbeit mit dem feindlichen Staat USA". Während ihrer Haft erhielten beide Journalistinnen den Pressefreiheitspreis der UNESCO. Im Januar 2024 kamen sie gegen eine Kaution in Höhe von umgerechnet 185.000 Euro „vorübergehend" frei.

Der Iran gehört zu den repressivsten Staaten gegenüber Medien. Es ist das einzige Land, das die Todesstrafe gegen Journalisten vollstreckt. Seit Beginn der Proteste nach Aminis Tod wurden mehr als 70 Medienschaffende verhaftet, von denen noch 21 im Gefängnis sitzen. Unter ihnen ist Narges Mohammadi, die im Oktober den Friedensnobelpreis erhielt. Die prominente Journalistin wurde wegen „staatsfeindlicher Propaganda" schon vor den Protesten wiederholt zu Haftstrafen verurteilt. *RSF* verlieh ihr 2022 den Press Freedom Award für Mut.

Selbst im Ausland verfolgt das iranische Regime kritische Medien. Der TV-Sender *Iran International* musste im Februar seine Londoner Büros vorübergehend schließen, weil die britische Polizei nicht mehr für seine Sicherheit garantieren konnte. In der Zwischenzeit zog der Sender nach Washington. Der französische Auslandsgeheimdienst DGSE erfuhr, dass ein in Frankreich lebender Reporter auf einer Liste des Regimes in Teheran stehe. Er hatte zuvor Morddrohungen erhalten.

Zum Jahrestag des Beginns der Proteste hat *Reporter ohne Grenzen* einen Aufruf von 31 Journalistinnen aus 19 Ländern veröffentlicht, die sich für ihre Kolleginnen im Iran einsetzen.

Der Stuhl der Preisträgerin bleibt leer: Die Kinder der inhaftierten iranischen Journalistin und Menschenrechtsaktivistin Narges Mohammadi nehmen in Oslo den Friedensnobelpreis 2023 für ihre Mutter entgegen.
Foto: Fredrik Varfjell/ AP Photo/picture alliance

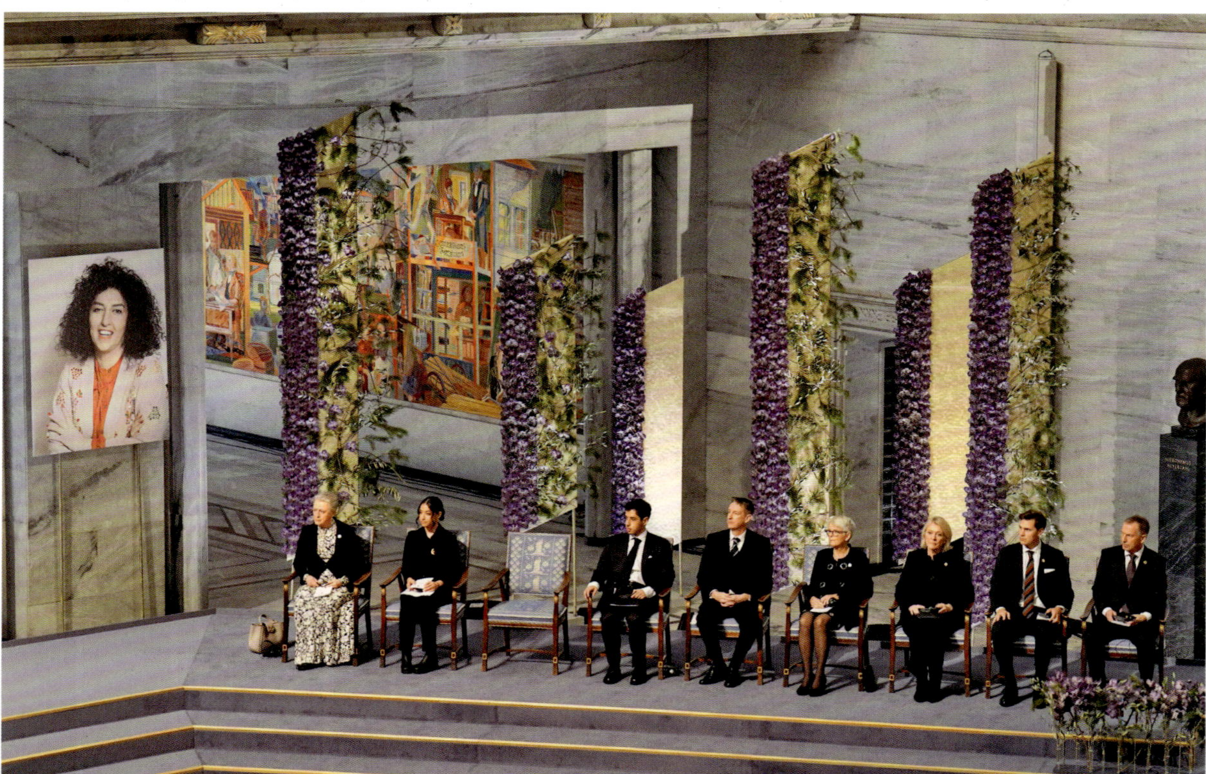

MEDIENSCHAFFENDE GETÖTET
KEINE

INHAFTIERT
21

EINWOHNER
17.357.886

GESAMTFLÄCHE
107.160 KM²

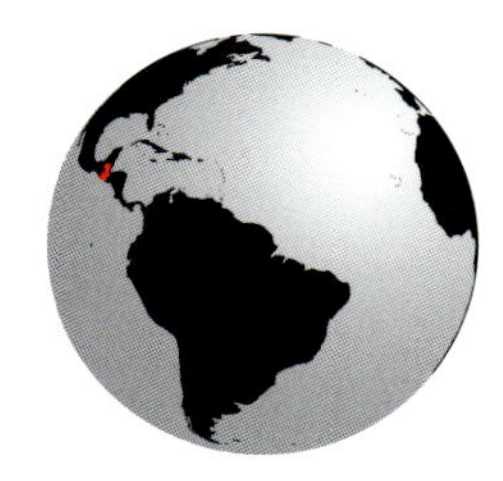

STAATS- UND REGIERUNGSCHEF
ALEJANDRO GIAMMATTEI

MEDIENSCHAFFENDE GETÖTET
KEINE

INHAFTIERT
3

GUATEMALA

Die rechte Regierung von Präsident Alejandro Giammattei hat die Pressefreiheit dramatisch eingeschränkt. Sie kriminalisierte und verfolgte Journalisten wie den inhaftierten Verleger Jose Ruben Zamora, Gewinner des Press Freedom Awards 2023 für Unabhängigkeit.

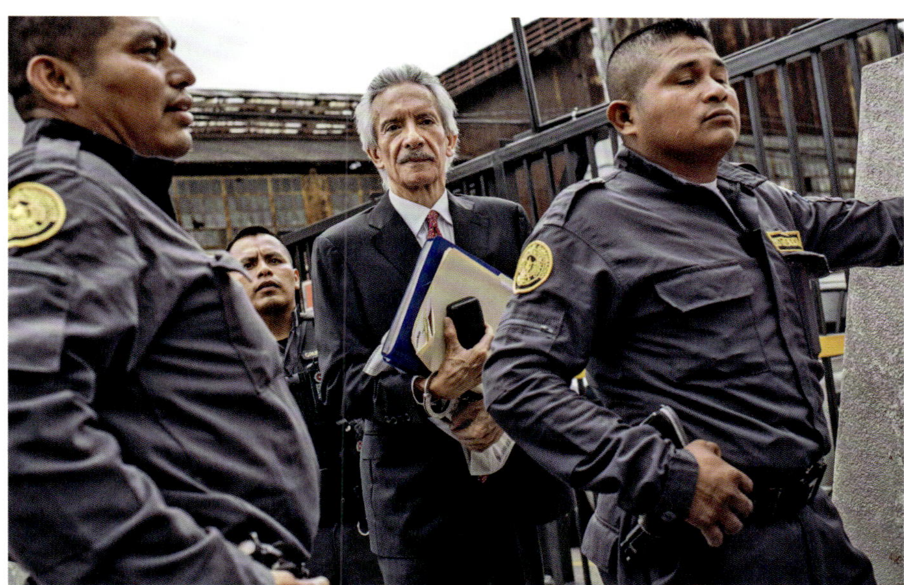

Sicherheitskräfte eskortieren Jose Ruben Zamora, Herausgeber der führenden guatemaltekischen Zeitung *elPeriodico*, am 14. Juni aus einem Gericht in Guatemala-Stadt. Der bekannte Investigativjournalist wurde wegen angeblicher Geldwäsche zu sechs Jahren Gefängnis verurteilt. Zuvor hatte er mit seiner Zeitung zahlreiche Korruptionsfälle der Regierung aufgedeckt.
Foto: Daniele Volpe/ The New York Times/ Redux/laif

Jose Ruben Zamora, Herausgeber und Gründer der Zeitung *elPeriodico*, war fast ein Jahr in Untersuchungshaft, als er im Juni zu sechs Jahren Gefängnis verurteilt wurde – wegen fingierter Geldwäschevorwürfe. Bereits im Monat zuvor musste seine Zeitung schließen, nachdem sie Korruptionsfälle der Regierung aufgedeckt hatte. Das Gericht hob das Urteil wegen formaler Fehler wieder auf. Der Journalist blieb aber weiterhin inhaftiert.

Zamora ist einer von vier „unbequemen" Journalisten, die in den Fokus des Verteidigungsministeriums geraten sind. Durch einen Hackerangriff wurde eine eigentlich streng geheime Analyse des Ministeriums publik: Darin heißt es, Zamora und seine Kollegen seien für „Medienkampagnen gegen die Armee" verantwortlich und so eine Bedrohung für die nationale Sicherheit. Der inzwischen abgewählte Präsident Giammattei hatte die Journalisten zuvor wiederholt verbal angegriffen.

Einen Tag vor den Wahlen am 25. Juni veröffentlichte *Reporter ohne Grenzen (RSF)* mit neun anderen Organisationen einen Bericht über den dramatischen Rückgang der Pressefreiheit in Guatemala. Eine „Politik des Terrors und der Verfolgung von Journalisten und Medien des Landes" verhindert demnach eine angemessene Berichterstattung. Wer über Korruption, organisierte Kriminalität oder frühere Menschenrechtsverbrechen berichtet, wird bedroht. Medien, die Politiker oder einflussreiche Geschäftsleute kritisieren, müssen mit Verleumdungsklagen und dem Entzug lukrativer Werbeanzeigen rechnen. Die gezielte Verbreitung von Falschinformationen und Hassnachrichten in den Sozialen Medien soll Personen stigmatisieren, die sich für Demokratie und Rechtsstaatlichkeit einsetzen.

RSF konnte Zamora im Mai im Gefängnis besuchen, wo er von Misshandlungen berichtete. Außer ihm sind zwei weitere Medienschaffende in Guatemala in Haft. *RSF* überreichte dem neu gewählten Präsidenten Bernardo Arevalo nach dessen Amtseinführung im Januar 2024 eine internationale Petition. Sie fordert die Freilassung Zamoras und ein Ende der Kriminalisierung des Journalismus in Guatemala. Zudem hat *RSF* Jose Ruben Zamora den Press Freedom Award 2023 in der Kategorie Unabhängigkeit verliehen.

NIGER

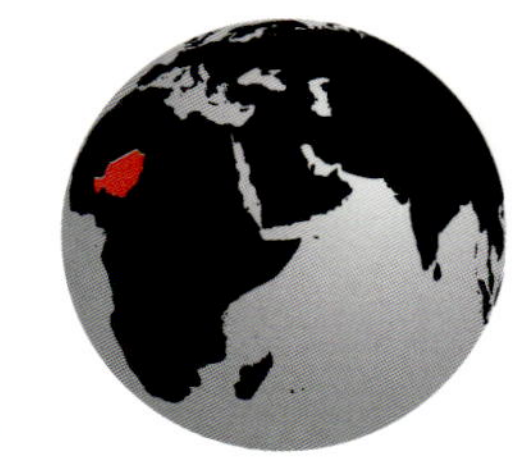

Seit dem Militärputsch im letzten von Zivilisten regierten Land der Sahelzone hat sich die Lage der Pressefreiheit dort stark verschlechtert. Vor allem französische Medien sind immer weniger erwünscht.

STAATSPRÄSIDENT
ABDOURAHAMANE TIANI (SEIT JULI 2023 PER PUTSCH)

PREMIERMINISTER
ALI LAMINE ZEINE (SEIT AUGUST 2023 PER PUTSCH)

EINWOHNER
26.207.977

GESAMTFLÄCHE
1.266.700 KM²

Am 30. September haben vier maskierte Männer, die sich als Polizisten ausgaben, die Journalistin und Bloggerin Samira Sabou in ihrem Haus in Niamey verhaftet. Am Tag zuvor hatte die Präsidentin des Bloggerverbands für aktive Staatsbürgerschaft ein Dokument gepostet, in dem Versetzungen von Militärangehörigen gelistet waren. Wegen ihrer kritischen Berichte wurde Sabou, die das Online-Nachrichtenportal *Mides-Niger* betreibt, schon vor dem Putsch bedroht und wegen angeblicher Verleumdung angeklagt. 2020 verbrachte die damals schwangere Reporterin mehr als einen Monat in Haft. Dieses Mal aber hörte ihre Familie eine Woche lang nichts von ihr, bis am 11. Oktober eine offizielle Anklage folgte, unter anderem wegen angeblichen Hochverrats. Nach dem Cyberkriminalitätsgesetz in Niger steht darauf die Todesstrafe. Sabou wurde dennoch unter Auflagen vorläufig freigelassen, ihr Mobiltelefon erhielt sie erst im November zurück.

Seit dem Militärputsch am 26. Juli hat sich die Lage der Pressefreiheit in dem westafrikanischen Land deutlich verschlechtert. Noch an demselben Tag griffen Demonstranten mehrere Teams des privaten nigrischen Radionetzwerks *Anfani* und des TV-Senders *Bonferey* an, als diese von einer Pressekonferenz des abgesetzten Präsidenten berichteten. Zwei Tage später wurde Soufiane Mana Hassan, Herausgeber der Zeitung *Le Temoin de l'Histoire*, von Unbekannten bedroht.

Am 29. Juli forderte ein Mitglied des von der Junta eingesetzten „Nationalen Rats für den Schutz des Vaterlandes", dass westliche Medien für unbefristete Zeit nicht mehr in Niger arbeiten dürften. Insbesondere französische Medien sind unter dem neuen Regime zunehmend unerwünscht. Seit dem 3. August ist die Übertragung der Sender *RFI* und *France 24* gesperrt. Die freien Journalisten Amaury Hauchard und Stanislas Poyet, die für französische Medien arbeiten, wurden am 19. August beleidigt und verprügelt, als sie über eine Versammlung von Putsch-Sympathisanten berichteten. Einige Tage zuvor bedrohten Anhänger

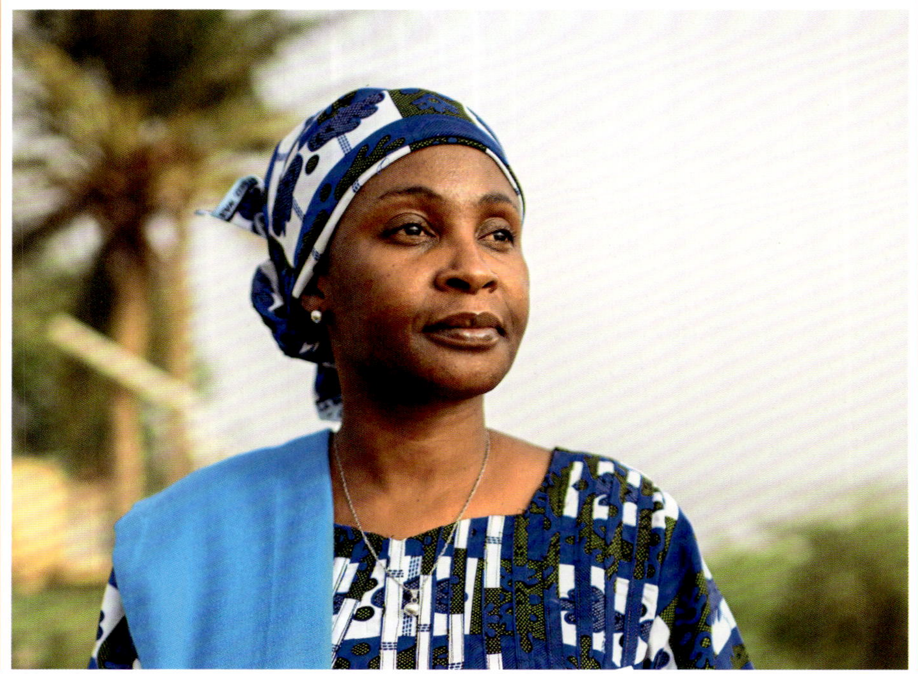

MEDIENSCHAFFENDE GETÖTET
KEINE

INHAFTIERT
KEINE

Links: Die freie Journalistin und Bloggerin Samira Sabou wurde schon vor dem Putsch immer wieder bedroht und inhaftiert.
Foto: Colin Delfosse

Oben: Ein Demonstrant in Niamey hat sich „en avant" (voran) auf den Oberkörper gemalt. Anhänger des „Nationalen Rates für den Schutz des Vaterlandes" protestierten zwei Wochen nach dem Putsch in Niger gegen Drohungen anderer westafrikanischer Staaten, die alte Ordnung durch militärisches Eingreifen wiederherzustellen.
Foto: AFP/Getty Images

Rechts: General Mohamed Toumba, Mitglied der Putsch-Regierung, hält am 6. August eine Rede in Niamey. Bewohner der Hauptstadt forderten die Rekrutierung von Freiwilligen zum Schutz gegen das mögliche Eingreifen anderer westafrikanischer Staaten.
Foto: Sam Mednick/ AP Photo/picture alliance

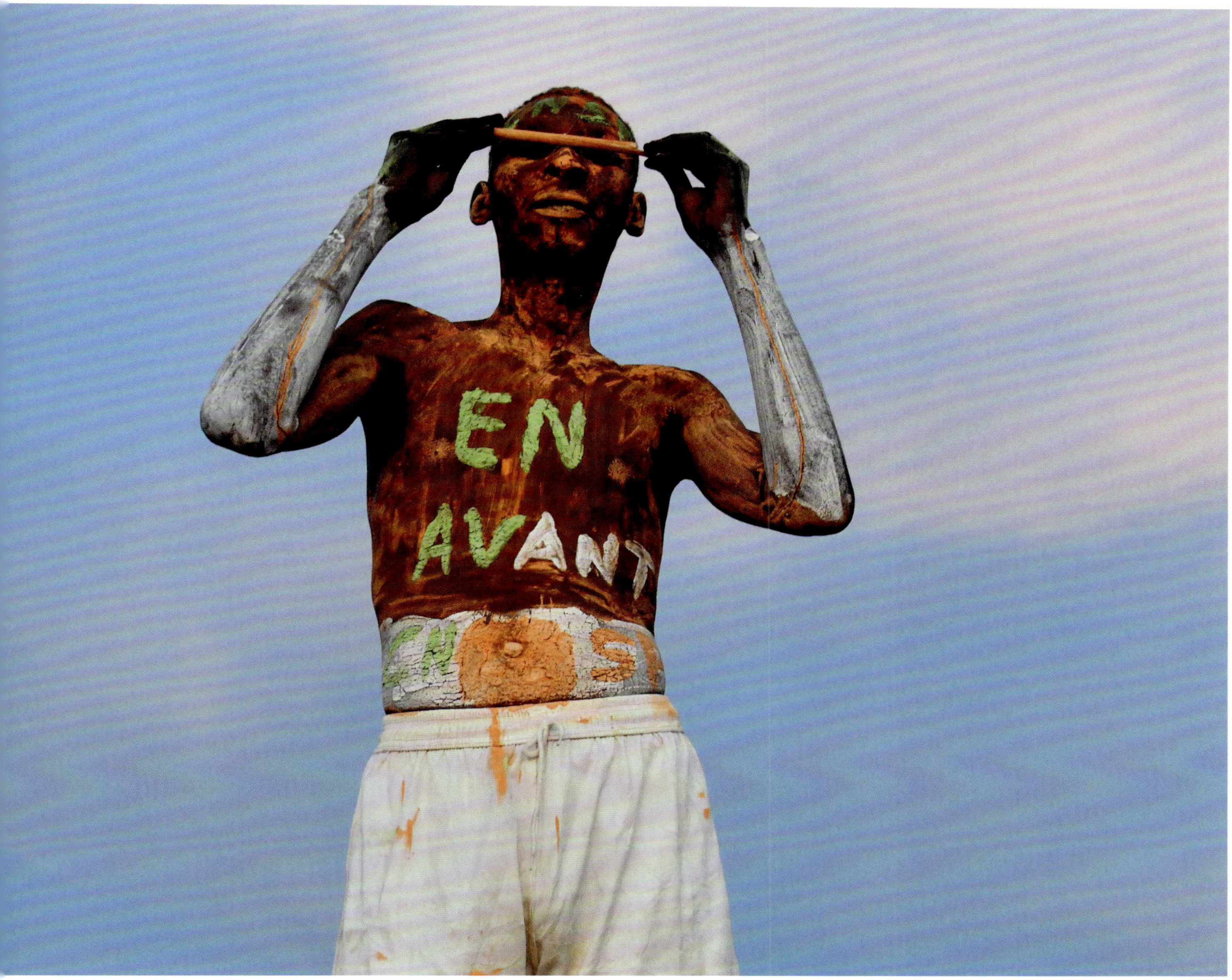

der Junta die Korrespondentin des französischen Senders *TV5 Monde*, Anne Fleur Lespiaut, verbal im Internet.

Vor dem Putsch war Niger das letzte Land in der zentralen Sahelzone, in dem keine Militärregierung herrschte. Seither schikanieren Anhänger der neuen Führung systematisch unabhängige Medien. Ihre Methoden ähneln jenen der Juntas in den Nachbarländern Burkina Faso und Mali. *Reporter ohne Grenzen (RSF)* hat gemeinsam mit 80 afrikanischen Journalisten und Medienorganisationen die Militärregierung in Niger aufgerufen, die Pressefreiheit zu achten. Die zentralen Forderungen: Der „Nationale Rat für den Schutz des Vaterlandes" soll die Arbeit lokaler wie internationaler Journalisten in Niger respektieren. Verbale Angriffe und Drohungen gegen Medienschaffende müssen aufhören und öffentlich verurteilt werden. Dies gilt auch für Übergriffe aus den Reihen der Putsch-Anhänger.

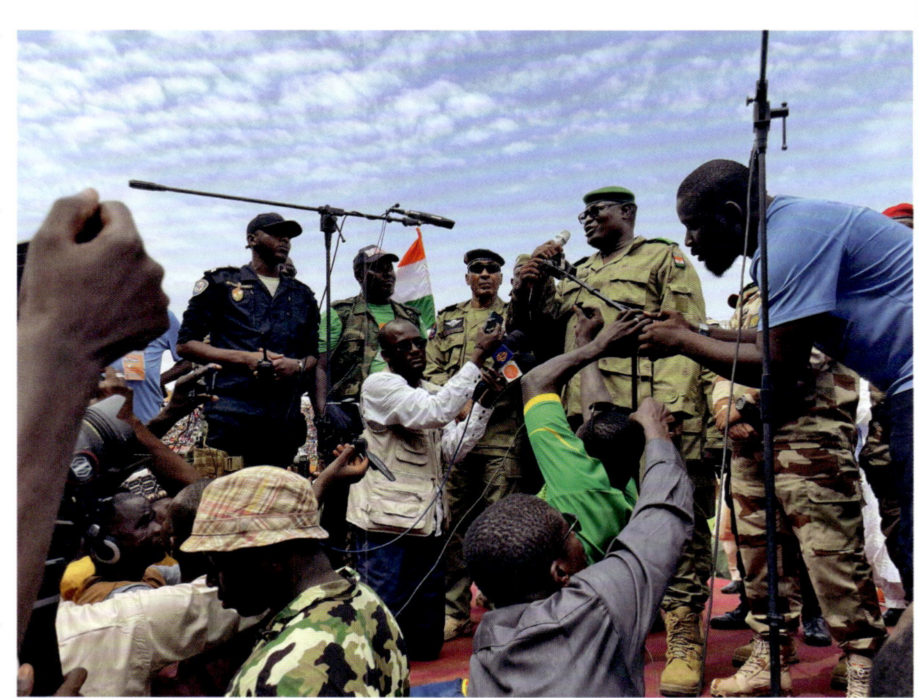

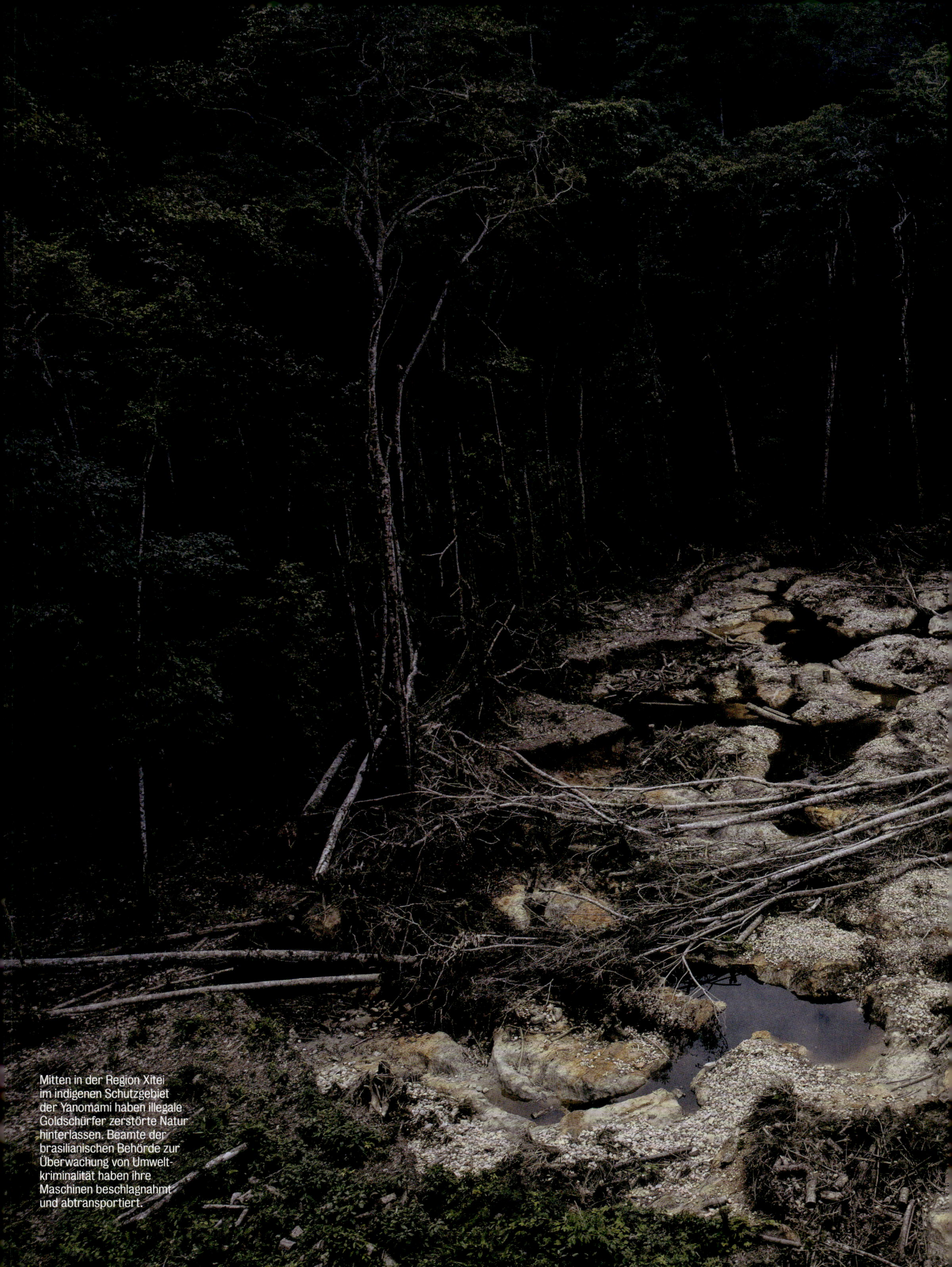

Mitten in der Region Xitei im indigenen Schutzgebiet der Yanomami haben illegale Goldschürfer zerstörte Natur hinterlassen. Beamte der brasilianischen Behörde zur Überwachung von Umweltkriminalität haben ihre Maschinen beschlagnahmt und abtransportiert.

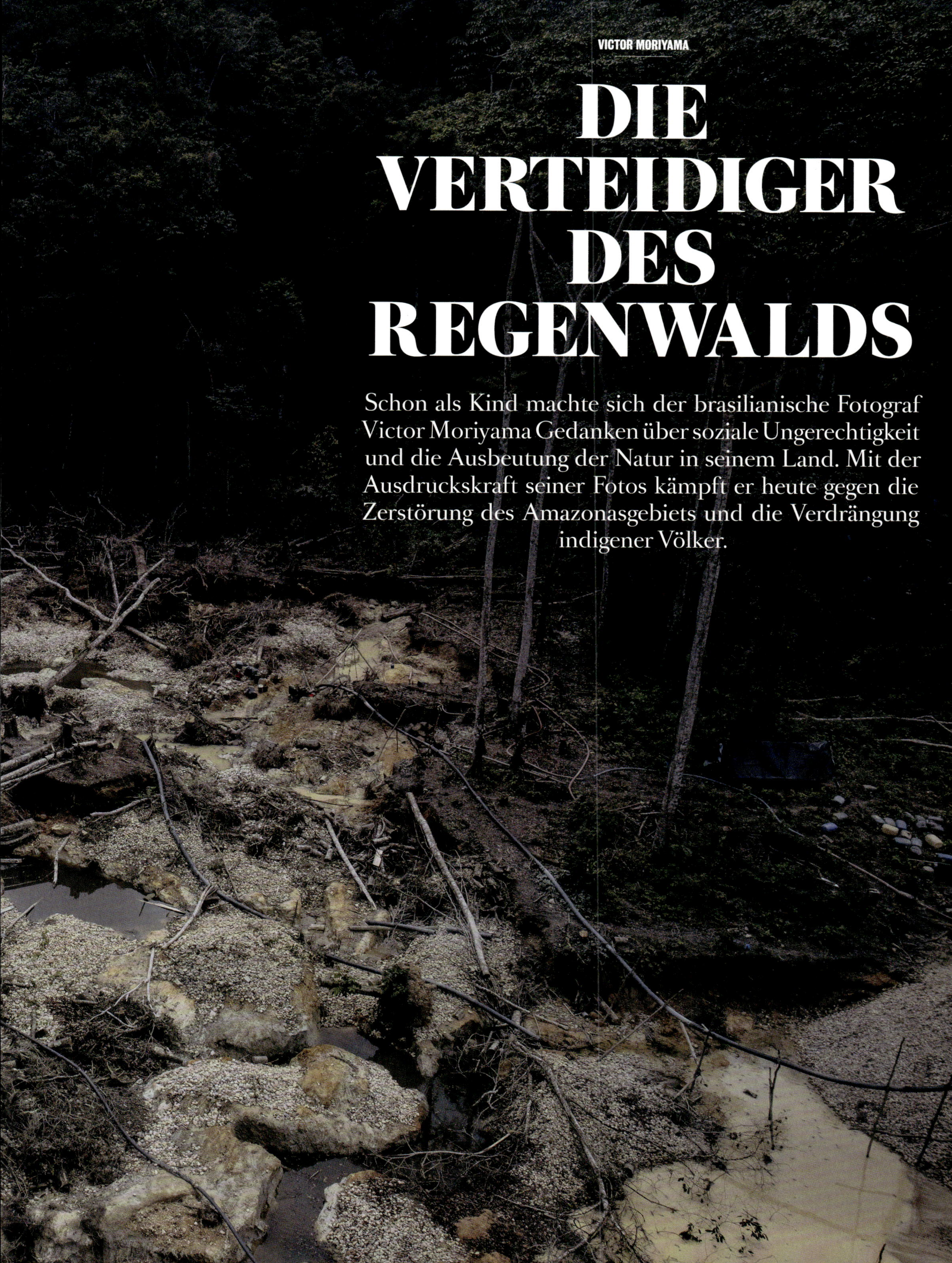

VICTOR MORIYAMA

DIE VERTEIDIGER DES REGENWALDS

Schon als Kind machte sich der brasilianische Fotograf Victor Moriyama Gedanken über soziale Ungerechtigkeit und die Ausbeutung der Natur in seinem Land. Mit der Ausdruckskraft seiner Fotos kämpft er heute gegen die Zerstörung des Amazonasgebiets und die Verdrängung indigener Völker.

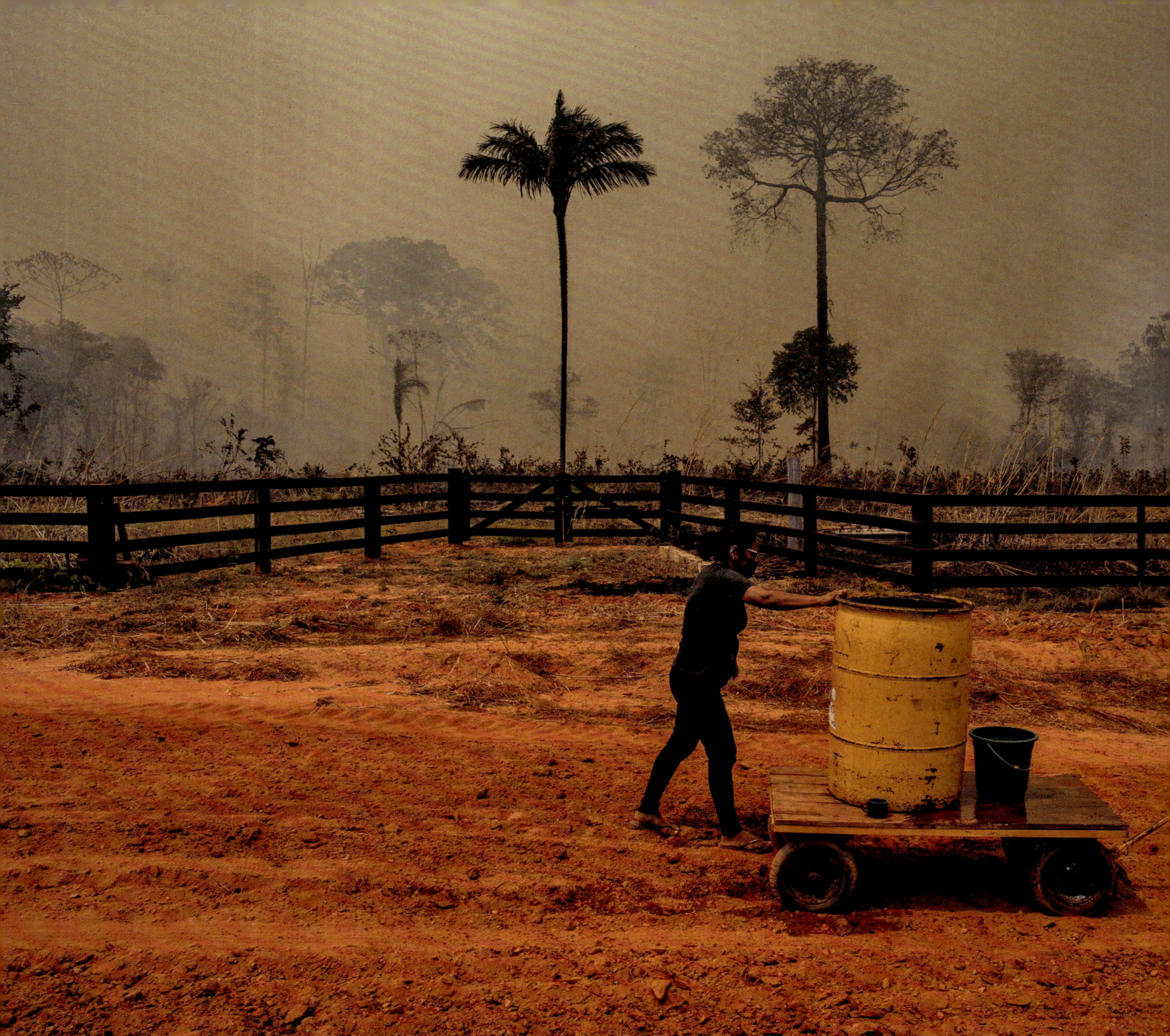

Ich liebe die Natur. Daher bin ich schon als Student bei jeder Gelegenheit mit Freunden aus der Stadt geflohen. Die Gewalt, die der Kapitalismus für die Menschen und die Natur bedeutet, ist für mich unerträglich. Bereits in meiner Kindheit haben wir bei uns zuhause viel darüber diskutiert, wie wir dazu beitragen können, die soziale Ungerechtigkeit in unserem Land zu verringern. Meine Mutter arbeitete mit dem jetzigen Präsidenten Lula zusammen, als dieser noch Gewerkschaftsführer der Metallarbeiter war. Mein Vater kämpfte zur Zeit der Militärdiktatur im Widerstand. Einen geschärften Blick für Gewalt in der Gesellschaft habe ich also mit Sicherheit von meinen Eltern.

Ich war 15 Jahre alt, als ich zum ersten Mal Bilder des berühmten brasilianischen Fotografen Sebastiao Salgado sah. Meine Mutter sagt, ich hätte damals Schriftsteller werden wollen. Aber ich entschied mich dafür, Geographie zu studieren. Auf meiner Suche nach der richtigen Universität entdeckte ich das Studienfach „Radio, TV und Kino" – und es faszinierte mich. In Brasilien erfolgt die Studienzulassung über eine fachspezifische Zugangsprüfung. Ich habe den Test für Geographie nicht geschafft, aber bei „Radio, TV, Kino" wurde ich dann angenommen.

Schon während des Studiums habe ich angefangen, für einen lokalen Fernsehsender als Kameramann zu arbeiten.

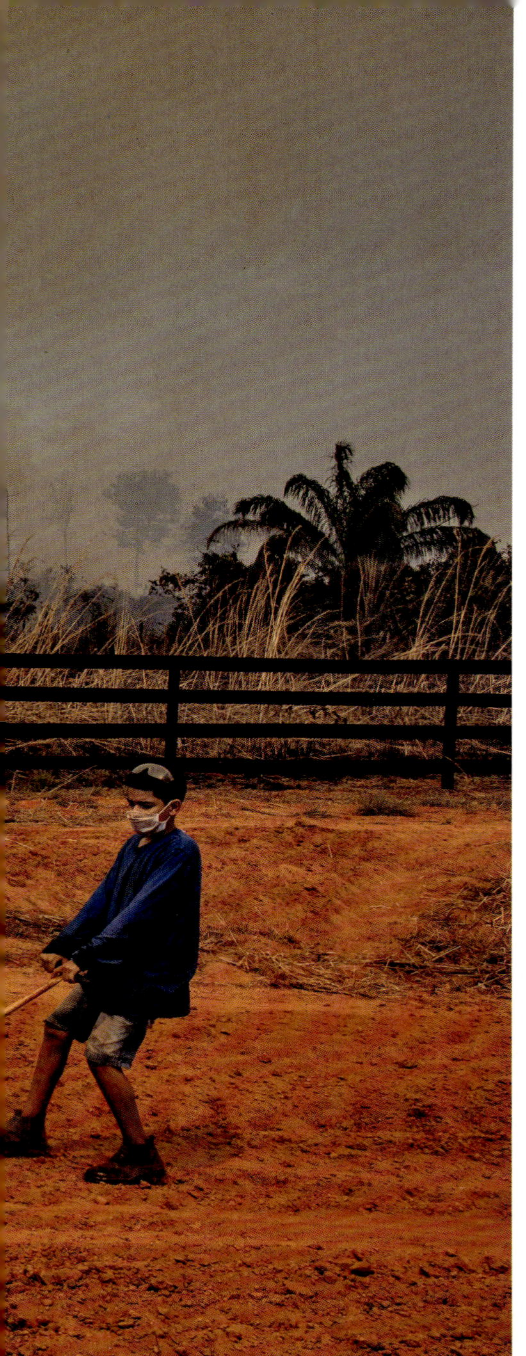

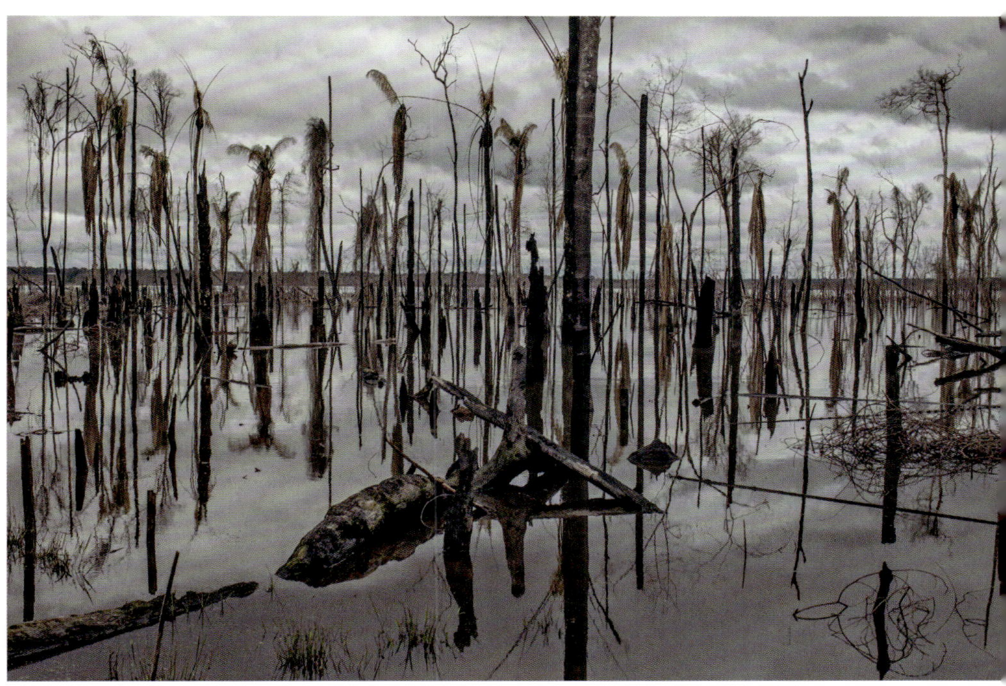

Links: Feuerwehr im Amazonasgebiet: Mitglieder einer ländlichen Gemeinschaft in der Stadt Claudia im Bundesstaat Mato Grosso kämpfen gegen einen Waldbrand. Sie wollen verhindern, dass das Feuer auf ihre Felder übergreift. Die Brände wurden illegal in einem nahen Regenwald-Schutzgebiet gelegt.

Oben: Ein Teil des Regenwaldes im Bundesstaat Mato Grosso wurde für den Bau eines Wasserkraftwerks geflutet. Die Umleitung des Amazonas für solche riesigen Bauprojekte führt dazu, dass die Wälder und ihr gesamtes Ökosystem absterben.

Unten: 16. Juni 2022 in Atalaia do Norte, ganz im Westen des Bundesstaats Amazonas: Polizisten warten auf die Ankunft des festgenommenen Amarildo de Oliveira. Er ist einer der beiden Brüder, die elf Tage zuvor den britischen Journalisten Dom Phillips und den Indigenen-Forscher Bruno Pereira bei einer Recherche ermordet haben.

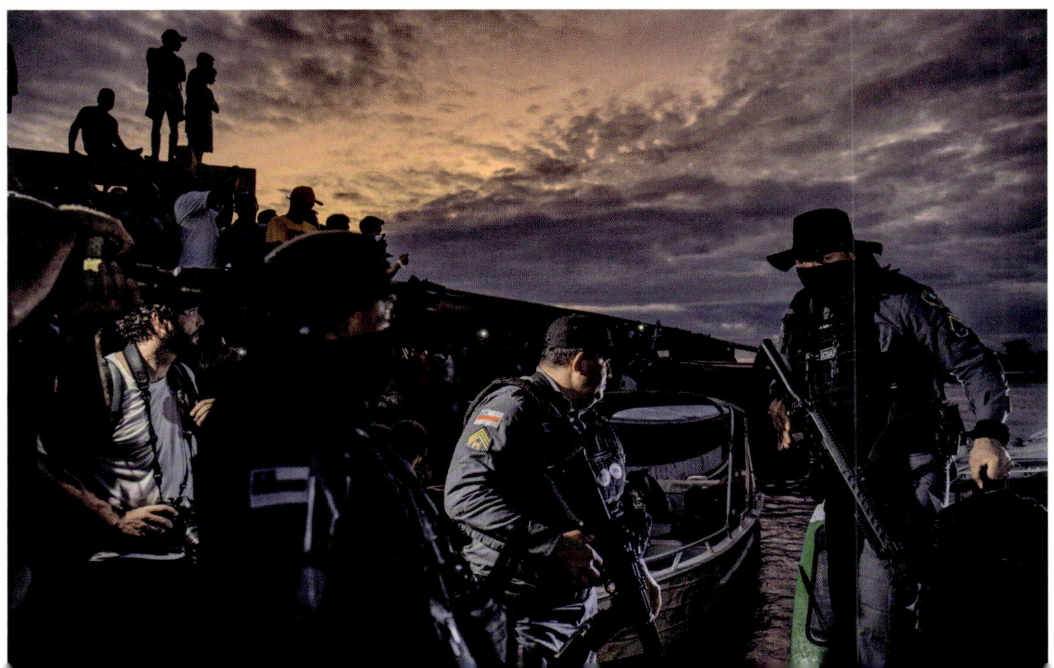

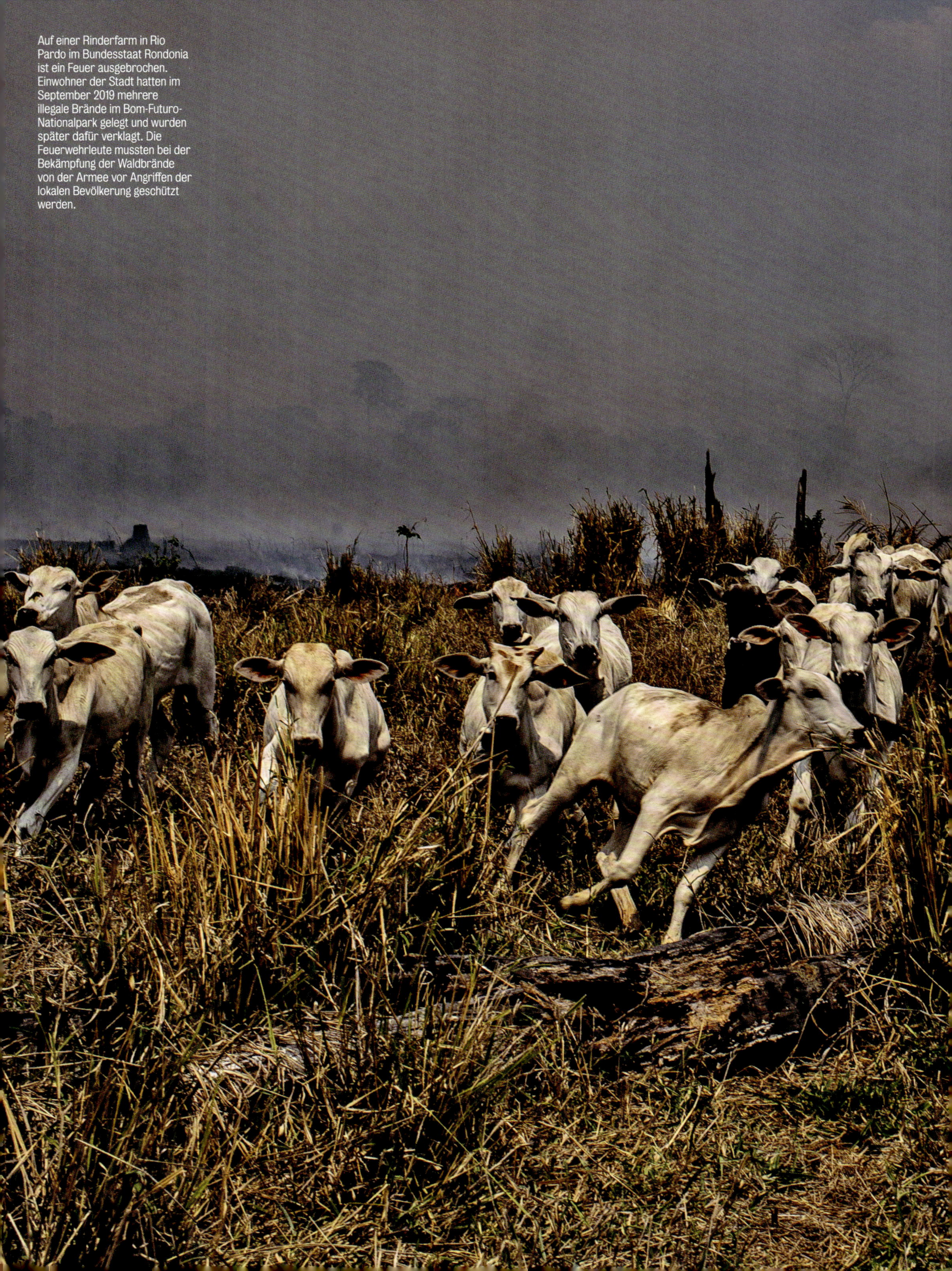

Auf einer Rinderfarm in Rio Pardo im Bundesstaat Rondonia ist ein Feuer ausgebrochen. Einwohner der Stadt hatten im September 2019 mehrere illegale Brände im Bom-Futuro-Nationalpark gelegt und wurden später dafür verklagt. Die Feuerwehrleute mussten bei der Bekämpfung der Waldbrände von der Armee vor Angriffen der lokalen Bevölkerung geschützt werden.

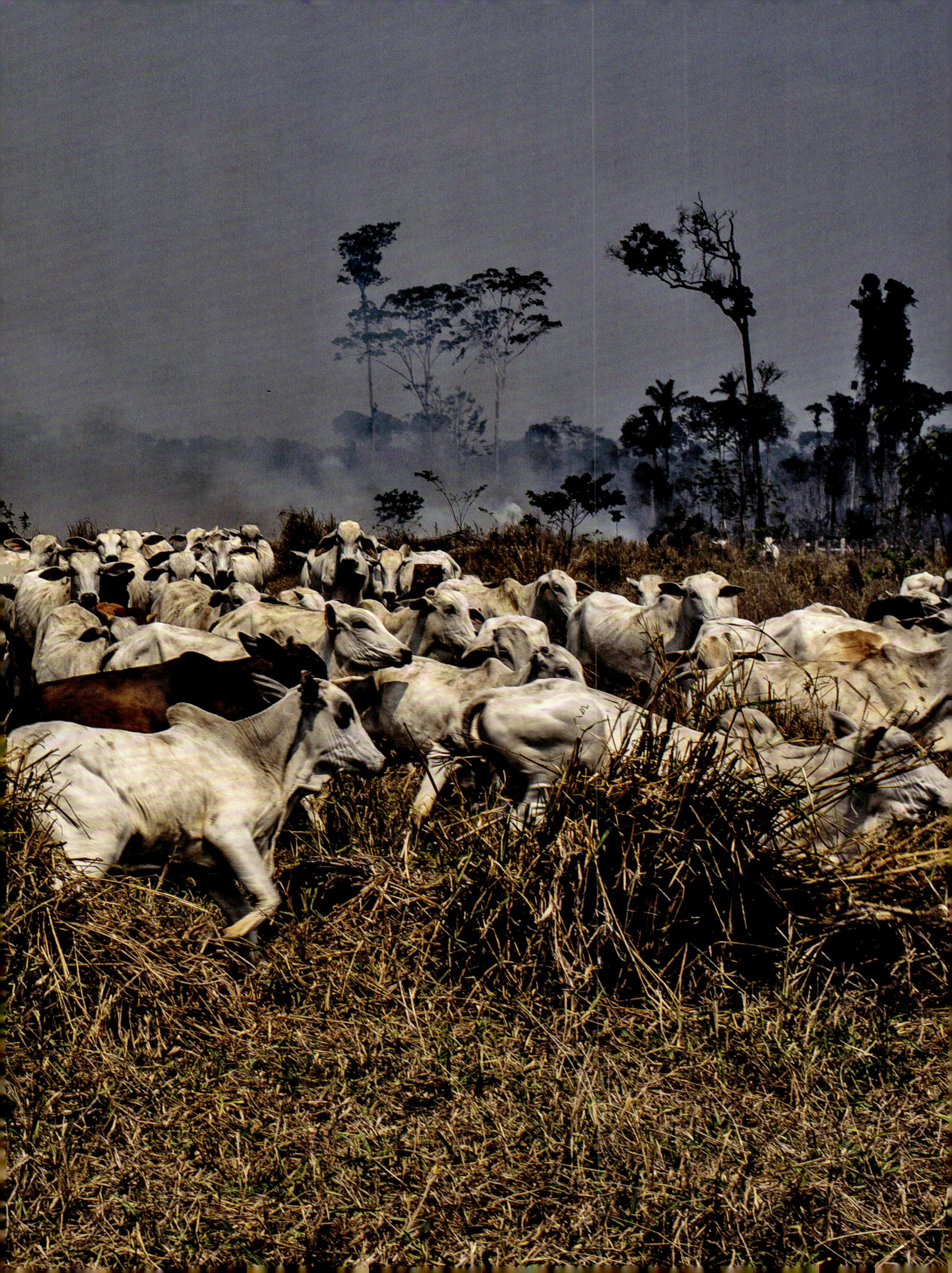

Damals konnte ich zum ersten Mal ins Amazonasgebiet reisen. Das war zwar eine eher touristische Reise für Pressevertreter, doch die großartige Natur hat mich tief beeindruckt. Ich machte damals Aufnahmen, die ich für so überzeugend hielt, dass ich sie einem großen Reportage-Magazin anbot. Der zuständige Redakteur fand sie „zu unausgereift". Aber mir ist damals klar geworden, dass die Fotografie mein Weg ist.

Erst arbeitete ich als Fotojournalist bei einer kleinen Lokalzeitung, dann als Fotoreporter bei der großen Tageszeitung *Folha de Sao Paulo*. Später war ich frei für internationale Medien wie *Reuters, Le Monde, El Pais* und *Bloomberg* tätig. Ich hatte das Gefühl, dass sie sich mehr für meine Themen interessierten als die einheimischen Redaktionen. Nachdem ich einige Jahre als Allrounder gearbeitet hatte, konnte ich alles fotografieren. Aber wirklich wichtig sind für mich bis heute Themen wie soziale Ungerechtigkeit und die andauernde Gewalt, die unsere Nation seit ihrer Entstehung geprägt haben. Und natürlich Amazonien.

Nachdem die Portugiesen im Jahr 1500 in Brasilien angekommen waren, vergewaltigten sie indigene Frauen und versklavten Menschen. Die katholische Kirche zwang den Indigenen ihre Religion auf. Viele Probleme in unserem Land finden ihre Ursache in dieser kolonialen Vergangenheit. Unsere Gesellschaft gründet sich bis heute auf Klassentrennung – mit einer Elite auf der einen und Untergebenen auf der anderen Seite. Auch stützt sich Brasilien weiterhin stark auf Landwirtschaft und Agrarindustrie, die heute knapp 27 Prozent des Bruttoinlandsproduktes ausmachen – und wenig Rücksicht auf die Natur nehmen. Ein schwieriges Erbe der Großgrundbesitzer von damals.

Dabei zerstört der Kapitalismus den Regenwald. Während der Militärdiktatur von 1964 bis 1985 durften Farmer aus dem Süden große Landflächen im Amazonasgebiet einfach besetzen und rotteten die indigenen Völker aus. Im Prinzip geht das bis heute so weiter. Die Natur stirbt. Viele Indigene glauben, dass die Erde als Feuerball enden wird. Das erscheint sehr verständlich, wenn wir die Klimakrise und Erderhitzung beobachten: All das hat mit der Abholzung des Regenwaldes zu tun, mit der Geldgier, mit diesem Wirtschaftsmodell, das nur auf materiellen Gewinn abzielt.

Als Fotojournalist sollte ich eigentlich unparteiisch sein, aber ich sehe mich als Aktivist für den Erhalt der Natur. Im Amazonasgebiet Brasiliens ist klar zu erkennen, dass in den offiziellen Schutzgebieten der Ureinwohner viel weniger Regenwald abgeholzt wird, weil sie ihn verteidigen. Ihre indigenen Rechte zu schützen, ist also ein erster wichtiger Schritt, um die Natur zu schützen.

Einmal konnte ich eine Woche im Dorf des großen Yanomami-Vertreters Davi Kopenawa verbringen, als sich dort Führungspersönlichkeiten des Volkes trafen. Sie diskutierten über das Problem, dass immer mehr illegale Goldschürfer in ihr Gebiet eindrangen. Während ich dieses Treffen fotografierte, wurde ich in spirituelle Praktiken eingeweiht, wie sie nur indigene Schamanen und Heiler ausüben. Das war ein unvergessliches Erlebnis. Mit Davi Kopenawa verbindet mich bis heute der Kampf gegen die Auslöschung der indigenen Völker. Meine Fotodokumentation zeigt die illegale Landnahme, die illegale Abholzung, die kriminelle Brandstiftung und Umweltverbrechen, die im Urwald geschehen. Außerdem dokumentiere ich den Aufbau von Rinderfarmen und Soja-Plantagen.

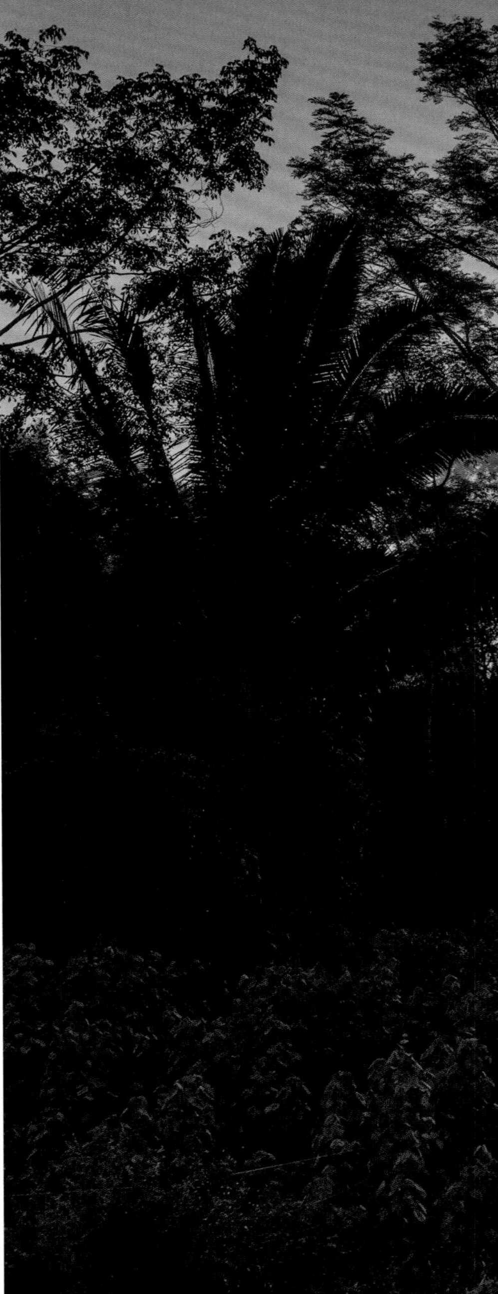

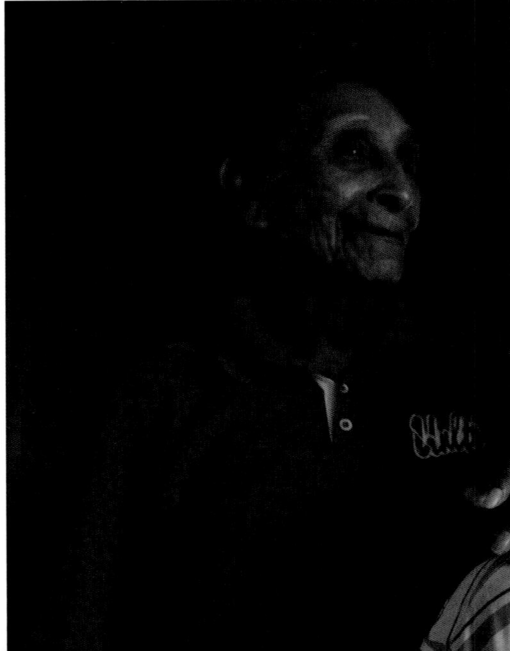

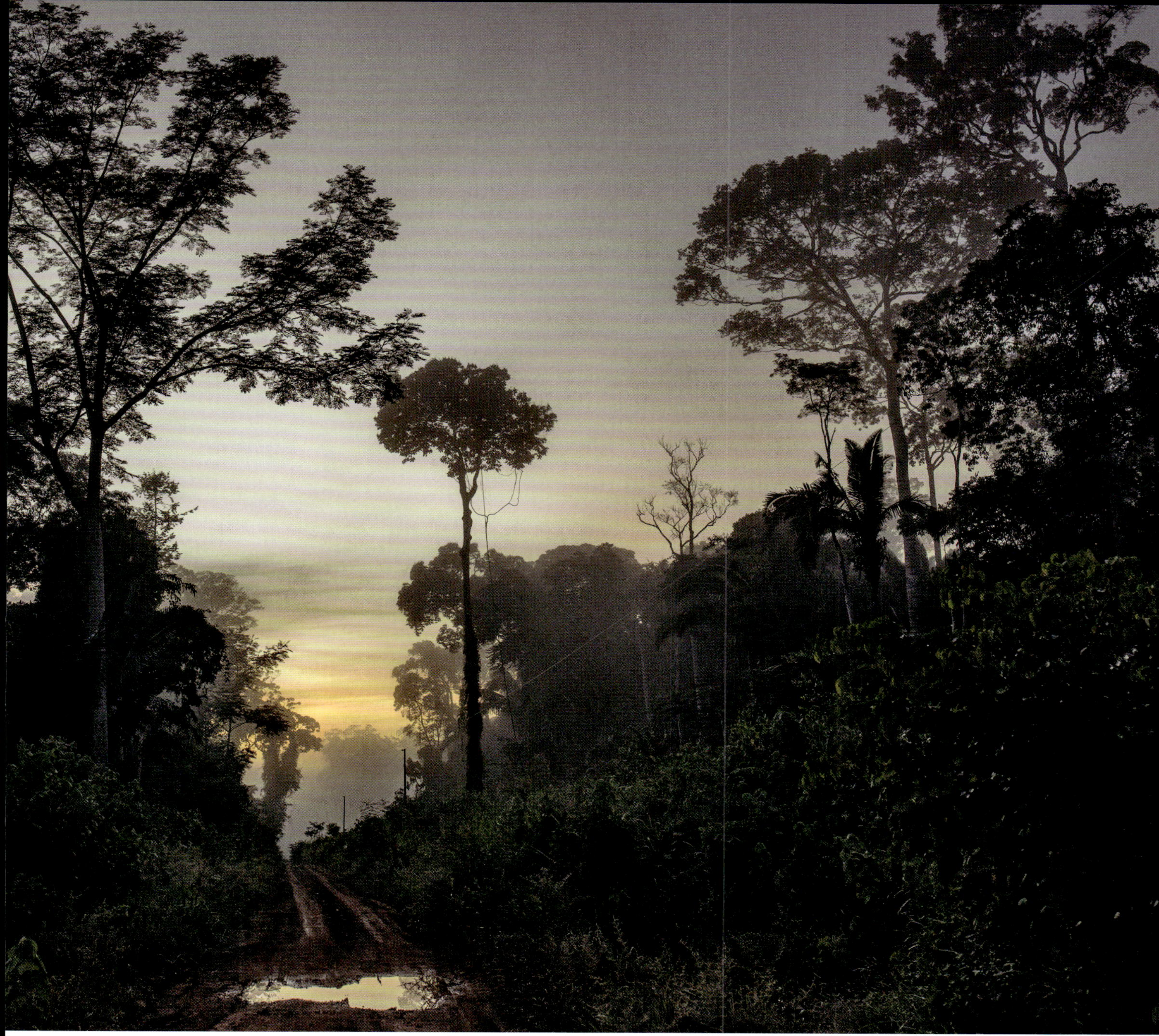

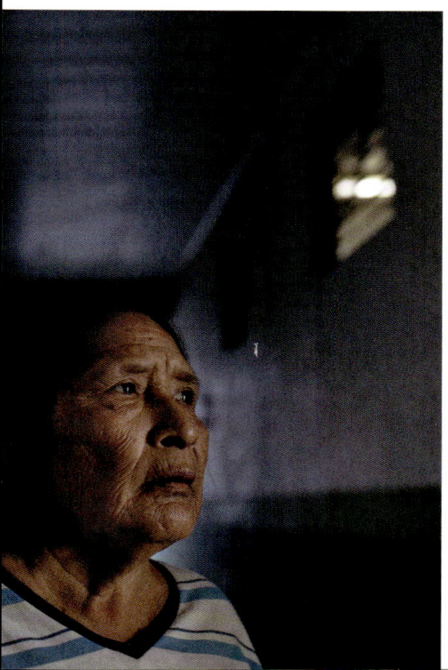

Oben: Eine unbefestigte Straße führt durch das Schutzgebiet der indigenen Piripkura, nur noch zwei von ihnen leben dort. Immer mehr Viehzüchter und illegale Holzfäller besetzen das Gebiet im Bundesstaat Rondonia. Sie behaupten, es gäbe zu viel Land für zu wenige Ureinwohner.

Unten: Rita (rechts) ist eine von drei Überlebenden der Piripkura. Sie lebt im Dorf ihres Mannes Aripa, der dem Volk der Uru Eu Wau Wau angehört. Ihr Bruder Pakyi und sein Freund Tamandua leben in freiwilliger Isolation auf dem Piripkura-Land im Amazonas-Regenwald.

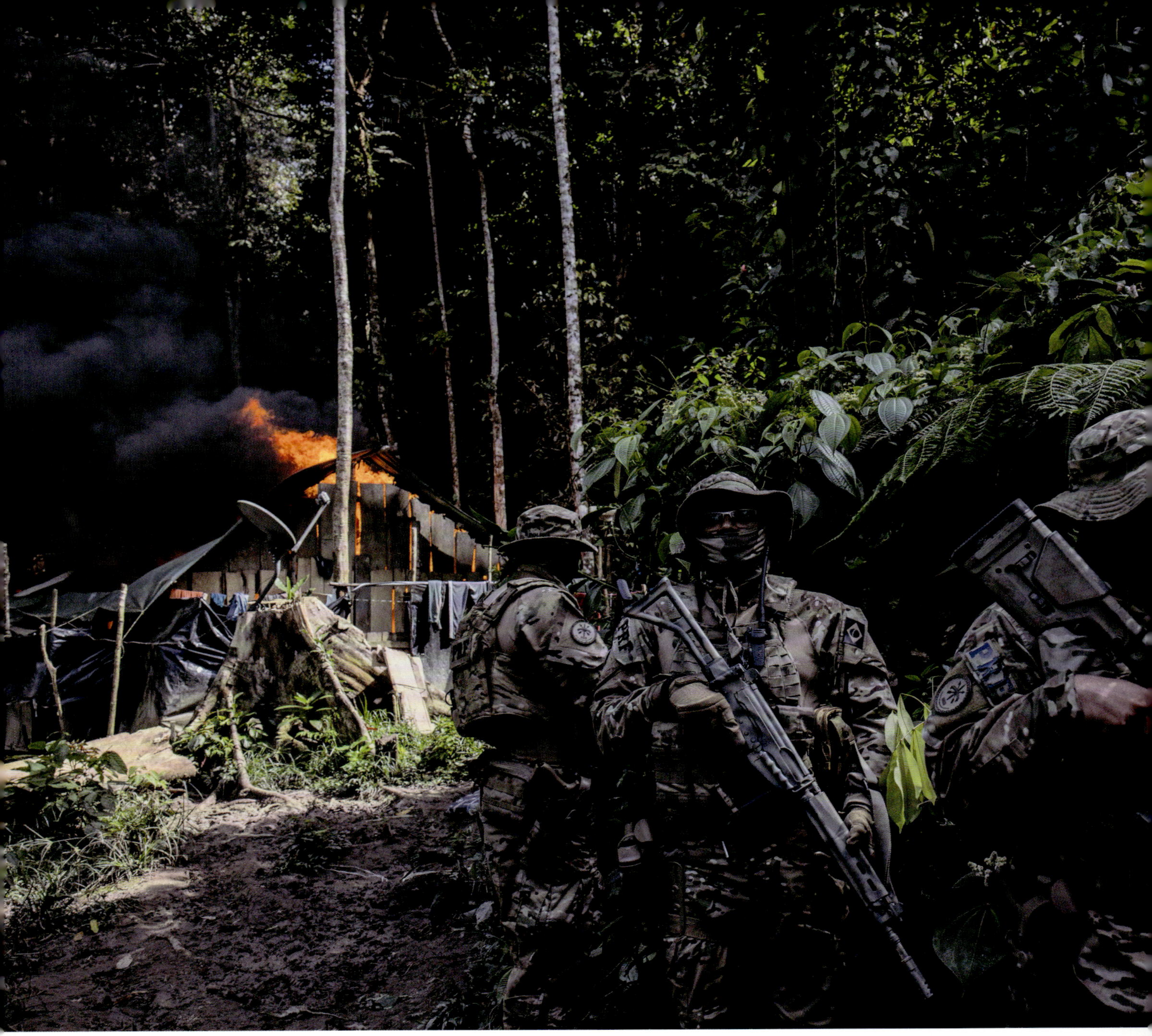

Oben: Bewaffnete Einheiten der brasilianischen Umweltbehörde zerstören im Februar 2023 die Hütte und die Maschinen von illegalen Goldschürfern im Schutzgebiet der indigenen Yanomami in der Region Xitei.

Unten: Yanomami-Kinder beobachten die Operation der Umweltbehörde. Ihr Volk ist von Unterernährung und Krankheiten bedroht, weil ihre natürliche Lebensweise durch den illegalen Goldabbau zerstört wird.

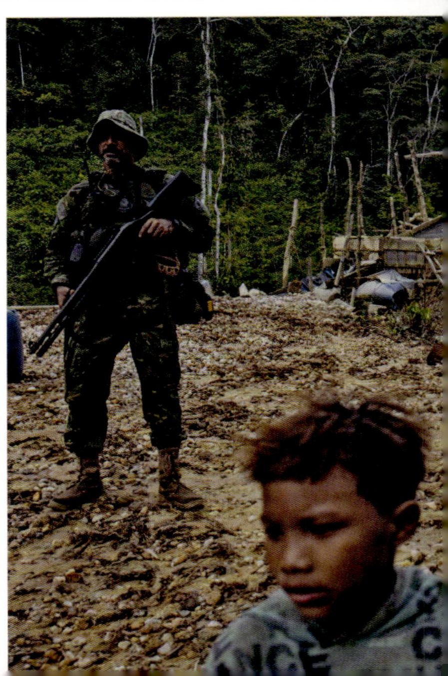

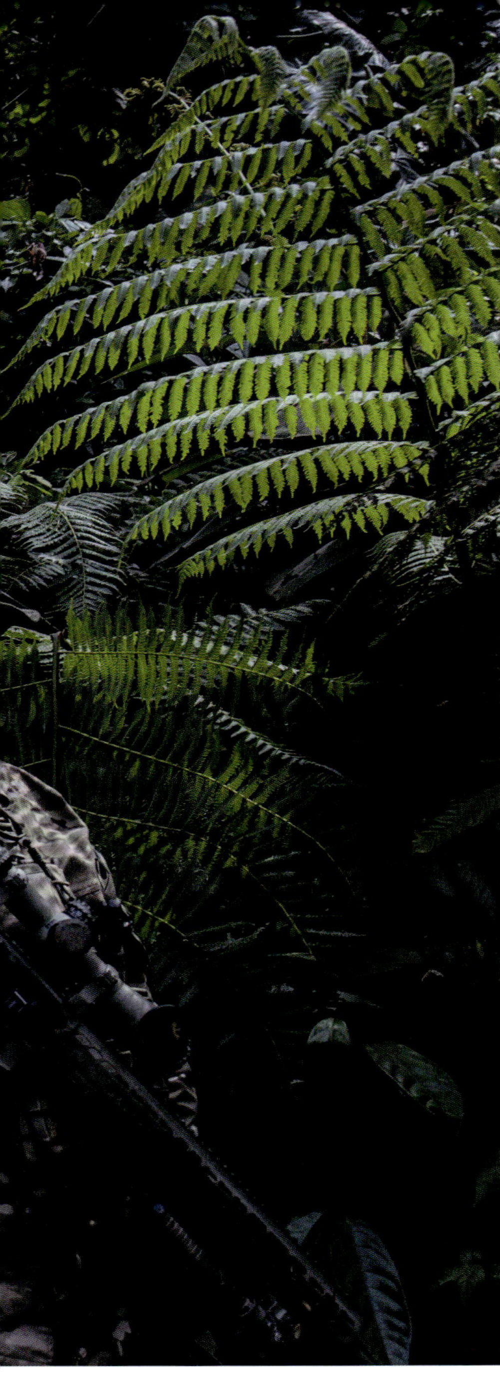

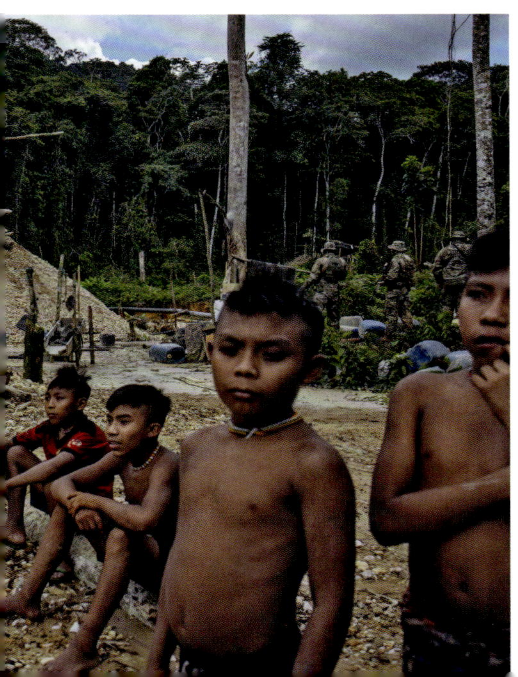

Der Prozess beginnt mit der Vernichtung jahrhundertealter Bäume. Übrig bleiben nur noch Monokulturen, die dem Tod des Regenwaldes gleichkommen.

2019 war das Rekordjahr der großen Waldbrände im Amazonasgebiet. Damals erlebte ich einen historischen Moment und meine bisher größten beruflichen Erfolge, denn als erster Fotoreporter vor Ort konnte ich für Greenpeace das ganze Gebiet überfliegen. Meine Bilder sind auf internationale Titelseiten erschienen, mehrmals auch auf der ersten Seite der *New York Times*. Der US-Schauspieler Leonardo di Caprio wurde mein Follower auf Instagram, wo ich meine Fotos poste, und startete eine Hilfskampagne für das Amazonasgebiet.

Ich glaube an die Macht von Fotos. Sie sprechen eine internationale Sprache. Unter anderem konnte ich Bilder von der indigenen Gemeinschaft der Piripkura machen, von der es nur noch drei Überlebende gibt. Farmbesitzer wollen ihr Land besetzen, doch die nationale Behörde für Indigene, FUNAI, schützt die Rechte der bedrohten Völker sowie deren Land. Trotzdem wird diese Ethnie wohl bald aussterben: Die letzten Piripkura werden wohl keine Kinder mehr zeugen. Ich habe die beiden Männer, die auf ihrem Land leben, zusammen mit Reportern der *New York Times* getroffen. Wir haben zusammen Fußball gespielt.

Ich versuche immer, Nähe zu den Menschen und Situationen herzustellen, die ich fotografiere. Zugleich finde ich es schwer zu ertragen, dieses Ausmaß der Zerstörung hautnah mitzuerleben. Auf gewisse Weise verstecke ich mich hinter der Kamera und nutze sie als eine Art Schutzschild. Trotzdem wirken diese Erlebnisse in meinem Leben nach. Ich mache seit Jahren Therapien und nach besonders belastenden Aufträgen unterziehe ich mich immer wieder spirituellen Reinigungszeremonien in meiner afrobrasilianischen Religionsgemeinschaft.

Um meinen Beruf mit den damit verbundenen Risiken ausüben zu können, hatte ich lange Zeit Frieden mit dem Tod geschlossen. Aber seit ich vor mehr als einem Jahr Vater eines Sohnes geworden bin, sehe ich Leben und Tod anders als vorher. Ich möchte lange genug leben, um meinen Sohn aufwachsen zu sehen.

In Amazonien gelten keine Gesetze. Die illegalen Goldschürfer und Holzhändler sehen Journalisten, Indigene, Umweltaktivisten und sogar die Vertreter der katholischen Basisorganisationen als ihre Feinde an. Wir wissen bei der Arbeit in der Region nie, ob wir nicht plötzlich in einen Hinterhalt geraten. Kollegen von mir wurden von fünf Geländewagen mit Bewaffneten auf den Ladeflächen umzingelt und bedroht. Zum Glück ist ihnen dann doch nichts passiert. Hier sind Menschenleben nichts wert.

Die brasilianische Ordensschwester und Umweltaktivistin Dorothy Stang wurde 2005 wegen ihres Engagements gegen die Abholzung des Regenwaldes im Auftrag eines Großgrundbesitzers ermordet. Der britische Journalist Dom Phillips, der mehrere Texte zu meinen Bildern schrieb, wurde 2022 im abgelegenen Javari-Tal getötet. Dort hatte er mit dem Indigenenexperten Bruno Pereira zur Ausbeutung des Amazonasgebiets und Gewalt gegen Indigene recherchiert. In dieser Gegend sind auch Wilderer und Drogenbanden aktiv. Die Polizei macht einen Drogenboss für den Doppelmord verantwortlich. Unsere Arbeit hier kann uns jederzeit in Lebensgefahr bringen.

Aufgezeichnet von Christine Wollowski

VICTOR MORIYAMA

victormoriyama.com.br

Victor Moriyama (geb. 1984 in Sao Paulo, Brasilien) hat Radio, TV und Kino studiert, bevor er zum Fotojournalismus kam. Er arbeitet überwiegend für die *New York Times*, aber auch für Agenturen wie *Bloomberg* oder Organisationen wie Greenpeace. Moriyamas Themen sind soziale Ungleichheit, Gewalt in der Gesellschaft sowie Ausbeutung der Natur. Moriyama engagiert sich über seine Arbeit hinaus für die Erhaltung des Regenwalds und der Lebensräume Indigener im Amazonasgebiet. Außerdem ist er als Mentor für junge Fotografen aktiv.

CHRISTINE WOLLOWSKI

weltreporter.net/wollowski

Christine Wollowski (geb. 1966 in Berlin) hat Sprachen, Literatur, Theater und Philosophie in München und Paris studiert. Sie berichtet seit mehr als zwanzig Jahren aus Brasilien, vor allem für Printmedien wie die *Frankfurter Allgemeine Sonntagszeitung*, *Brigitte* oder *Amnesty Journal*. Wollowski beschäftigt sich viel mit Sozialpolitik, Rassismus, Umweltzerstörung und dem Leben indigener Menschen im Amazonasgebiet. Sie ist Mitglied des Korrespondentennetzwerks *Weltreporter*.

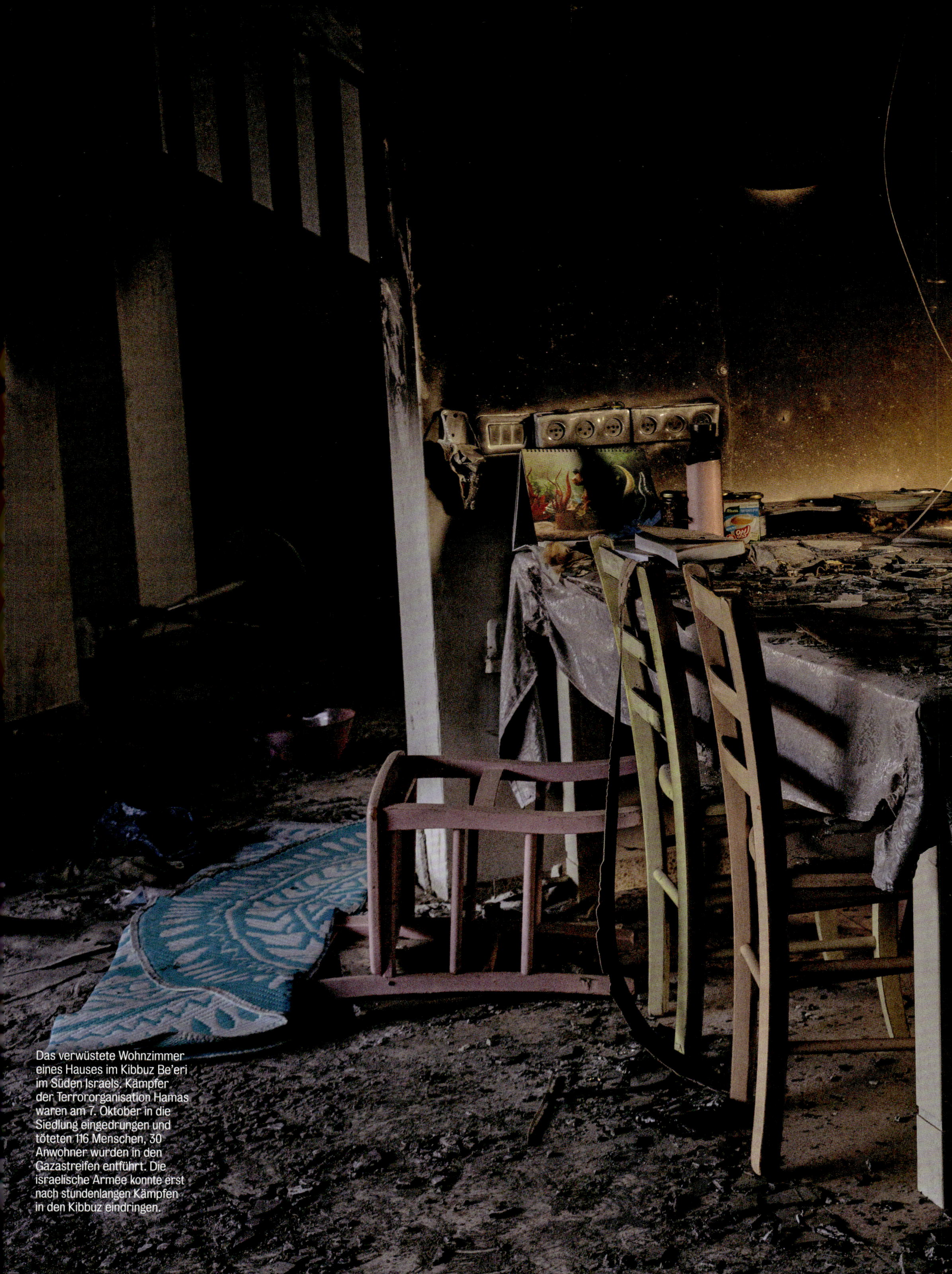

Das verwüstete Wohnzimmer eines Hauses im Kibbuz Be'eri im Süden Israels. Kämpfer der Terrororganisation Hamas waren am 7. Oktober in die Siedlung eingedrungen und töteten 116 Menschen, 30 Anwohner wurden in den Gazastreifen entführt. Die israelische Armee konnte erst nach stundenlangen Kämpfen in den Kibbuz eindringen.

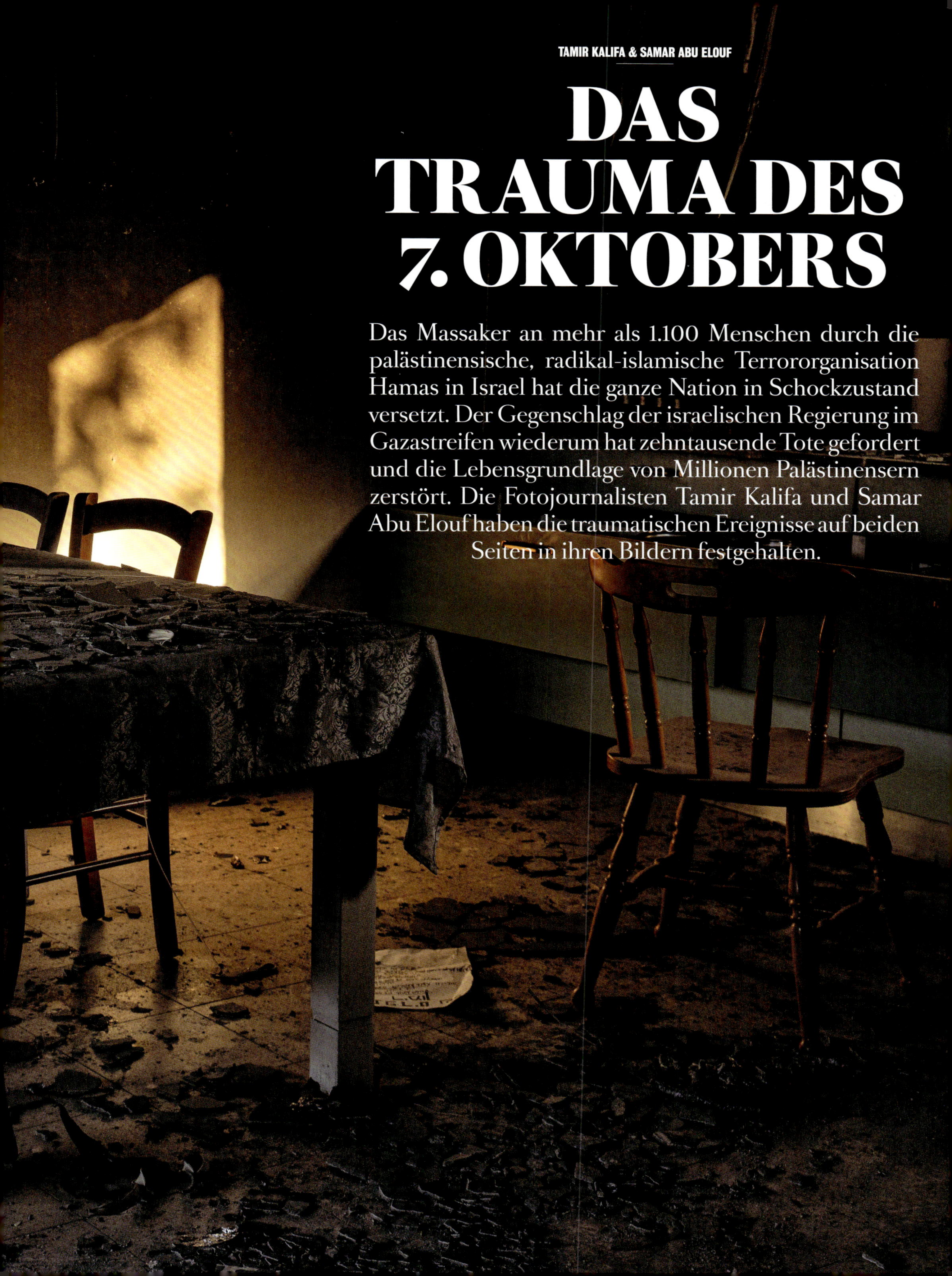

TAMIR KALIFA & SAMAR ABU ELOUF

DAS TRAUMA DES 7. OKTOBERS

Das Massaker an mehr als 1.100 Menschen durch die palästinensische, radikal-islamische Terrororganisation Hamas in Israel hat die ganze Nation in Schockzustand versetzt. Der Gegenschlag der israelischen Regierung im Gazastreifen wiederum hat zehntausende Tote gefordert und die Lebensgrundlage von Millionen Palästinensern zerstört. Die Fotojournalisten Tamir Kalifa und Samar Abu Elouf haben die traumatischen Ereignisse auf beiden Seiten in ihren Bildern festgehalten.

Tamir Kalifa

Der Fotojournalist Tamir Kalifa hat die Ereignisse ab dem 7. Oktober in Israel miterlebt und mit seiner Kamera festgehalten. Seitdem begleitet er betroffene Menschen – darunter auch Familien der 240 Geiseln. Er will mit seinen Bildern vor allem die Trauer, die Traurigkeit und den Schmerz vermitteln und zeigen, wie die israelische Gesellschaft auf diese Ereignisse reagiert hat.

—

Was hat der 7. Oktober 2023 für Sie als Fotograf bedeutet?
So etwas einmal erleben zu müssen, habe ich nicht erwartet. Dieser Tag ist seither wie ein Schatten, der einen immer begleitet. Es ist ein neues Kapitel in der langen Geschichte des Konflikts zwischen Israelis und Palästinensern. Um die Bedeutung dieses Moments zu erfassen, muss man die Geschichte des Nahostkonflikts kennen.

Wie sah dieser Tag für Sie aus?
Ich war mit meiner Frau zu Besuch bei meiner Familie in Rechovot, einer Stadt etwa 20 Kilometer südlich von Tel Aviv. Ich hatte deshalb nicht viel Ausrüstung mit, nur eine Kamera und zwei Objektive. Wie viele Israelis wurden wir an jenem Morgen gegen 6:30 Uhr von Raketenalarm geweckt. Gemeinsam mit meinen Eltern suchten wir Schutz im Luftschutzbunker, den die meisten israelischen Wohnhäuser haben. Wir hörten Explosionen und waren im Schockzustand. In den Nachrichten hieß es, dass militante Hamas-Kämpfer in den Straßen von Israel unterwegs waren. Zwei Stunden später ging ich auf den Balkon und konnte sehen, wie ganz in der Nähe Rauch aufstieg. Und ich fühlte, dass ich loswollte, um zu dokumentieren, was geschah. Es fühlte sich wie ein historischer Moment an. Kurz darauf rief mich eine Redakteurin der *New York Times* an, die wusste, dass ich gerade in Israel war. Sie fragte mich, ob ich für die Berichterstattung bereitstünde. Ich sagte sofort Ja, lieh das Auto meiner Mutter aus und fuhr los. Ich hatte keine Schutzweste, gar nichts. Aber mir war klar, dass da etwas ganz Großes geschah.

Wohin sind Sie gefahren?
Ich fuhr Richtung Süden in die nächste größere Stadt Aschkelon. Das waren etwa 30 bis 45 Minuten Fahrt. Es waren fast gar keine Autos unterwegs, in der Ferne sah ich vereinzelt Brände. Ich folgte den Rauchschwaden und fuhr in Gegenden, wo Raketen eingeschlagen waren und wo es beachtliche Schäden gegeben hatte. Zwischendurch musste ich immer wieder in Luftschutzbunker flüchten, weil der Beschuss aus Gaza anhielt. Eigentlich war Simchat Tora, der Feiertag, bei dem gemeinsam die Tora gelesen und gefeiert wird. Deshalb fuhr ich schließlich zu einer Synagoge, die in einem Luftschutzbunker lag, um dort zu fotografieren und eine Weile sicher zu sein.

Wie waren die folgenden Tage?
Ich war ununterbrochen unterwegs. Die *New York Times* hatte mir einen Wagen schicken lassen samt Schutzweste und Schutzhelm. Alles fühlte sich chaotisch an, das kann ich mit Worten nicht richtig beschreiben. Meine Bilder drücken das besser aus als jede mündliche Erklärung. Die ganze Nation stand unter Schock und war traumatisiert. Die Trauer war unermesslich. Und ich erinnere mich gut daran, dass ich die ganze Zeit dachte: Unvorstellbar, was das für die Menschen in Gaza bedeuten wird. Es war klar, dass es einen Gegenschlag geben würde, das ist immer so.

Interessant, dass Sie in diesem Moment auch an die Menschen in Gaza dachten. Kommt diese Perspektive daher, dass Sie als Fotojournalist beide Seiten des Nahostkonflikts kennen?
Ich war noch nie in Gaza und werde dort in naher Zukunft wahrscheinlich auch nicht sein können. Aber ich habe viel im Westjordanland gearbeitet und will das weiter tun. Ich habe palästinensische Freunde. Ich glaube an die fundamentale Bedeutung der friedlichen Koexistenz. Die Zukunft von Israelis und Palästinensern ist miteinander verwoben. Bei der Arbeit motiviert mich das. Ich nutze die Fotografie und den Journalismus als Mittel, um gegenseitige Empathie zu wecken und Verstehen zu ermöglichen – sofern das in so einem Konflikt überhaupt möglich ist. Ich habe großes Mitgefühl für beide Seiten. Und als Journalisten müssen wir das auch haben.

Wie sah Ihre konkrete Arbeit weiter aus? Konnten Sie die Geschichten selbst und unabhängig auswählen?
Ich habe vor allem ausgewählt, wie ich arbeite. Es ging weniger darum, welche Geschichten ich mache. Wir haben alle versucht zu illustrieren, was sich nach dem 7. Oktober ereignete. Ich wusste, dass die *New York Times* in gleicher Qualität aus Gaza und der Westbank berichtete. Ich war für die Berichterstattung aus Israel verantwortlich. Mir ging es vor allem darum, die Trauer festzuhalten.

Oben: Eine Frau rennt zum Luftschutzbunker ihres Hauses in Aschkelon, kurz nach einem Raketenalarm am 7. Oktober. Die Hamas feuerte an diesem Tag tausende Raketen auf Israel, während Kämpfer der Terrororganisation im Süden des Landes die Grenzbarrieren durchbrachen. Insgesamt starben bei den Angriffen mehr als 1100 Menschen.

Unten: Die Großfamilie der Hamas-Geiseln Maya (21) und Itay Regev (18) hat sich in deren Elternhaus in Herzliya vor dem Fernseher versammelt. Die Geschwister wurden beim Angriff auf das Musikfestival Supernova im Süden Israels angeschossen und in den Gazastreifen entführt. Sie kamen im Rahmen eines Waffenstillstands Ende November frei.

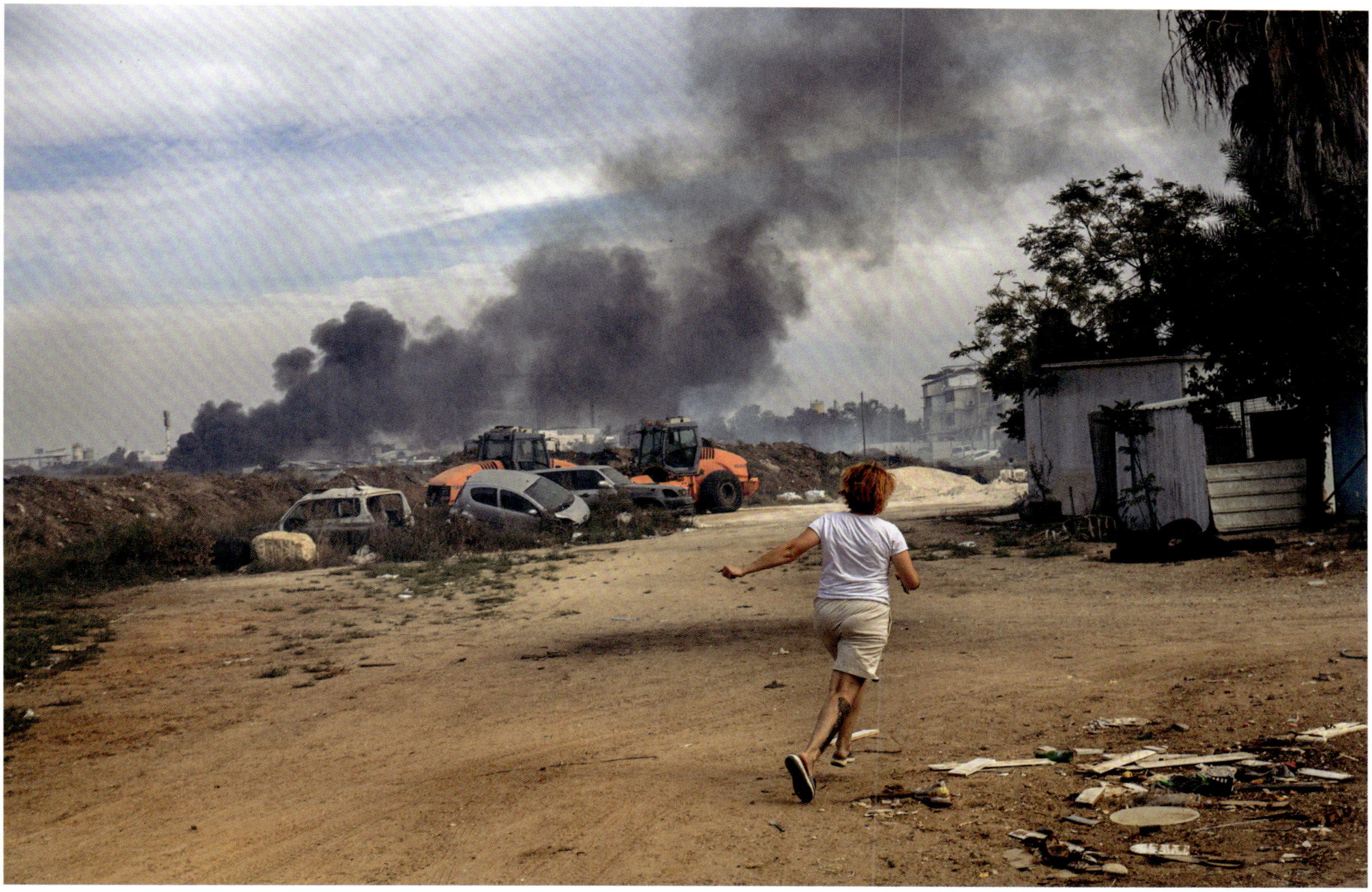

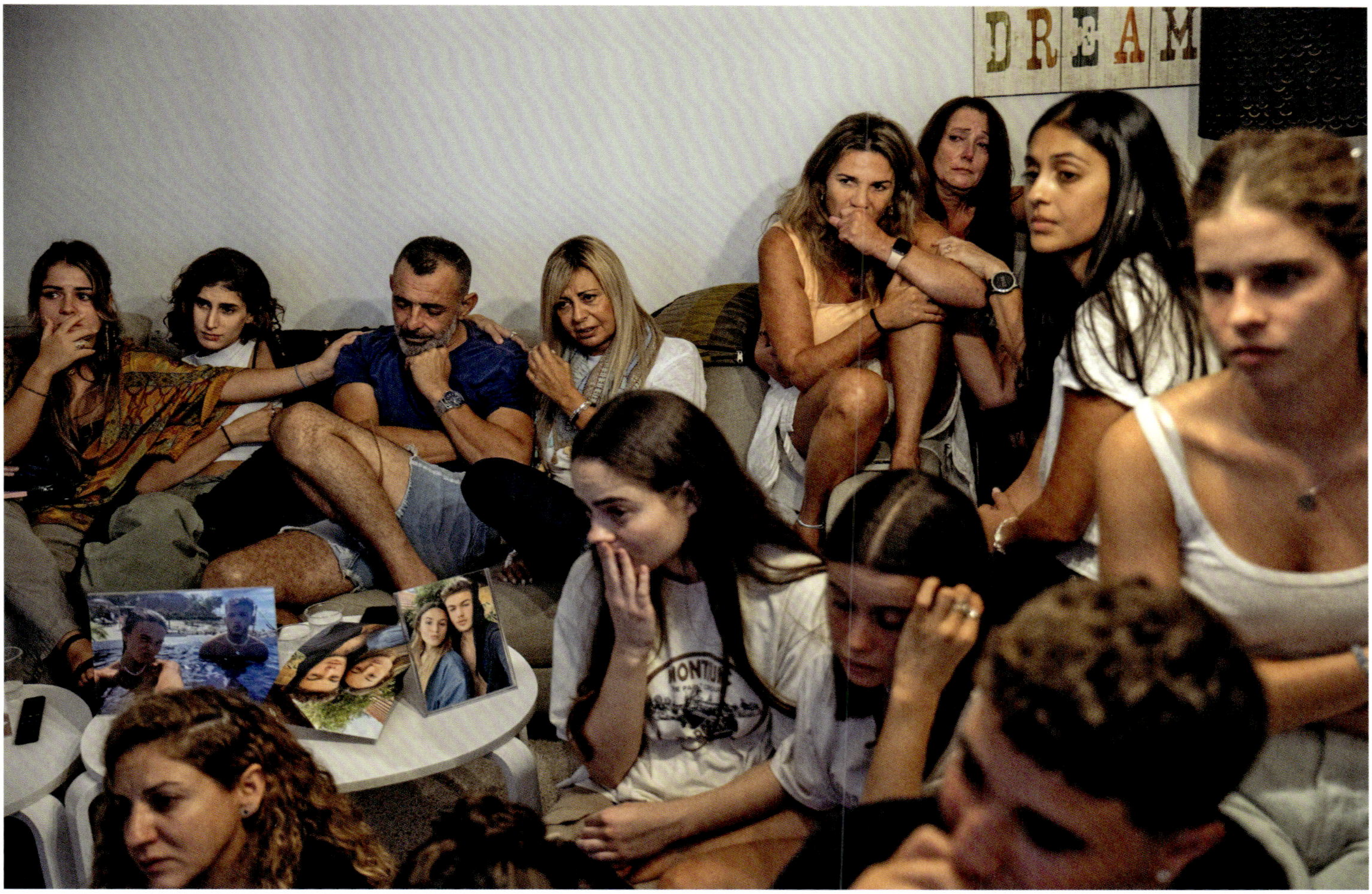

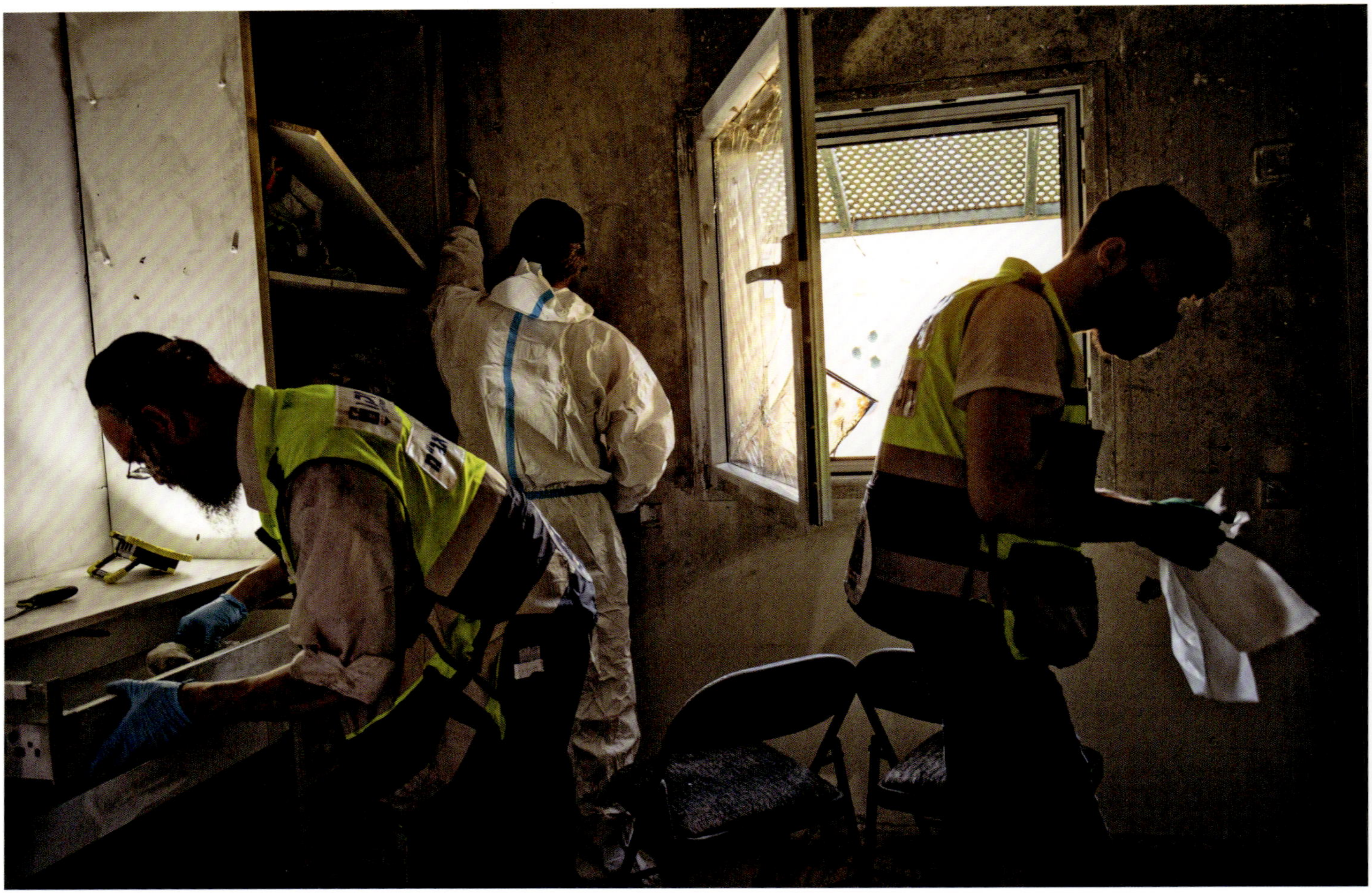

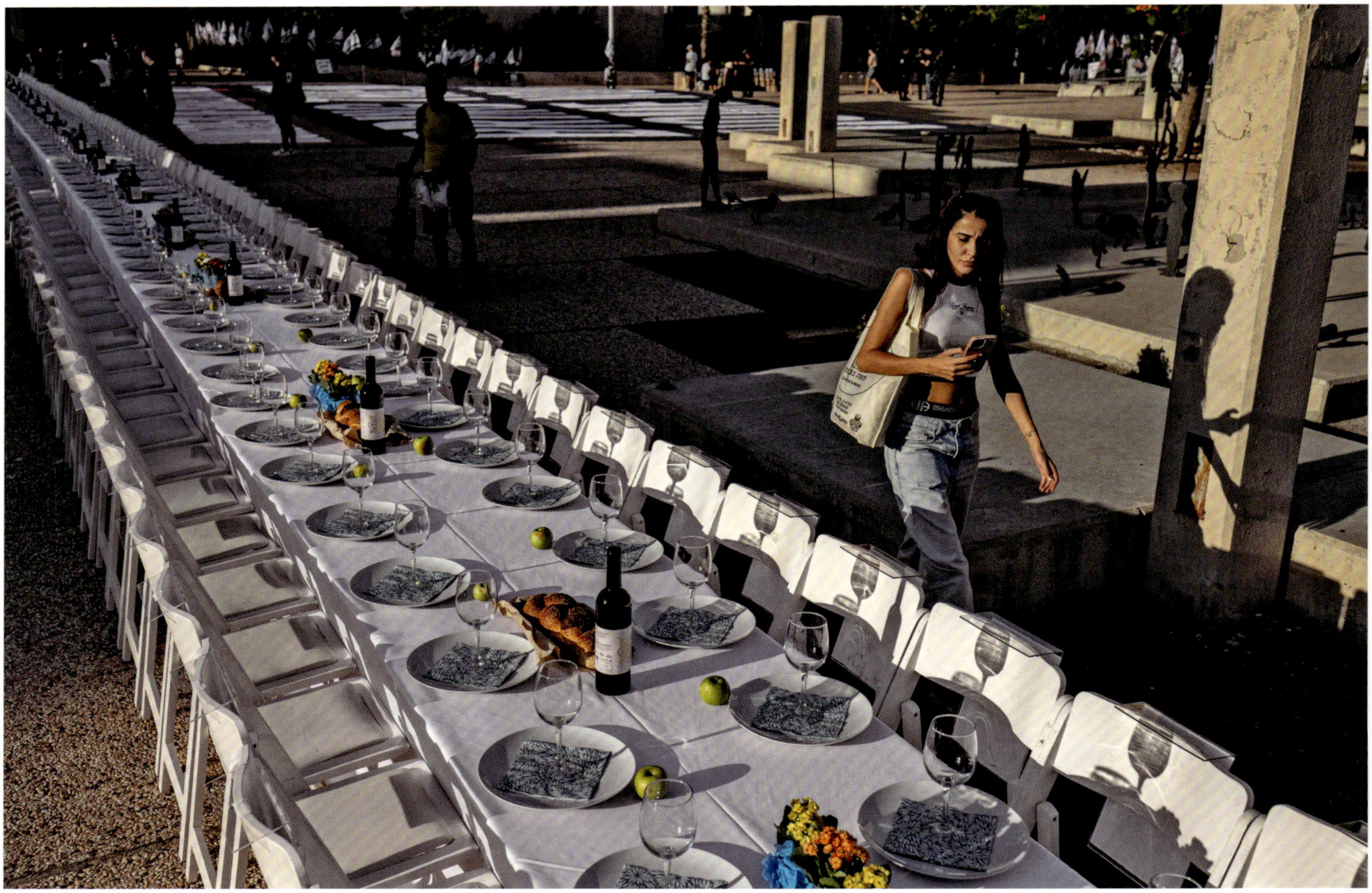

Oben: Freiwillige der Hilfsorganisation ZAKA untersuchen das Schlafzimmer eines schwer beschädigten Hauses im Kibbuz Holit nahe der Grenze zu Gaza. Beim Angriff der Hamas am 7. Oktober wurden dort 13 Bewohner getötet, darunter mindestens ein Holocaust-Überlebender. Andere konnten sich in Schutzräume retten.

Unten: Eine leere Schabbat-Tafel mitten in Tel Aviv: Die 203 Stühle und Gedecke stehen für alle Geiseln, die am 20. Oktober noch von der Hamas in Gaza festgehalten wurden. Aufgebaut wurde sie von Angehörigen, die von Israels Regierung fordern, alles für eine sichere Rückkehr der Verschleppten zu tun.

Deshalb war ich bestimmt auf zehn Beerdigungen, bei denen auch mehrere Menschen zugleich beigesetzt wurden. Eine der Beerdigungen werde ich nie vergessen. Da war eine ganze Familie getötet worden, und vier Menschen wurden gleichzeitig bestattet. Das war etwa zehn Tage nach dem Massaker der Hamas. Es schien mir wichtig, diesen Schmerz festzuhalten, der das ganze Land erfasst hatte. Ich hoffe, dass meine Bilder diesen Schmerz auch in anderen Teilen der Welt spürbar machen können.

Was waren weitere Themen?

Ich habe einige Familien von Geiseln mit der Kamera begleitet. Ich wollte Zeit mit ihnen verbringen und zu ihnen nach Hause gehen. Bilder, die das Miteinander von Menschen zeigen, scheinen mir oft stärker als ein Porträt. Ich habe einige Tage mit der Familie der 25-jährigen Noa Argamani verbracht, die am 7. Oktober vom Gelände des Supernova-Festivals in den Gazastreifen entführt worden war. Über den Schabbat blieb ich bei ihrer Familie. Das war sehr persönlich, weil die Angehörigen alle irgendwie bewältigen mussten, was da geschehen war. Danach war ich bei der Familie der Geschwister Maya und Itay Regev, die ebenfalls von dem Open-Air-Festival entführt worden waren. Ihre Verwandten verbrachten viel Zeit zusammen, um einander beizustehen. An einem Abend saßen sie alle in der Wohnung der Eltern in Herzliya vor dem Fernseher, um Nachrichten zu sehen. Sie kamen selbst darin vor, sodass sie vor dem Bildschirm den ganzen Horror noch einmal gemeinsam durchlebten. Ich habe ein Foto davon gemacht, wie sie alle zusammen im Wohnzimmer vor dem Fernseher sitzen. Man sieht diese riesige Familie, wie sie diese quälende Trauer durchlebt. Das wollte ich der Öffentlichkeit zeigen. Die Tragödie des 7. Oktobers hat Zivilisten in ihrem Alltag getroffen. Dabei sind diejenigen, die da getroffen wurden, potenzielle Partner für einen Frieden mit den Palästinensern.

War dies auch ein Versuch Ihrerseits, sich von den Nachrichtenbildern der Gewalt zu entfernen, die überall nach dem 7. Oktober zu sehen waren?

Ja, genauso ist es. Aus meiner Sicht sind Fotos von Brutalität und Gewalt auch ein wichtiger Beitrag zum Verständnis des Weltgeschehens. Fotos jedoch, die tiefe Humanität zeigen, haben das Potenzial, Betrachter auf einer persönlichen und damit emotionalen Ebene zu berühren. Tote Körper, Zerstörung – das schockiert und soll für Empörung sorgen. Aber wenn es gelingt, die Menschlichkeit eines Moments festzuhalten – mit einem Blick in Gesichter von Betroffenen – und wenn einem Fotografen erlaubt wird, Zeuge dieses persönlichen Moments zu sein, dann glaube ich, dass das die Betrachter viel tiefer erreicht. Ich wollte mit meinen Bildern die Trauer zeigen, aber auch die Widerstandskraft von Menschen. Und so zu einem differenzierteren und emotionaleren Verständnis der Ereignisse vom 7. Oktober und ihren Folgen beitragen.

Was halten Sie von den Pressetouren der israelischen Regierung? War das ein Versuch, Fotografen und Journalisten zu manipulieren?

Ich bin dabei mitgefahren wie andere Medienvertreter auch. Nur weil die Regierung oder das Militär diese Touren organisieren, wird die Dokumentation dessen, was wir dort zu sehen bekommen, nicht delegitimiert. Man kann gar nicht leugnen, was nach dem Massaker der Hamas im Süden von Israel geschehen ist. Auch die Brutalität lässt sich nicht leugnen. Diese Touren werden zum einen aus Sicherheitsgründen auf diese Weise organisiert. Aber zum anderen auch im Interesse der israelischen Armee, damit diese ihre Informationen teilen und ihren Standpunkt vertreten kann. Es liegt ganz in der Verantwortung des jeweiligen Journalisten und ist dessen Aufgabe herauszufinden, was wirklich geschehen ist. Das bedeutet, schwierige Fragen zu stellen und die Narrative kritisch zu hinterfragen, die uns präsentiert werden.

Interview geführt von Gemma Pörzgen

TAMIR KALIFA
tamirkalifa.com
Tamir Kalifa (geb. 1989 in Washington, D.C, USA) arbeitet seit mehr als zehn Jahren in den USA und Israel/Palästina als Fotojournalist. Als Sohn eines US-amerikanischen Vaters und einer israelischen Mutter wuchs er in beiden Ländern auf. In seinen Reportagen beschäftigt er sich mit Menschenrechtsthemen, Gewalt, Trauma und Trauer, aber auch mit Umweltfragen. Seine Fotos erscheinen in der *New York Times, Washington Post* und *Texas Monthly*. 2024 erhielt er den American Mosaic Journalism Prize.

GEMMA PÖRZGEN
gemma-poerzgen.de
Gemma Pörzgen (geb. 1962 in Bonn) studierte in München Politikwissenschaften, Slawistik und Osteuropäische Geschichte. Sie arbeitete nach ihrem Volontariat bei der *Frankfurter Rundschau*, war dann Korrespondentin für Südosteuropa und später für Israel/Palästina. Heute ist sie freie Journalistin mit Osteuropa-Schwerpunkt in Berlin, Online-Redakteurin beim *Deutschlandfunk* und Chefredakteurin der Zeitschrift *Ost-West. Europäische Perspektiven*. Gemma Pörzgen ist Mitgründerin und Vorstandsmitglied von *Reporter ohne Grenzen* Deutschland.

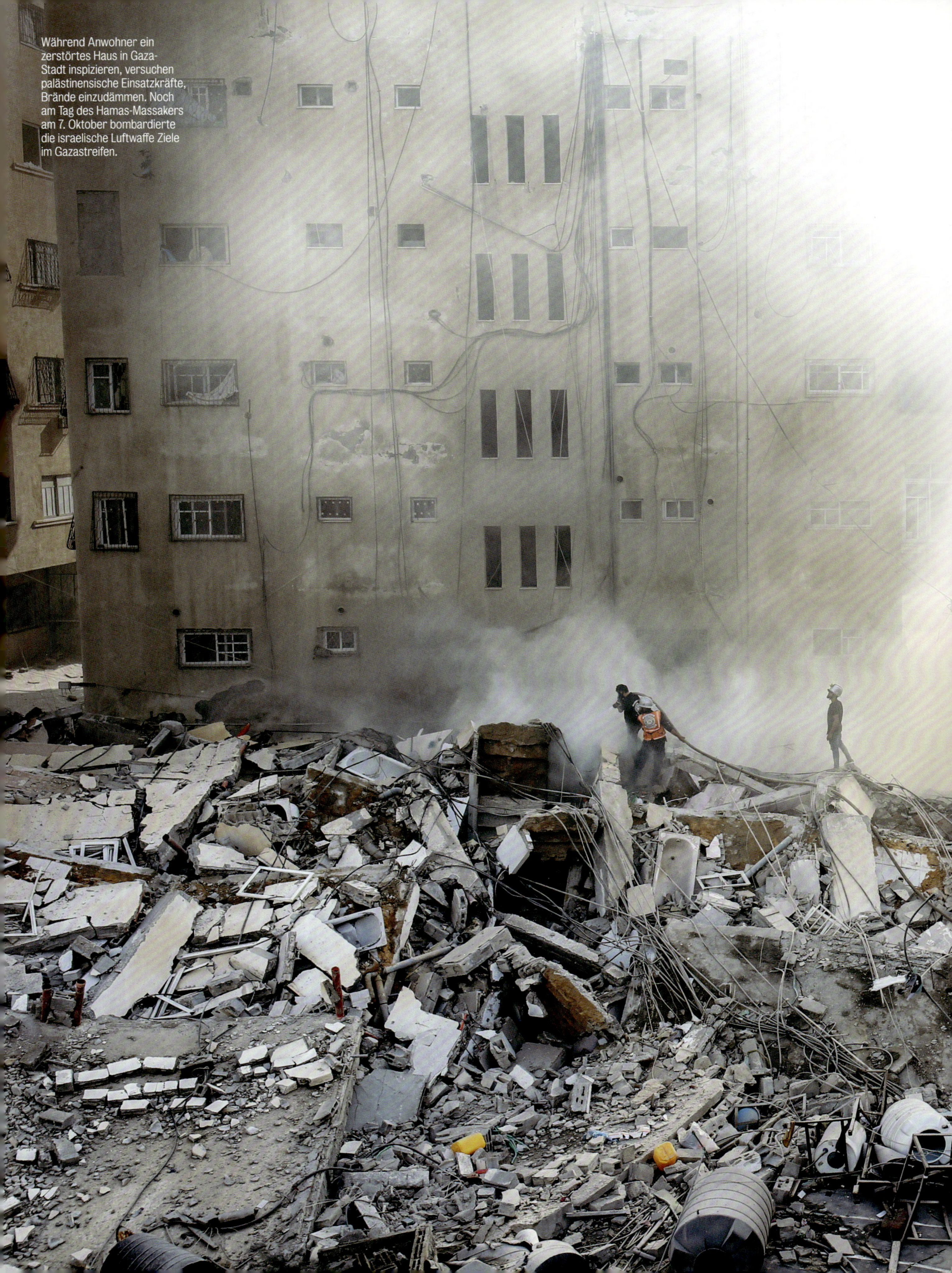

Während Anwohner ein zerstörtes Haus in Gaza-Stadt inspizieren, versuchen palästinensische Einsatzkräfte, Brände einzudämmen. Noch am Tag des Hamas-Massakers am 7. Oktober bombardierte die israelische Luftwaffe Ziele im Gazastreifen.

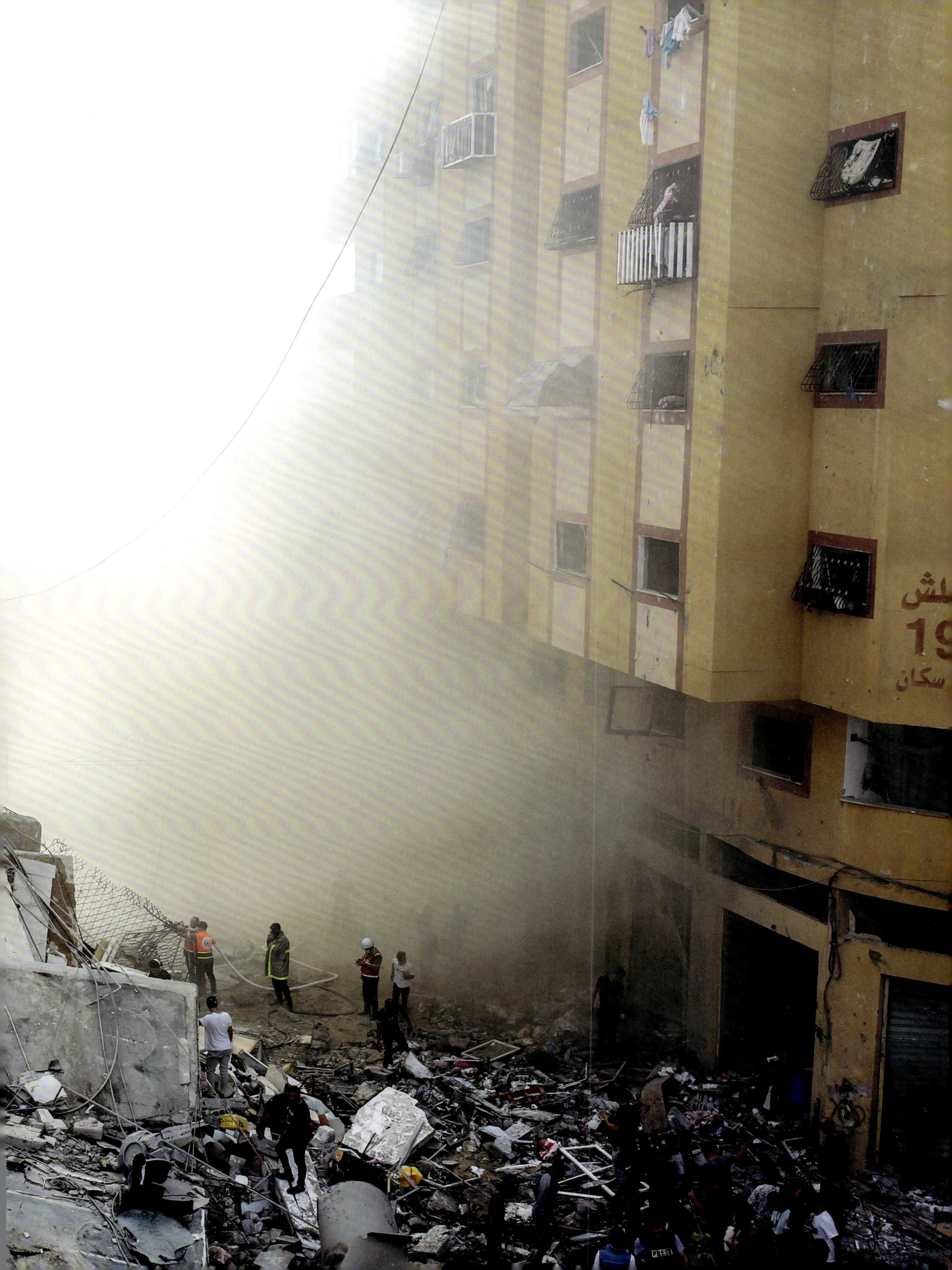

Samar Abu Elouf

Die Fotojournalistin Samar Abu Elouf hat bereits seit 2012 über den Krieg in Gaza berichtet. Dieses Mal war es für die Berichterstatter jedoch viel schwieriger. Bis Ende 2023 wurden 16 palästinensische Journalisten während ihrer Arbeit getötet. Ausländische Kollegen durften nicht in den Gazastreifen einreisen. So lag die Hauptlast der Berichterstattung bei den lokalen Medienschaffenden. Weil es keinen sicheren Rückzugsort mehr gab, entschied sich Samar Abu Elouf schließlich mit ihren vier Kindern nach Katar auszureisen. Wenn möglich, will sie aber zurückkehren, um ihre Arbeit in Gaza fortzusetzen.

—

Wie sind Sie bei Ihrer Berichterstattung seit Beginn des Krieges vorgegangen? Konnten Sie Ihre Bilder unabhängig auswählen oder gab es Vorgaben?
Ich habe die Motive selbst ausgewählt, wobei ich natürlich meist auf Ereignisse reagiert habe. Es ist ja so viel geschehen, und ich habe mich immer bemüht, rasch vor Ort zu sein. Wenn es um Reportagen ging, habe ich Menschen in ihrem Alltag begleitet. Die Bilder sind auch so veröffentlicht worden, wie ich sie geschickt hatte. Zum Beispiel die Fotos, auf denen ich die Flucht vom Norden in den Süden des Gazastreifens dokumentiert habe.

War ein Reporter an Ihrer Seite?
Nein. Oft habe ich selbst die Menschen interviewt und dann die Tonaufnahme an Kollegen in anderen Ländern geschickt – auch weil es für Reporter, die nicht vor Ort in Gaza waren, oft schwierig war, hier jemanden telefonisch zu erreichen. Viele Informationen konnten sich die Reporter aber auch unabhängig von mir telefonisch beschaffen. In normalen Zeiten, also vor diesem Krieg, da war das anders. Da war immer ein Schreiber an meiner Seite.

Wo halten Sie sich jetzt auf?
Ich bin in Katar. Das war der einzige Staat, der bereit war, uns aufzunehmen – mich und auch Journalisten aus Gaza, die für andere Medien arbeiten. Wie die Zukunft für mich aussehen wird, ist im Moment noch nicht absehbar. Die *New York Times* hat mich sehr unterstützt. Sie hat mir geholfen, den Gazastreifen zu verlassen, am 61. Tag des Krieges, das war im Dezember. Die Redakteure hatten Angst um mich. Doch am Ende haben sie mir die Wahl gelassen, ob ich gehe oder bleibe. Das war eine schwierige Entscheidung für mich. Denn die Arbeit als Fotografin, das ist mein Leben. Doch ich habe vier Kinder – ich musste mich entscheiden zwischen meiner Arbeit und ihrer Unversehrtheit. Als meine Kinder verstanden hatten, dass es für uns eine Möglichkeit zur Ausreise gibt, baten sie mich: Sieh zu, dass wir diesem Horror hier entkommen. Besonders nachdem ein Haus in ihrer direkten Umgebung getroffen worden war. Ich hätte mich wie eine Egoistin gefühlt, hätte ich ihrem Druck nicht nachgegeben und einem von ihnen wäre dann etwas zugestoßen. Das älteste meiner Kinder ist 21 Jahre alt, das ist natürlich ein Alter, in dem man mitentscheiden will. Vor allem die Mädchen hatten große Angst.

Wie geht es für Sie weiter – persönlich und beruflich?
Ich möchte zurückkehren. Alle meine Angehörigen sind im Gazastreifen. Und ich möchte auf jeden Fall weiter als Fotojournalistin arbeiten. Ich könnte mir auch vorstellen, in anderen Staaten zu arbeiten, etwa in der Ukraine. Aber ich hänge an meiner Heimat, an meiner Wohnung, meinen Nachbarn, dem Meer. Was von meiner Wohnung übrig ist, weiß ich allerdings nicht so genau. Sie ist in jedem Fall bei einem Angriff zumindest beschädigt worden.

Es war nicht das erste Mal, dass Sie als Fotojournalistin einen Krieg in Gaza dokumentiert haben. Was war anders als bei früheren Militäroperationen?
Der Unterschied war sehr groß. Erstens war der Beschuss diesmal sehr massiv. Er hörte praktisch nie auf und richtete sich gegen alle erdenklichen Ziele. Es gab keinen sicheren Ort. Zum Beispiel wenn ich in einem Krankenhaus fotografiert habe, konnte auch dieses unter Beschuss geraten. Und die Zahl der Kinder, die gestorben sind, war so hoch wie nie. Die meisten Fotos, die ich gemacht habe, zeigen Kinder, die getötet oder verletzt wurden. Es war für mich das erste Mal, dass ich so etwas fotografieren musste. Etwa Kinder, die bei einem Angriff auf ein mehrstöckiges Gebäude verletzt wurden. Das war früher anders: Da gab es vorab eine Warnung, und die Menschen konnten das als Ziel genannte Gebäude rechtzeitig verlassen. Diesmal war das nicht so. An einem einzigen Tag starben manchmal tausend Menschen. So viele Leichen.

Sie mussten selbst auch flüchten?
Für mich war es das erste Mal, dass ich meine Heimatstadt verlassen musste.

Oben: Ein Patient liegt auf dem Boden des Nasser-Hospitals in Chan Yunis. Da es an Platz fehlt, füllt der Arzt die Formulare auf dem Körper des Mannes aus. Nach wochenlanger Blockade und Bombardement durch Israel mangelt es in Gaza an Wasser, Nahrung und Medikamenten. Operationen müssen teils ohne Betäubung durchgeführt werden.

Unten: Palästinensische Familien warten in Rafah, doch am 16. Oktober wurde der einzige Grenzübergang nach Ägypten geschlossen. Zu diesem Zeitpunkt waren bereits eine halbe Million Menschen aus dem Norden des Gazastreifens in den Süden geflohen. Vor allem Personen mit ausländischer Staatsbürgerschaft hofften, über Rafah ausreisen zu können.

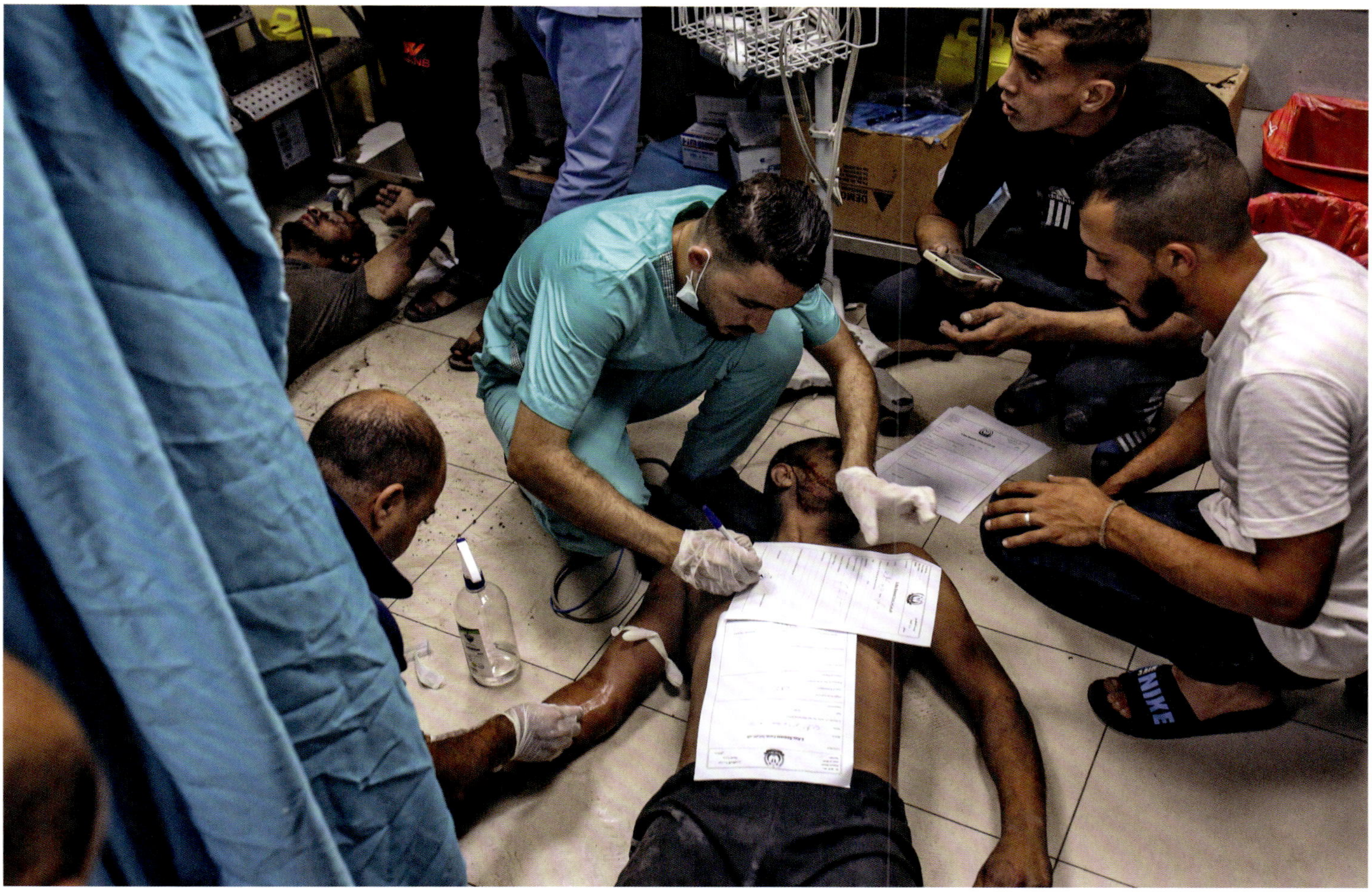

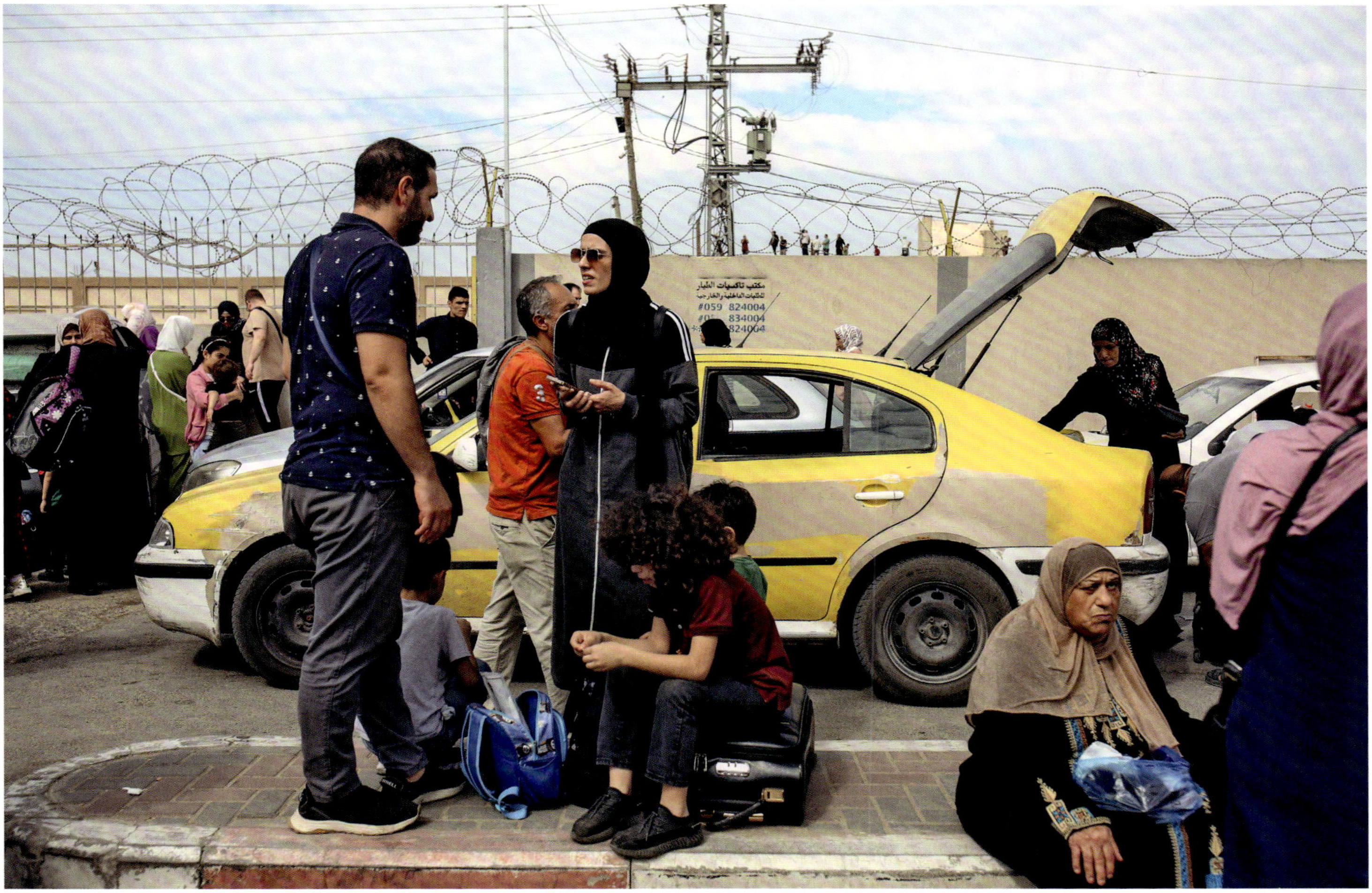

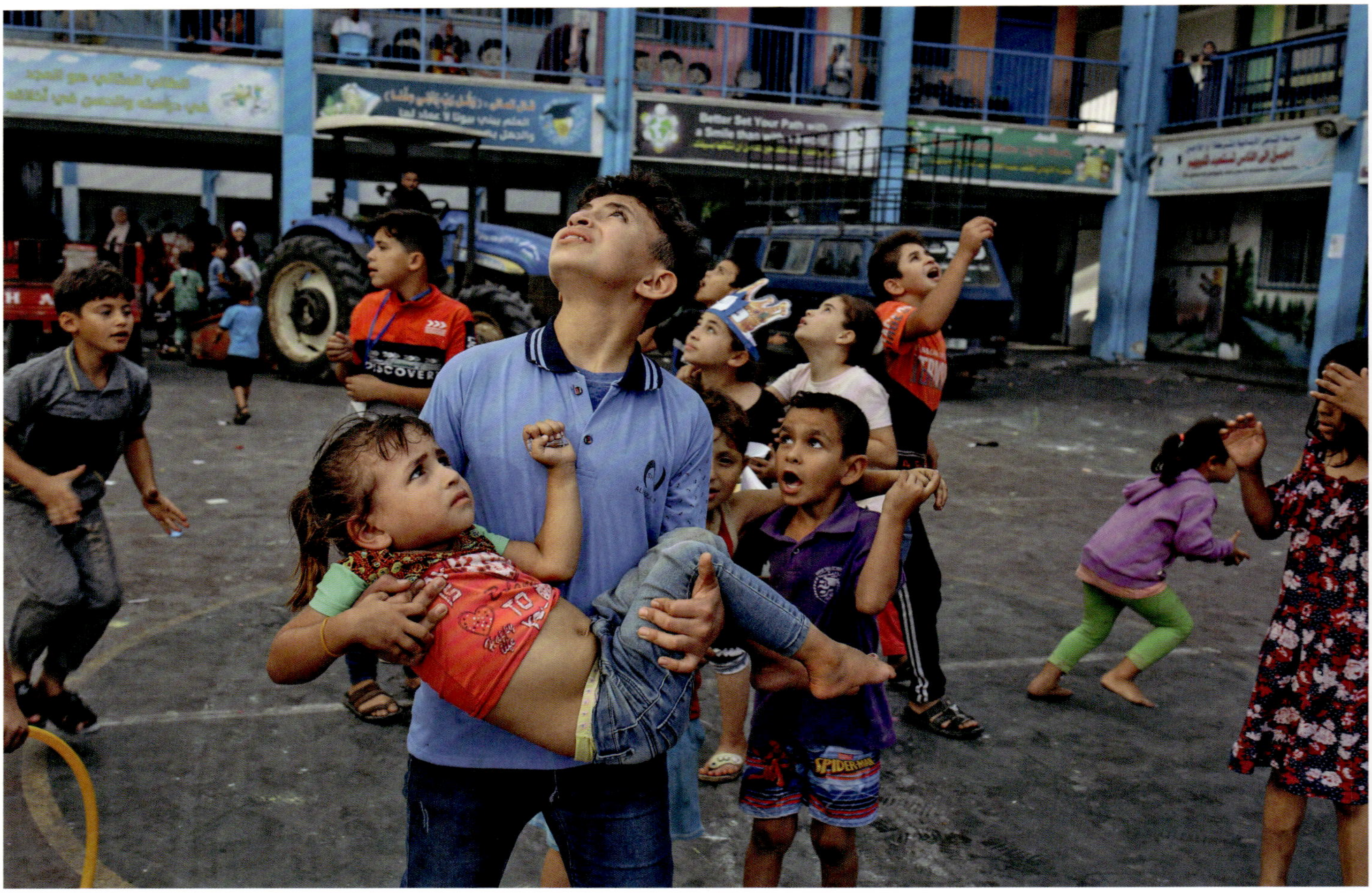

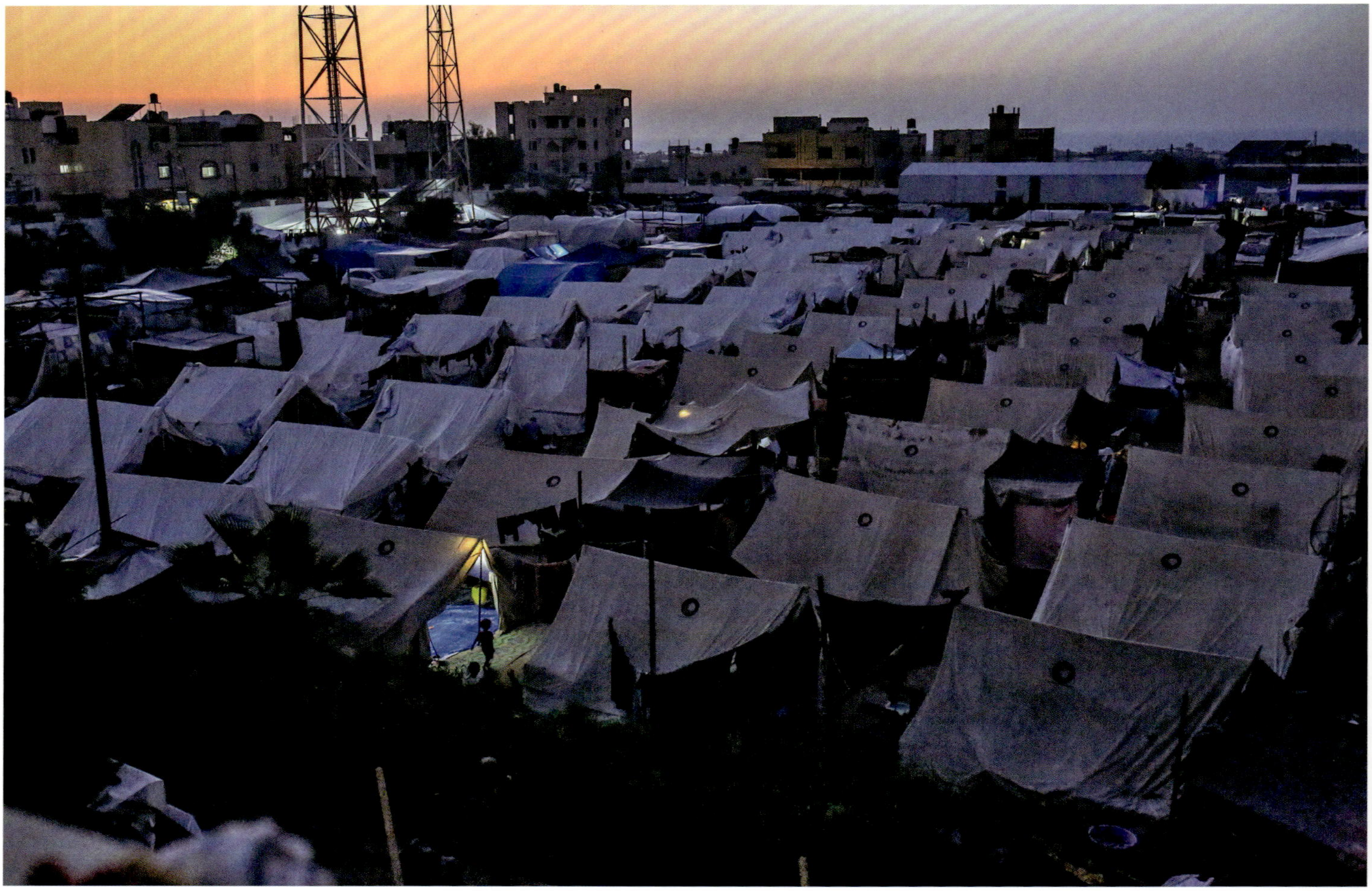

Oben: Palästinensische Kinder in einer UN-geführten Schule in Gaza-Stadt blicken in den Himmel, als sie am 7. Oktober das Geräusch von Luftangriffen hören. Israel hat unter anderem auch Schulen im Gazastreifen bombardiert. Dort sollen sich Stützpunkte der Hamas befunden haben.

Unten: Blick über die Zelte eines Flüchtlingslagers in Chan Yunis, das vom Palästinenserhilfswerk der Vereinten Nationen (UNRWA) geführt wird. Israel beschuldigt Mitarbeiter von UNRWA, an den brutalen Hamas-Angriffen vom 7. Oktober beteiligt gewesen zu sein.

Ich komme aus Gaza-Stadt. Wir waren gezwungen, in den Süden zu gehen, um uns in Sicherheit zu bringen. Danach habe ich 60 Tage lang entweder im Auto geschlafen oder auf dem Boden in einem Krankenhaus. Es gab niemals Ruhe und kaum etwas zu essen. Ich hatte allerdings auch kaum Zeit, mich darum zu kümmern. Dann habe ich halt einen ganzen Tag lang nur einen Keks gegessen. Es gab auch kaum Möglichkeiten, ein Badezimmer zu benutzen. 60 Tage lang konnte ich nicht bei meinen Kindern sein. Sie waren bei Verwandten in Chan Yunis untergekommen. Dort lebten sie mit 45 anderen Menschen auf 80 Quadratmetern.

Warum konnten Sie nicht bei Ihren Kindern sein?
Die Menschen hatten Angst, mich in ihrer Nähe zu haben, weil es so viele Angriffe auf Journalisten gab. Meine Verwandten sagten mir, ich solle besser nicht zu ihnen ins Haus kommen, um die Kinder zu besuchen. Das war in früheren Kriegen ganz anders – genau umgekehrt eigentlich. Damals haben manche Leute sogar die Nähe von Journalisten gesucht, weil sie dachten, da sei es sicherer.

Hat vor Ort jemand Druck ausgeübt – zum Beispiel um zu verhindern, dass eine bestimmte Situation fotografiert wird?
Nein. Es kam höchstens vor, dass eine Frau nicht fotografiert werden wollte, weil sie nur unvollständig bekleidet war, als sie aus einem Gebäude gerettet wurde. Unsere Gesellschaft ist sehr konservativ.

Was war die wichtigste Geschichte, die Sie in diesem Krieg fotografiert haben?
Alles war wichtig. Viele Kinder haben ihre Eltern verloren. Ich habe mich oft gefragt, was dieses arme Kind getan hat, um solche Schrecken erleben zu müssen. Wir Erwachsenen verstehen zumindest, was passiert. Doch die Kinder können gar nicht verstehen, warum ihnen das jetzt widerfährt. Deshalb leiden sie auch mehr als alle anderen.

Kinder waren auch der Anstoß, dass Sie überhaupt mit dem Fotografieren angefangen haben, richtig?
Ja, ich wollte damals eine Ausstellung machen über das Leben von Kindern, deren Familien geflüchtet waren. Ein Bekannter riet mir dazu, einen Kurs zu belegen, um fotografieren zu lernen. Zu jener Zeit waren alle Fotojournalisten in Gaza Männer, weibliche Vorbilder gab es keine. Anfangs musste ich wegen meiner Berufswahl viel Kritik einstecken. Das hat sich erst geändert, als meine Bilder in Ausstellungen gezeigt und mit Preisen ausgezeichnet wurden. Seit vier Jahren arbeite ich für die *New York Times.*

Gibt es denn inzwischen auch andere Frauen, die als Fotojournalistinnen im Gazastreifen arbeiten?
Ja, die gibt es. Und seit Beginn dieses Krieges sind viele neue Gesichter aufgetaucht. Aber natürlich macht es einen Unterschied, ob man Erfahrung hat oder nicht. Gerade auch was die Sicherheit betrifft. Zum Beispiel besteht nach einem Angriff die Gefahr, dass derselbe Ort kurz darauf noch einmal angegriffen wird. Da warte ich erst einmal einen Moment ab, bevor ich wieder hingehe.

Dachten Sie von Anfang an, dass dieser Krieg ein solches Ausmaß erreichen würde?
Dass es Krieg geben würde, war klar. Aber mit diesem Ausmaß hatte ich nicht gerechnet. Keiner von uns hätte gedacht, dass es so weit kommen würde – dass wir hungern und unsere Wohnungen verlassen müssten, dass ganze Hochhäuser dem Erdboden gleichgemacht und so viele Menschen getötet würden. 20.000 Tote innerhalb von zwei Monaten.

Wie geht es Ihnen, wenn Sie heute aus der Ferne die Berichterstattung aus Gaza verfolgen?
Das ist sehr schwer für mich. Vor allem weil ich nicht erwartet habe, dass es so lange dauern würde. Und keiner weiß, wann der Krieg zu Ende gehen wird.

Interview geführt von Anne-Beatrice Clasmann

SAMAR ABU ELOUF
instagram.com/samarabuelouf

Samar Abu Elouf (geb. 1984 in Gaza-Stadt) machte eine Ausbildung zur Buchhalterin und ist Mutter von vier Kindern. 2010 begann sie, mit ihrem Handy zu fotografieren. Nach einem Fotografie-Kurs arbeitete sie als eine der ersten Frauen in Palästina als Fotojournalistin. Ihre Arbeit dreht sich um das menschliche Zusammenleben und den Alltag in Gaza, mit besonderem Fokus auf Kinder. Heute erscheinen ihre Reportagen in der *New York Times, bei Reuters* und *Middle East Eye.* Für ihre Arbeiten wurde sie unter anderem ausgezeichnet mit dem James Foley Award 2021 und für ihre Berichterstattung aus Gaza 2024 mit dem George Polk Award für Fotojournalismus.

ANNE-BEATRICE CLASMANN

Anne-Beatrice Clasmann (geb. 1968 in Köln) ist **Journalistin und Autorin. Sie hat sich bereits seit ihrem Studium mit Politik und Gesellschaft in arabischen Ländern beschäftigt. Darauf folgten verschiedene Stationen, unter anderem in Genf und Düsseldorf. Von 2001 bis 2014 berichtete sie für die *Deutsche Presse-Agentur (dpa)* aus der Arabischen Welt. Heute arbeitet sie für die *dpa* in Berlin als Bundeskorrespondentin.**

AGATA SZYMANSKA-MEDINA

DIE VERFORMTE DEMOKRATIE

Die Fotojournalistin Agata Szymanska-Medina erstellte aus Fotos und Dokumenten eine eigene Zeitung und reiste damit wochenlang durch Polen. Sie wollte vor der Wahl mit möglichst vielen Menschen im ganzen Land darüber diskutieren, wie die rechtspopulistische PiS-Regierung den Rechtsstaat aushöhlte. Dann kam der Regierungswechsel.

Für mich ist die Demokratie in Polen wie ein junger Garten. Knapp drei Jahrzehnte lang konnten die Kräuter und Sträucher gedeihen. Manchmal musste man das Unkraut jäten, damit es die Beete nicht überwuchert. Aber der Garten blühte dennoch. Dann kam die rechtspopulistische Partei „Recht und Gerechtigkeit" (PiS) und zertrampelte alles. Nur wenige fragile Blümchen überlebten, die meisten waren zivilgesellschaftliche Initiativen. Ich sehe das so, aber wie konnte ich das Unsichtbare für andere sichtbar machen? Das war meine große Frage.

Ich komme aus Südwestpolen und habe Germanistik und Skandinavistik in Poznan studiert. Später wechselte ich nach Berlin und arbeitete als Deutschlehrerin in Integrationskursen. Das machte Spaß, aber ich spürte, dass ich noch etwas anderes will: Geschichten erzählen über Menschen, die in der Berichterstattung kaum vorkommen.

Als ich 2004 nach Deutschland kam, wurde Polen gerade Mitglied der Europäischen Union. Meine Landsleute wurden damals in vielen EU-Staaten vor allem als günstige Reinigungskräfte angesehen. Besonders schlimm habe ich das erlebt während eines Auslandssemesters in Schweden: Obwohl auf Postern überall für Vielfalt geworben wurde, war der Rassismus fest im Alltag verankert.

In Berlin besuchte ich verschiedene Kurse und Workshops. Damals musste ich mir die Ausrüstung noch ausleihen. Meine erste eigene Kamera kaufte ich mir erst mit Ende 20. Meine Dozentin Ann-Christine Jansson, bei der ich an der Volkshochschule einen Kurs zu Reportage-Fotografie belegt hatte, ermutigte mich, Fotografie zu studieren. Ich bewarb mich an der Hochschule Hannover und wurde angenommen. Das Studium dort war das Beste, was mir passieren konnte: Wir haben viel gearbeitet, jede Woche eine Fotoreportage. Bei einem Praktikum beim Nachrichtenmagazin *Der Spiegel* in Hamburg lernte ich, wie man in einer Redaktion arbeitet – und auch, wie man Videos erstellt.

Mit der Zeit fotografierte ich immer mehr für Magazine. Und ich merkte, dass es mich nicht zufriedenstellte, tageweise Aufträge abzuarbeiten. Um Geschichten richtig erzählen zu können, braucht man viel Zeit. So habe ich zum Beispiel über vier Jahre lang Holzköhler im Südosten Polens begleitet. Diese Männer lebten direkt an ihren Kohleöfen in den Bergen. Viele hatten Angehörige verloren, einige tranken. Aber vor allem waren sie immer füreinander da, eine Art Familienersatz. Ihre Holzkohle wurde für viel Geld an Nobelrestaurants verkauft, weil sie ohne chemische Zusatzstoffe hergestellt wird.

Im Zimmer von Waldemar Zurek stapeln sich die Akten so hoch, dass man sich nicht mehr bewegen kann. Gegen den Krakauer Richter und Kritiker der polnischen Justizreform laufen 21 Disziplinarverfahren. Völlige Arbeitsüberlastung gehörte zu den Methoden der PiS-Regierung, um kritische Richter mundtot zu machen.

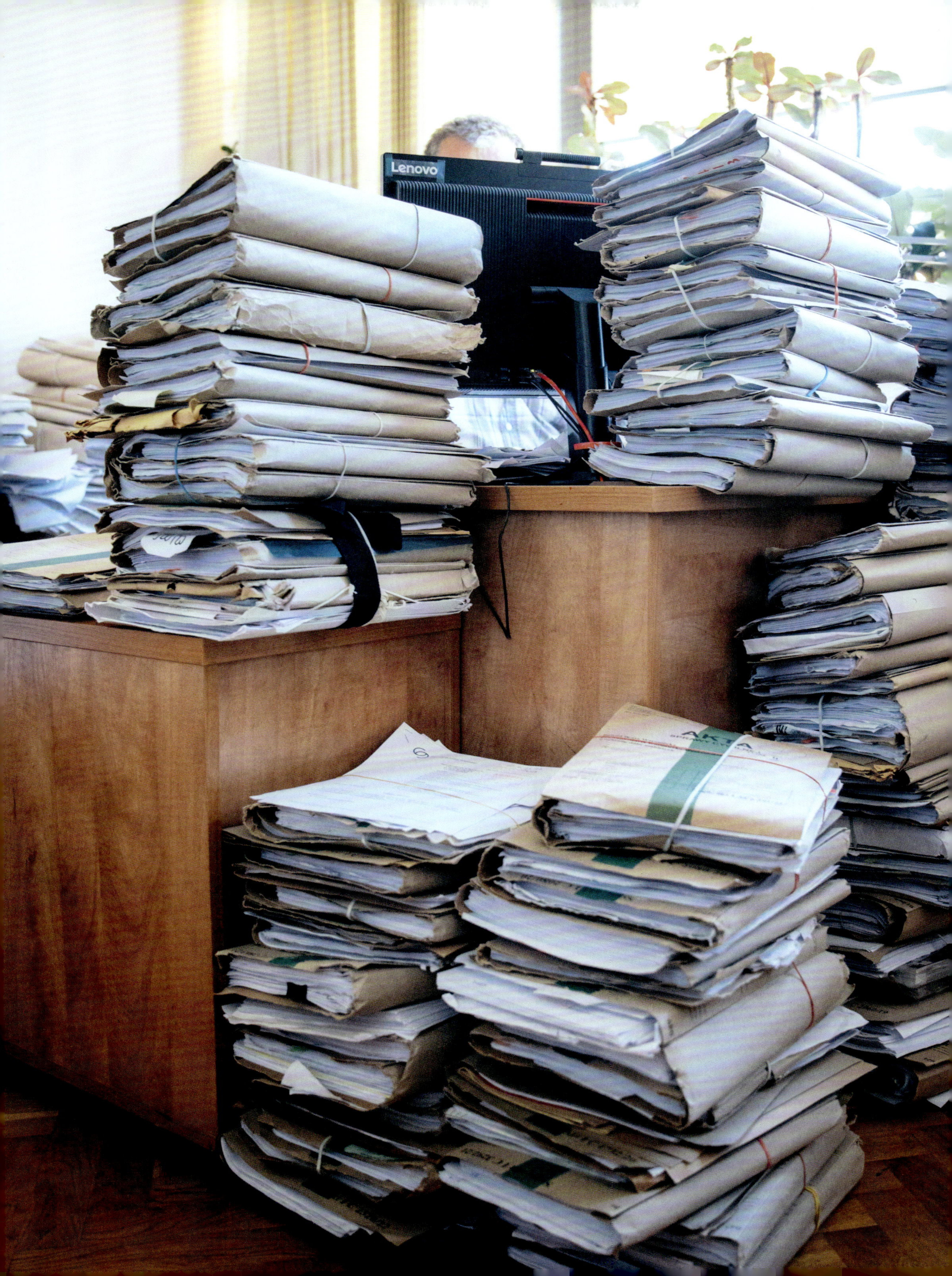
Lenovo

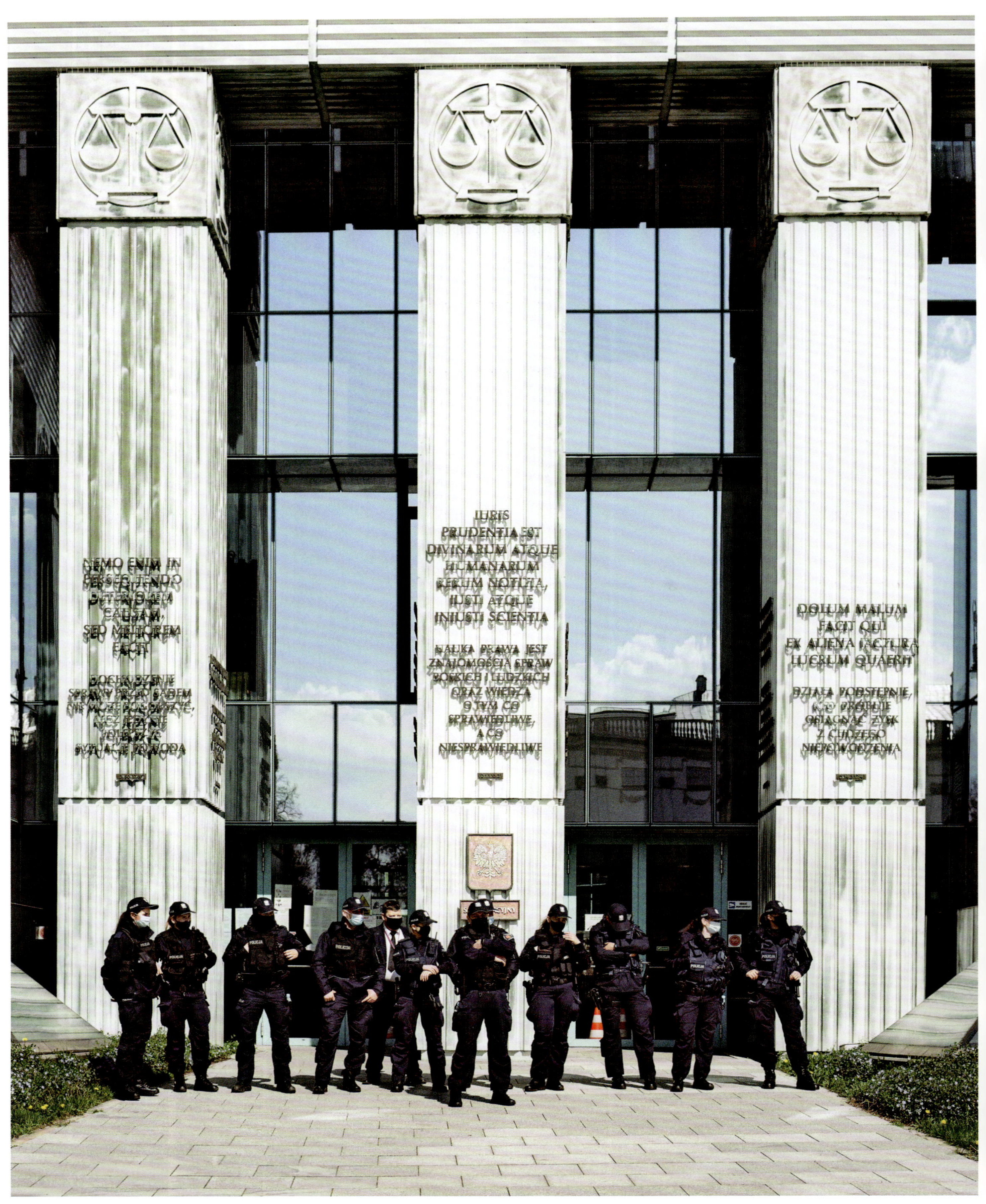
NEMO ENIM IN PERSEQUENDO DETERIOREM CAUSAM, SED MELIOREM FACIT
IURIS PRUDENTIA EST DIVINARUM ATQUE HUMANARUM RERUM NOTITIA, IUSTI ATQUE INIUSTI SCIENTIA
NAUKA PRAWA JEST ZNAJOMOŚCIĄ SPRAW BOSKICH I LUDZKICH ORAZ WIEDZĄ O TYM CO SPRAWIEDLIWE, A CO NIESPRAWIEDLIWE
DOLUM MALUM FACIT QUI EX ALIENA IACTURA LUCRUM QUAERIT
DZIAŁA PODSTĘPNIE, KTO PRÓBUJE OSIĄGNĄĆ ZYSK Z CUDZEGO NIEPOWODZENIA

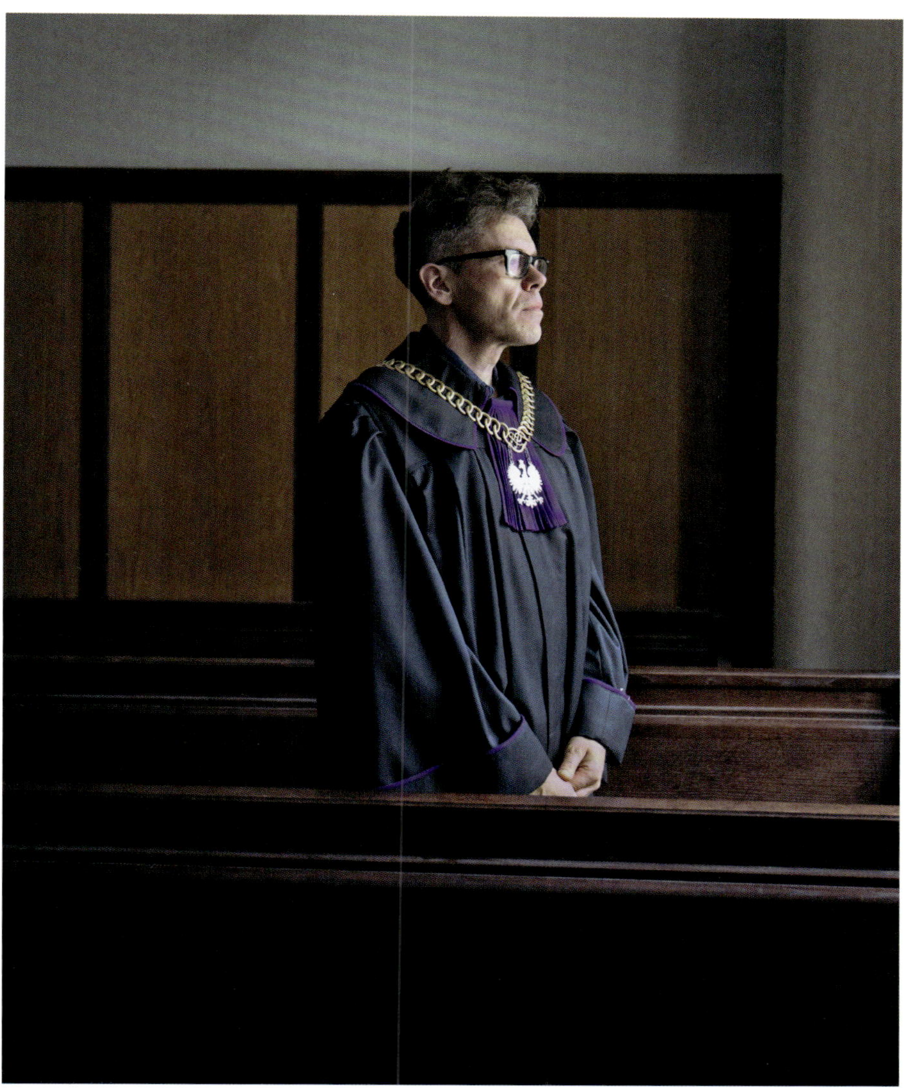

Links: Am 21. April 2021 verhandelte die von der PiS geschaffene Disziplinarkammer des Obersten Gerichtshofs in Warschau, ob Richter Igor Tuleya – ein prominenter Gegner der Justizreform – festgenommen werden sollte. Die Polizei blockierte die Eingänge, während Tuleyas Unterstützer draußen demonstrierten.

Rechts: Weil er Urteile fällte, die der PiS-Regierung missfielen, gilt der 54-jährige Richter Igor Tuleya als Ikone im Kampf um Polens Rechtsstaatlichkeit. Die parteiische Disziplinarkammer, die 2020 seine Immunität aufhob, wurde inzwischen vom Europäischen Gerichtshof für rechtswidrig erklärt – wegen mangelnder Unabhhängigkeit.

Aber die Arbeiter bekamen von dem Geld nur einen kleinen Bruchteil. In der polnischen Presse wurden sie oft nur als primitive Alkoholiker dargestellt.

Eine Woche lang unterhielt ich mich mit ihnen nur über das Leben. Bis sie mich selbst baten, zu fotografieren. Sogar der Chef. Wir haben einander vertraut. Diese Männer haben konsequent ihre Werte gelebt, einander beschützt und unterstützt. Das hat mich beeindruckt. Für meine Arbeit ist es wichtig, Menschen im realen Leben zu sehen und zu zeigen. Die Geschichte erschien im *Stern* und dazu entstand eine TV-Dokumentation für *Arte*.

Mein Projekt „Deformierung der Demokratie" war schwieriger. Seit die rechtspopulistische PiS 2016 in Polen an die Macht gekommen war, entwickelte sie ein Regime mit autoritären Zügen: Sie unterwanderte Institutionen, die die Demokratie eigentlich schützen sollen – etwa das Verfassungsgericht und den nationalen Richterrat. Um gegen widerspenstige Richter vorzugehen, wurde eine Disziplinarkammer eingerichtet.

Die PiS-Regierung beeinflusste auch die Medien: Sie übernahm öffentliche Sender und politisierte die journalistischen Inhalte. Regierungsnahe Konzerne kauften Zeitungen auf. Fast tausend Medienschaffende wurden entlassen. Es wurde immer mehr Propaganda verbreitet, kritische Stimmen und die Opposition wurden diskreditiert. Die Regierenden missachteten auch die Menschenrechte, nahmen Frauen und LGBTQI-Personen ihr Selbstbestimmungsrecht, ließen die Polizei präsenter und brutaler vorgehen, ideologisierten sogar die Schulbildung. Gesetze wurden oft nachts und in grenzwertigen Abstimmungen im Parlament verabschiedet.

Das war wie eine Entzündung, die sich von einem befallenen Organ immer weiter im ganzen Organismus ausbreitete. Ich wollte verstehen, wie dieser Machtmissbrauch funktionierte. Und dabei wollte ich vor allem die Menschen im Auge behalten. Ich wollte also mit den betroffenen kritischen Richterinnen und Richtern sprechen und versuchen, sie und ihre Umgebung zu porträtieren.

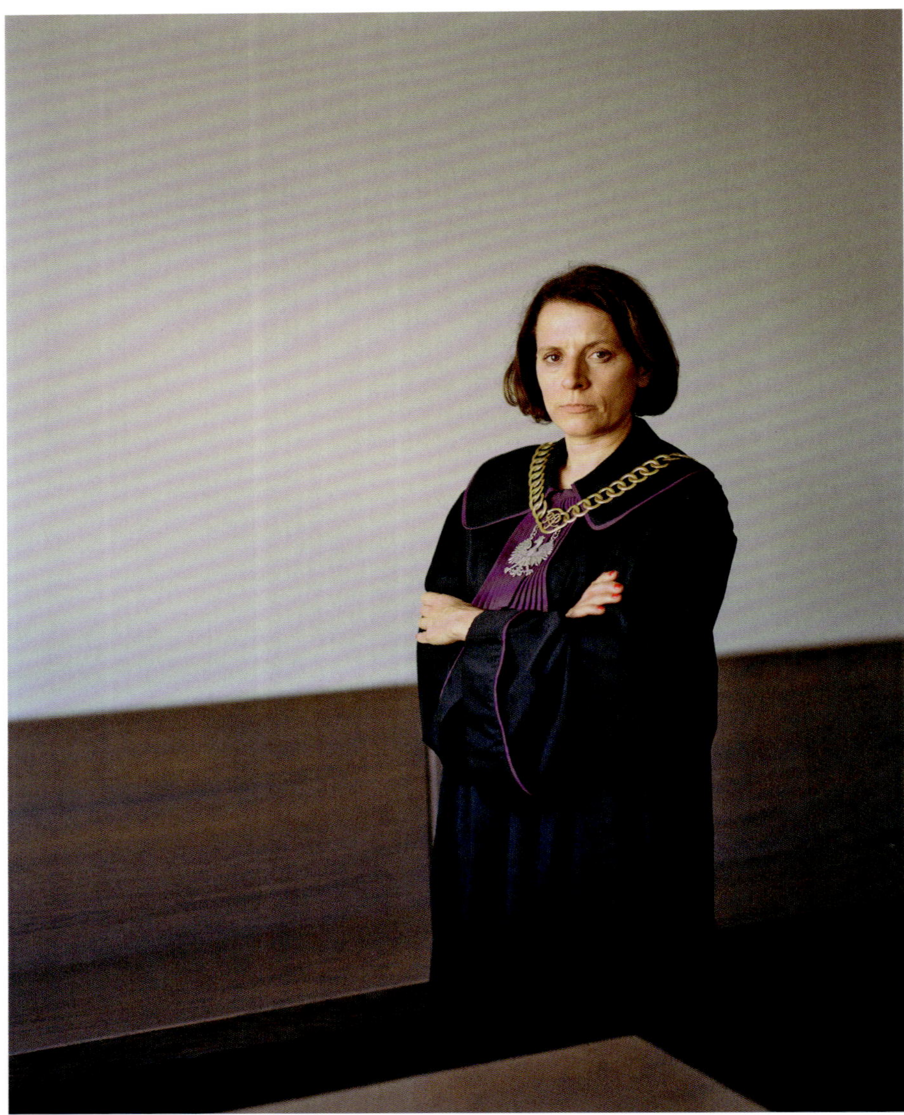

Links: Gegen Amtsrichterin Monika Frackowiak aus Poznan laufen fünf Disziplinarverfahren. Unter anderem bezeichnete sie das mit PiS-Mitgliedern besetzte polnische Verfassungsgericht als „falsche Institution". In der Folge erhielt sie Morddrohungen. Ihre Adresse und der Name eines ihrer Kinder wurden in den Sozialen Medien verbreitet.

Rechts: Auszüge aus dem Whatsapp-Chatverlauf zwischen Haterin „Kleine Emi" und einem Mitglied der Gruppe „Kasta" zeigen, wie eine Hetzkampagne gegen Richterin Frackowiak geplant wurde. Im Hintergrund das Denkmal des früheren Präsidenten Lech Kaczynski, der am 10. April 2010 beim Absturz eines Regierungsflugzeugs über Russland starb.

Sie gehörten schließlich zu den ersten Kritikern der Justizreform und hatten die Gefahr früh erkannt. Aber mit ihnen ins Gespräch zu kommen, war schwierig.

Der Zugang zu Gerichtsgebäuden war offiziell kaum möglich. Corona-Maßnahmen wurden weiter verlängert und ausgenutzt, selbst als nirgendwo in Polen mehr Einschränkungen galten. Als Journalistin konnte ich mich immer nur für einzelne Prozesstage akkreditieren und versuchte dann, einmal drin, mich möglichst lange in den Justizgebäuden aufzuhalten. Allein diese monumentalen Gerichtsbauten sind ein Element von Machtdemonstration.

Während meiner Recherchen erfuhr ich von der geheimen Gruppe „Kasta". In Whatsapp-Chats plante diese Angriffe und Verleumdungskampagnen gegen kritische Richterinnen und Richter. Zu „Kasta" gehörten Mitarbeiter des Justizministeriums, ihnen verbundene Richter und eine Frau, die unter dem Namen „Kleine Emi" Hetze in Sozialen Medien verbreitete. Sogar persönliche Daten wie Wohnadressen und Fotos von Kindern der Betroffenen wurden veröffentlicht. Welche Auswirkungen solche Hetzkampagnen haben können, zeigte sich 2019, als der Danziger Bürgermeister Pawel Adamowicz ermordet wurde.

Ich bekam überraschend Zugang zu den Chatprotokollen der „Kasta"-Gruppe. Später meldete sich „Kleine Emi" selbst bei den Medien. Sie hatte sich offenbar mit anderen Mitgliedern der Gruppe zerstritten. Interessant ist, dass die wahre Identität dieser Frau in den wenigen Prozessen gegen „Kasta" angeblich nie herausgefunden werden konnte, so lauten zumindest die Aussagen von Behördenvertretern. Bislang ist nur der damalige Vize-Justizminister Lukasz Piebiak wegen Anstiftung der Gruppe zurückgetreten. „Kleine Emi" wurde von Unbekannten bedroht und hat Polen mittlerweile verlassen.

Ich sammelte inzwischen weiterhin Beweismaterial, um den unsichtbaren Machtmissbrauch sichtbar machen. Meine ganze Wohnung war voller Papiere.

20.07.2018, 16:33 - emi: kannst du Kuba fragen, ob wir etwas über diese Hure haben.
20.07.2018, 16:37 - █████: Ich schreibe Kuba. Heute wird er uns aber nicht helfen, er ist beim Feiertag der Polizei.
20.07.2018, 17:14 - █████: Ich schaue jetzt nach, wer von den Landesdisziplinarbeauftragten für Poznan zuständig ist.
20.07.2018, 17:36 - emi: Also unsere oder nicht?
20.07.2018, 17:37 - █████: berufen via Fax - also ist wahrscheinlich von uns.
20.07.2018, 17:40 - emi: Greifen wir sie an?
20.07.2018, 17:40 - █████: Mit dir immer
20.07.2018, 17:41 - emi: Wir fangen an, alles über sie zu sammeln, was es gibt.
20.07.2018, 19:11 - █████: Schon. Ich überprüfe ihren Dienstbereich, ihre Vermögenserklärung und ihre Beförderungsversuche.
20.07.2018, 19:11 - █████: Such nach ihren Medienauftritten
20.07.2018, 19:14 - emi:Smiley.
…

20.07.2018, 16:33 – emi: Możesz spytać Kuby czy mamy coś na tą sucz
20.07.2018, 16:33 – emi: https://twitter.com/MalaEmiEmi/status/1020283487742504962?s=19
20.07.2018, 16:35 – emi: Frąckowiak o L
20.07.2018, 16:35 – emi: <Pominięto multimedia>
20.07.2018, 16:36 – emi: Tyle że to dość stare
20.07.2018, 16:36 – emi: 15.07.2017
20.07.2018, 16:37 – Arek Sędzia █████: Napisze do Kuby. Dzisiaj nic nam nie pomoże, jest na Święcie Policji ▯
20.07.2018, 17:01 – emi: Kto jest Rzecznikiem nad Frąckowiak
20.07.2018, 17:07 – Arek Sędzia █████: Już szukam. Monika Frąckowiak?
20.07.2018, 17:08 – emi: Tak
20.07.2018, 17:09 – Arek Sędzia █████: Sąd Rejonowy Poznań – Nowe Miasto i Wilda w Poznaniu
Wydział V cywilny. Zaraz sprawdzę rzecznika
20.07.2018, 17:12 – Arek Sędzia █████: <Pominięto multimedia>
20.07.2018, 17:13 – Arek Sędzia █████: To rzecznik miejscowy. Po lewej dotychczasowy, po prawej troje kandydatów na nowego, jeśli nikt na czerwono, to jeszcze nie był wtedy wybrany.
20.07.2018, 17:14 – Arek Sędzia █████: Szukam teraz, który z krajowych ma Poznań
20.07.2018, 17:16 – emi: https://twitter.com/MalaEmiEmi/status/1020325786992201729?s=19
20.07.2018, 17:16 – emi: ▯▯▯
20.07.2018, 17:23 – Arek Sędzia █████: Wg inf ze strony SO Poznań rzecznik miejscowy to dalej █████
20.07.2018, 17:26 – emi: Nasza?
20.07.2018, 17:27 – Arek Sędzia █████: Stara rzeczniczka. Jeszcze nie powołany nowy. Nie znam, ale wszystko wskazuje na to, że nie nasza.
20.07.2018, 17:30 – emi: A prezes jej sądu?
20.07.2018, 17:34 – Arek Sędzia █████: Już ustaliłem. Krajowy odpowiedzialny za Poznań to █████
Miejscowy to █████, do czasu powołania nowego. █████ jeszcze nie powołał nowego. Nowym nie wiem kto będzie, choć mam dziwne przeczucie, że █████ ▯▯
20.07.2018, 17:35 – Arek Sędzia █████: https://www.poznan-nowemiasto.sr.gov.pl/prezes-i-wiceprezesi-sadu,m,mg,2,151
20.07.2018, 17:36 – emi: Czyli nasi czy nie?
20.07.2018, 17:37 – Arek Sędzia █████: http://poznan.wyborcza.pl/poznan/7,36001,22993941,powolany-przez-zbigniewa-ziobre-prezes-sadu-w-poznaniu-szybko.html?disableRedirects=true
20.07.2018, 17:37 – Arek Sędzia █████: Taki link o nim
20.07.2018, 17:37 – Arek Sędzia █████: Faksowy to pewnie nasz.
20.07.2018, 17:38 – Arek Sędzia █████: ▯
20.07.2018, 17:40 – emi: Walimy w nią?
20.07.2018, 17:40 – Arek Sędzia █████: Z Tobą zawsze
20.07.2018, 17:41 – emi: To po liście do C
20.07.2018, 17:41 – Arek Sędzia █████: Ok
20.07.2018, 17:41 – emi: Bierzemy się za zbieranie o niej wszystkiego co sięda
20.07.2018, 17:44 – emi: Przerwa na obiad▯
20.07.2018, 17:45 – Arek Sędzia █████: To do obiadku A ja do roboty. Tylko pieska trochę zmęczę
20.07.2018, 18:11 – emi: Ok. Czekam na projekt listu
20.07.2018, 18:33 – Arek Sędzia █████: <Pominięto multimedia>
20.07.2018, 19:10 – emi: Jaki podział robimy?
20.07.2018, 19:11 – Arek Sędzia █████: Przepraszam, zamyslilem się.
20.07.2018, 19:11 – Arek Sędzia █████: Już. Sprawdzam jej przydział służbowy, oświadczenie majątkowe, próby awansu.
20.07.2018, 19:11 – Arek Sędzia █████: Ty szukasz wystąpień medialnych
20.07.2018, 19:14 – Arek Sędzia █████: Ok
20.07.2018, 19:14 – emi: ▯
20.07.2018, 19:20 – Arek Sędzia █████: Dobrze, co teraz robimy. Najpierw Monika Frąckowiak?

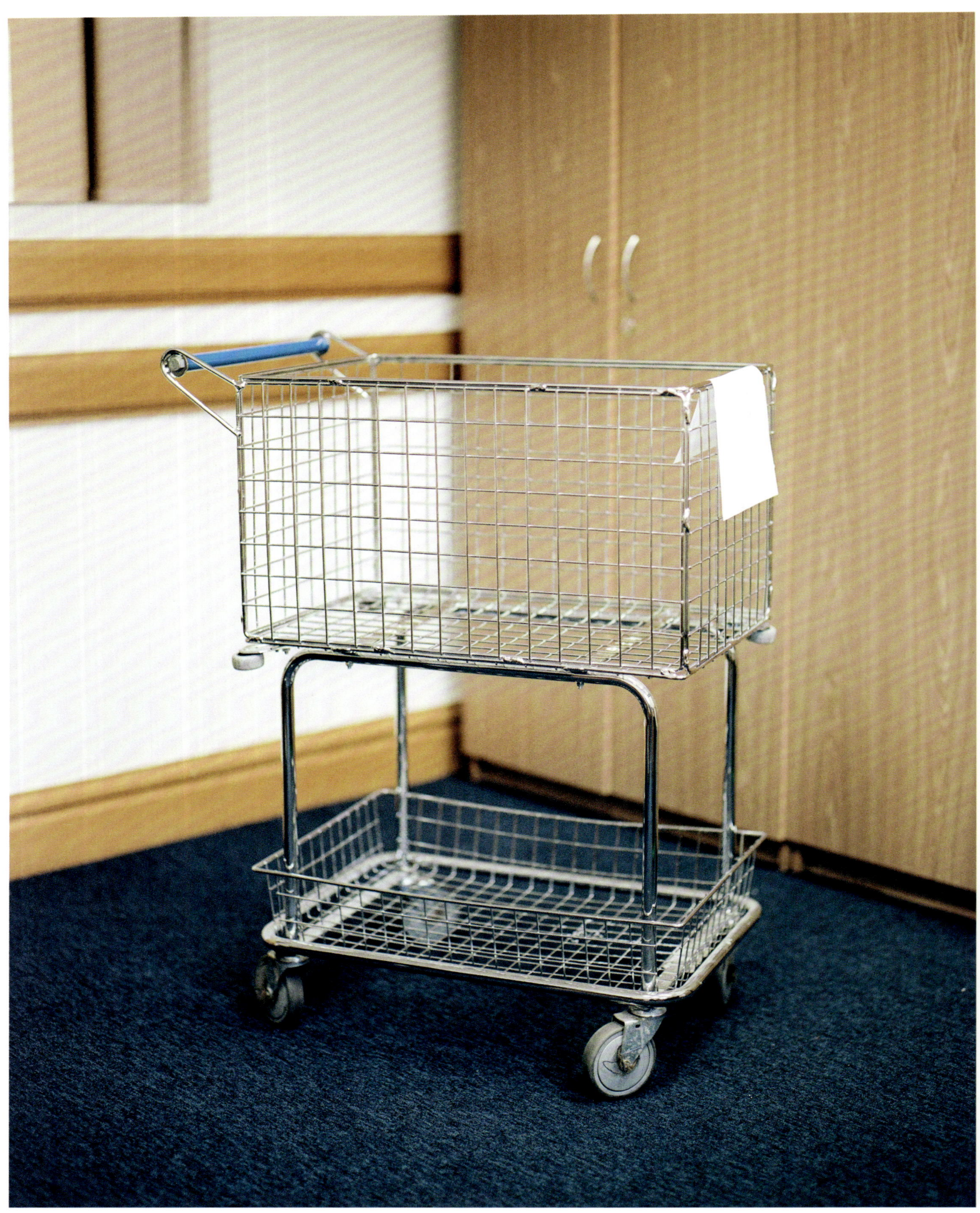

Ein leerer Aktenwagen steht im Bezirksgericht in Warschau: Am 24. November 2021 wurde hier Richter Piotr Gaciarek suspendiert, alle laufenden Fälle wurden ihm entzogen. Zuvor hatte er sich geweigert, mit einem sogenannten Neo-Richter zusammenzuarbeiten, der vom PiS-kontrollierten Landesjustizrat eingesetzt worden war. Der Oberste Gerichtshof machte die Suspendierung im Januar 2023 rückgängig und berief sich dabei auf EU-Recht.

Zu meinem Projekt „Deformierung der Demokratie" gehören darum nicht nur Fotografien, sondern auch Dokumente. Ich dachte, das müsse die Welt doch erfahren! Aber wie? Wenn ich das alles einfach veröffentlicht hätte, wäre ich vermutlich wegen Verleumdung verklagt worden. Viele Journalisten, die in Polen über dieses Thema berichtet haben, sind angezeigt worden. Doch hinter ihnen standen zumindest ihre Redaktionen und Anwälte. Als freie Journalistin hatte ich dagegen keinerlei Rückendeckung – und eine fünfstellige Strafzahlung wäre für mich eine Katastrophe gewesen. Mit dem Projekt so ganz alleine dazustehen, hat mich sehr viel Kraft und Energie gekostet.

Von Recherchen zu Menschenhandel und illegaler Müllentsorgung kannte ich das investigative Arbeiten bereits. Ich wusste, welches Material ich brauchte, aber nicht, wie ich es verwerten sollte. Wie schreiben, ohne verklagt zu werden? Ich wollte das Projekt auch nicht zu früh an Redaktionen verkaufen, um mich nicht einschränken zu müssen. Aber ich hatte nur Geld, um gerade so die Kosten zu decken: und zwar über Stipendien von der Magnum Foundation und der VG Bild-Kunst. Ich besprach mich deshalb mit erfahrenen Kolleginnen, Anwälten und Mitarbeitern von Organisationen wie *Investigative Europe* und *Reporter ohne Grenzen (RSF)*.

Dann standen im Oktober 2023 die Parlamentswahlen in Polen bevor. Ich fand, die Menschen sollten unbedingt von all diesen zweifelhaften Vorgängen hören, bevor sie wählen gehen. Ich wollte auch Leute erreichen, die sonst kaum Gelegenheit hatten, Kritisches über die Regierung, über ihren Machtmissbrauch und die Repressionen zu erfahren. Also produzierte ich aus meinem Material eine eigene unabhängige Zeitung, auf Polnisch und Englisch, fuhr damit in viele Kleinstädte und verteilte dort 5.000 Exemplare persönlich.

Ich hatte Angst, mit Aggressionen konfrontiert zu werden. Aber das Schlimmste, was mir passierte, war, dass jemand die Zeitung nicht nehmen wollte. Sicher half mir, dass ich als kleine Frau in bunter Kleidung alleine unterwegs war. Viele Menschen wollten mit mir darüber sprechen, was im Land passierte. Und ich erfuhr, was viele Leute direkt bewegte: dass es an Bussen fehlt oder an Krankenhäusern – eben kein würdiges Leben. Das hat mich auf den Boden geholt.

Das ist auch ein Grundproblem des Journalismus: Medien schauen sich ihre Schwerpunkte oft voneinander ab und erzählen Geschichten aus ihrer Sicht als Außenstehende. Es sollten lieber öfter Menschen aus lokalen Gemeinschaften berichten, zum Beispiel einheimische Journalisten mit einem direkten Draht zu Betroffenen – besonders wenn es um Berichte aus dem Ausland geht. Damit könnte man den immer noch präsenten kolonialen und exotisierenden Blick in der Auslandsberichterstattung vermeiden. Außerdem ist gerade in der Reportage-Fotografie die Dominanz weißer Männer sehr stark. Wir sollten als Journalisten und Fotografen vielleicht öfter mal uns selbst und unsere eigene Position reflektieren und hinterfragen: Wer bin ich, um diese Geschichte zu erzählen?

Zu „Deformierung der Demokratie" möchte ich ein Buch veröffentlichen und plane auch ein Theaterstück. Dafür will ich die polnische Zivilgesellschaft noch intensiver beleuchten. Denn sie bildet die neuen, immer kräftigeren Blümchen, die trotz allem weiter im Gärtchen der polnischen Demokratie wachsen.

Nun hat die PiS bei der Parlamentswahl im Oktober 2023 keine Mehrheit mehr erreicht. Ihr Machtmissbrauch und ihr autoritärer Regierungsstil wurden vorerst aufgehalten. Die Entzündung ist gestoppt – doch die Heilung wird lange dauern. Die Wahlergebnisse haben aber viele Menschen in Polen ermutigt: Sie haben das Gefühl verändert, klein und machtlos zu sein. Die Gesellschaft kann etwas bewirken, wenn sie will. Das ist für „Deformierung der Demokratie" ein gutes Ende. Und ich persönlich fühle mich nun sicherer vor Einschüchterung und Anklagen.

Aufgezeichnet von Peggy Lohse

AGATA SZYMANSKA-MEDINA
agataphotography.com
Agata Szymanska-Medina (geb. 1981 in Lwowek Slaski, Polen) lebt heute in Berlin und versteht sich als Dokumentaristin. Sie studierte Fotojournalismus und Dokumentarfotografie an der Hochschule Hannover und konzentriert sich auf Langzeitprojekte zu sozialpolitischen Themen. Ihre Arbeiten erscheinen in deutschen und internationalen Medien wie *Der Spiegel, Stern, Die Zeit, FAZ, The Guardian* und *Gazeta Wyborcza*. 2022 gewann sie mit dem Projekt „Deformierung der Demokratie" den Preis „gute aussichten – junge deutsche fotografie".

PEGGY LOHSE
freischreiber.de/profiles/peggy-lohse
Peggy Lohse (geb. 1988 in Dresden) arbeitet als schreibende und fotografierende Journalistin und Übersetzerin. Sie studierte Westslawistik an der Uni Leipzig und lebt heute in Frankfurt (Oder). Als freie Autorin berichtet sie vor allem über gesellschaftliche Themen aus und über Ostdeutschland, Polen, die Ukraine und andere Länder Mittelosteuropas – unter anderem für *taz, Südwestpresse, JADU-Magazin, Perspective Daily, Publik Forum* und *Dekoder*.

ALA KHEIR

DER VERGESSENE KAMPF UM KHARTUM

Seit Ausbruch des Krieges sind mehr als eine Million Menschen aus dem Sudan geflohen, die Hauptstadt Khartum ist weitestgehend zerstört und verlassen. Ala Kheir war einer der wenigen Fotojournalisten, die die Geschehnisse dokumentierten – bis er selbst zum Flüchtling wurde.

Ich habe gerade kein richtiges Zuhause. Momentan halte ich mich in Dubai auf. Hier in den Vereinigten Arabischen Emiraten versuche ich, mich ein wenig zu sortieren. Das meiste meiner Ausrüstung habe ich verloren. Ich muss es ersetzen, wenn ich weiter als Fotograf arbeiten will. Als der Krieg im Sudan im April begann, haben die meisten Menschen, die in der Hauptstadt Khartum lebten, so gut wie alles verloren. Alles passierte so plötzlich, so schnell. Die Leute mussten ihre Häuser verlassen und konnten nicht viel mehr mitnehmen, als was in ein, zwei Taschen passte. Alles, was sie zurückließen, ist jetzt für sie verloren. So erging es mir leider auch.

Ich habe im Zentrum von Khartum gelebt. Als die Kämpfe ausbrachen, zog ich erst in einen Vorort um. Dort war es sicherer. Ich habe immer wieder versucht, in meine Wohnung zurückzukehren. Aber es war alles abgeriegelt. Soldaten überall, Rebellenangriffe, Luftschläge, Explosionen. Als es mir endlich gelang durchzukommen, musste ich feststellen, dass alles weg war. Glücklicherweise hatte ich noch eine Ersatzkamera und ein weiteres Objektiv. Die meisten Bilder hatte ich auf einer externen Festplatte abgespeichert. Aber ich fotografiere auch noch sehr viel analog. Die originalen Negative habe ich fast alle verloren. Eine kleine Festplatte in meinem Rucksack war alles, was ich retten konnte.

Es ist mir wichtig, die Lage im Sudan zu dokumentieren und von den Ereignissen zu berichten. Leider interessieren sich im Ausland nur wenige Menschen dafür, was hier passiert. Wenn ich das zum Beispiel vergleiche mit dem Krieg in Gaza, gibt es viel weniger Berichte aus Khartum in internationalen Medien. Viele ausländische Journalisten haben Angst, überhaupt in den Sudan zu fahren und von dort zu berichten. Doch ich sehe es als unsere Pflicht an, etwas gegen dieses Desinteresse zu unternehmen, selbst wenn es sehr kompliziert ist, als Fotograf in Khartum zu arbeiten. Aber es ist kaum noch jemand dort, der das Geschehen fotografisch festhält.

Khartum ist ein Ort, an dem die Dinge extrem schlecht stehen – und die Welt weiß nichts davon. Es tobt ein Krieg, und beide Rivalen sind Diktatoren. Weder der Milizenführer noch der Armeechef sind vom Volk gewählt. Sie kämpfen wie zwei Elefanten um die Hauptstadt. Khartum ist sehr groß und hatte offiziell einmal sechs Millionen Einwohner, von denen die meisten inzwischen fliehen mussten. Etwa zehn Prozent der einstigen Bevölkerung leben noch dort, ansonsten wirkt alles wie ausgestorben, wie in einer Geisterstadt.

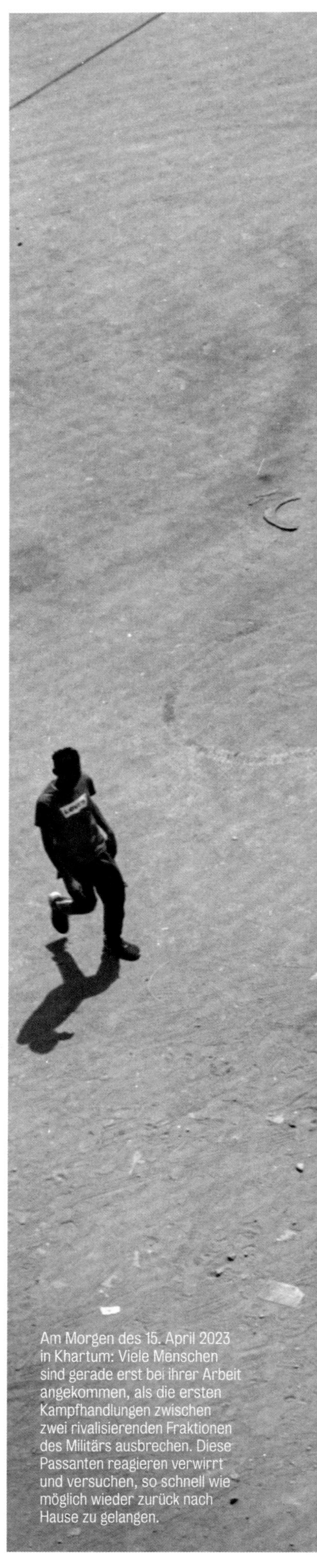
Am Morgen des 15. April 2023 in Khartum: Viele Menschen sind gerade erst bei ihrer Arbeit angekommen, als die ersten Kampfhandlungen zwischen zwei rivalisierenden Fraktionen des Militärs ausbrechen. Diese Passanten reagieren verwirrt und versuchen, so schnell wie möglich wieder zurück nach Hause zu gelangen.

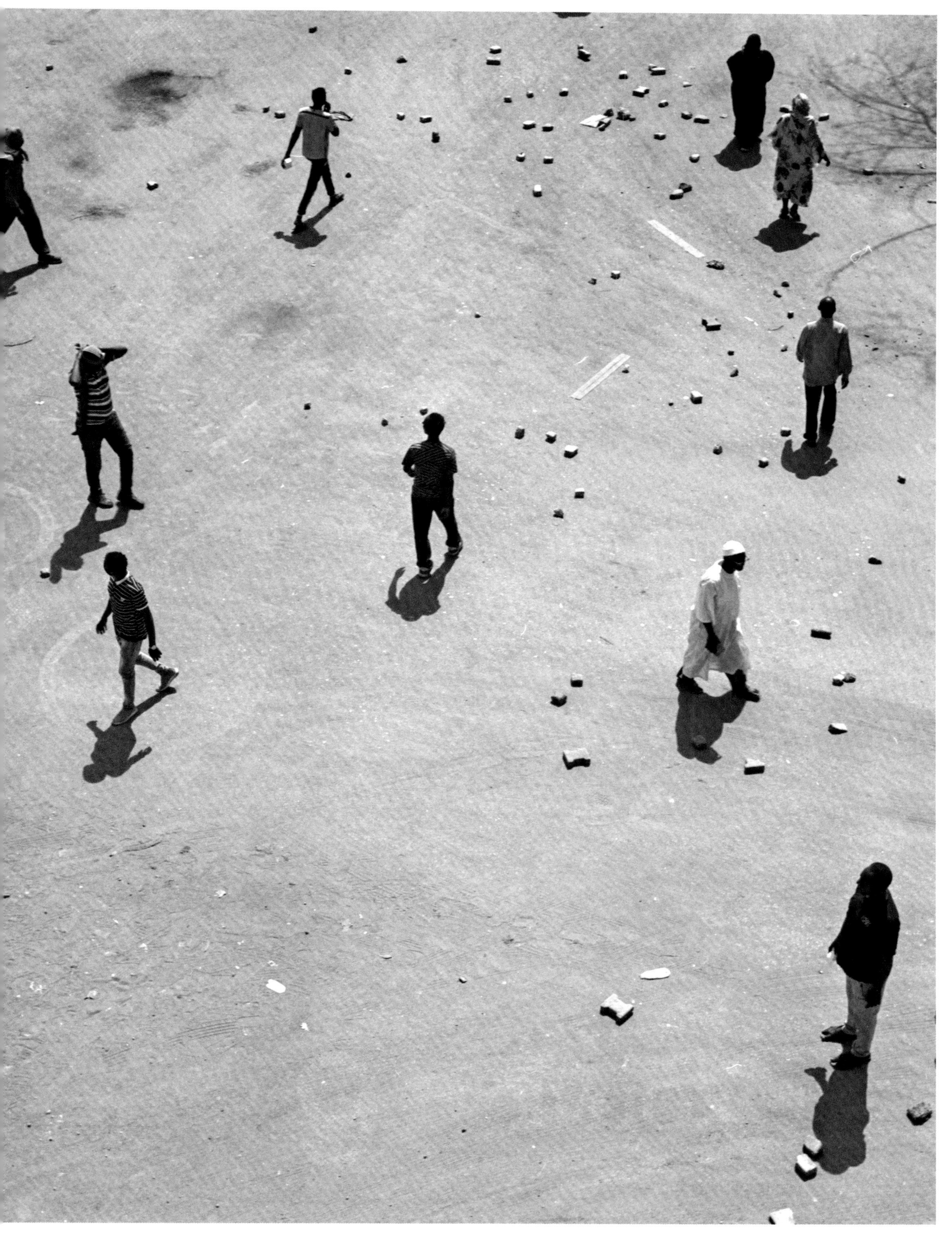

Unten: Idylle am Nil: Ein paar Männer sitzen in einem Teeladen unter der Halfaya-Brücke in Omdurman, gegenüber dem Ufer von Khartum. Dort gehörte Teetrinken am Fluss früher zum täglichen Leben.

Rechts: Der junge Mechaniker Ali lässt sich mitten auf der Straße von einem Kollegen die Haare frisieren. Vor dem Krieg war dies im Industriegebiet von Khartum eine alltägliche Szene.

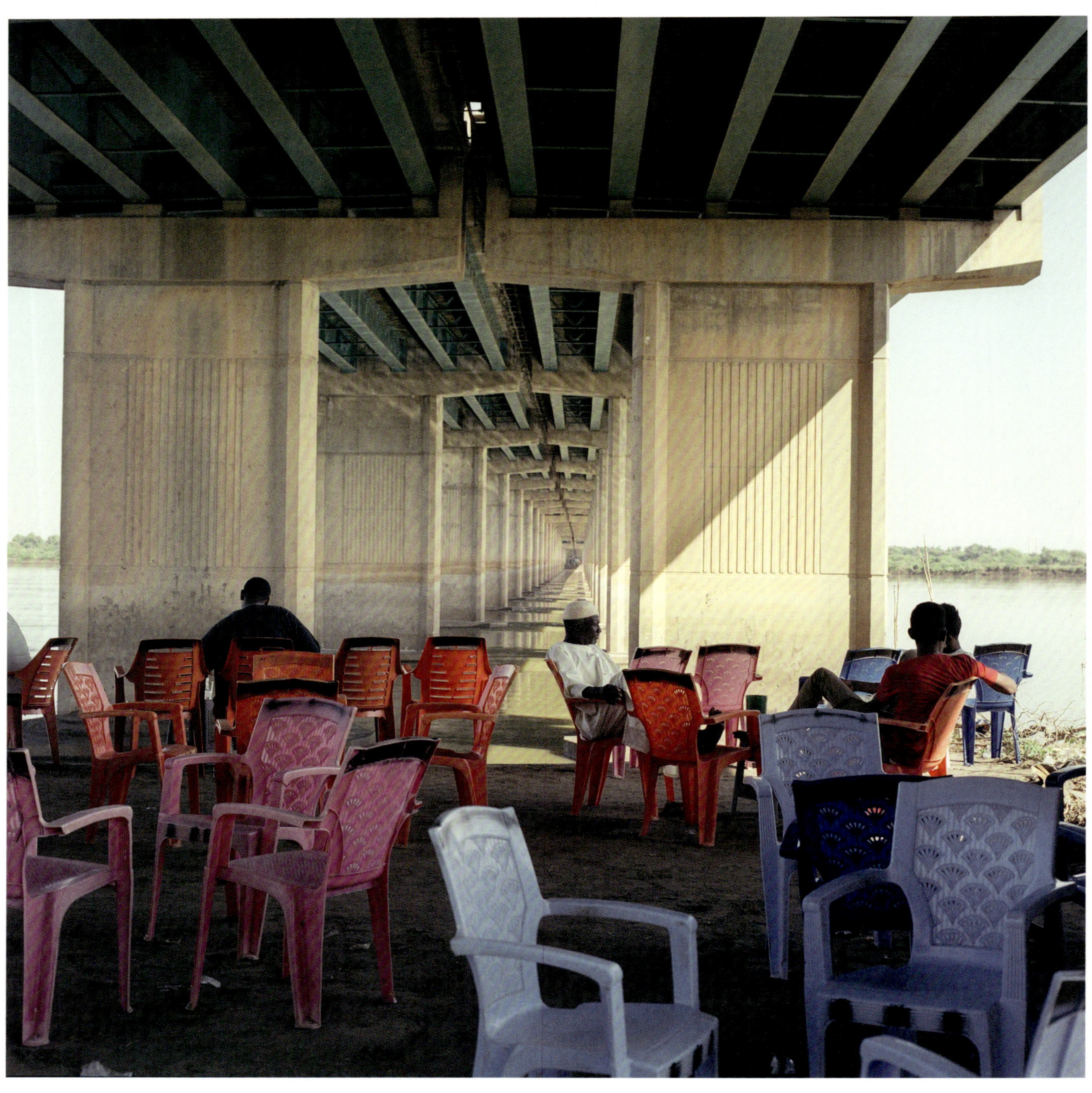

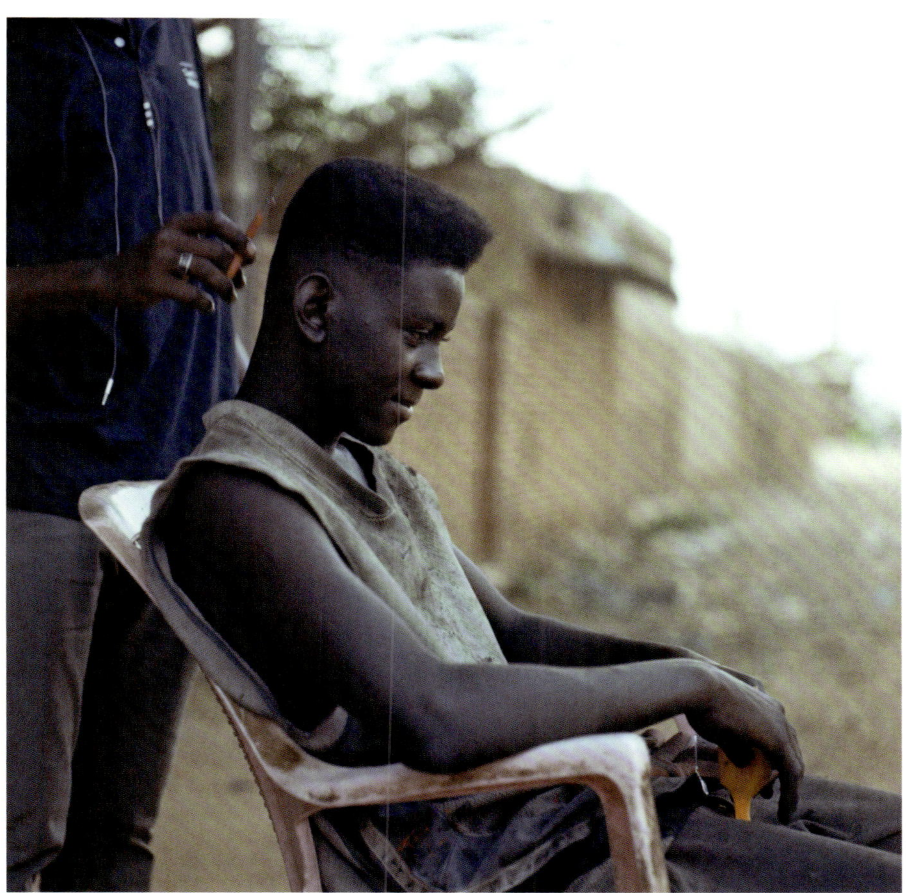

Dabei gab es große Hoffnungen. Bei der Revolution, die 2019 das Regime von Präsident Omar al-Baschir stürzte, war ich dabei. Das war ein großer Moment für alle Sudanesen und das Ende einer Ära. Ich wurde 1985 geboren, seit meinem fünften Lebensjahr war al-Baschir an der Macht. Wir haben alle sehr viel gelitten unter seiner Herrschaft. Deshalb war es ein Grund zur Freude, als die Regierung endlich gestürzt wurde. Wir haben alle gefeiert, aber tief in mir drin habe ich schon geahnt, dass im Sudan nicht alle Probleme von heute auf morgen erledigt sein würden. Nun ist al-Baschir weg, aber das Rad hat sich weitergedreht und zwei neue Rivalen hervorgebracht, die das Land beherrschen wollen.

Ich wurde in der Region Darfur geboren. Aber mein Vater fand einen Job in Khartum und nahm die Familie mit, als ich fünf Jahre alt war. Als ich in Khartum Maschinenbau studierte, begann ich mit dem Fotografieren. Das war für mich anfangs nur ein reines Hobby, vor allem Landschaften haben mich fasziniert. Dann wollte ich besser werden. Weil es im Sudan keine richtige Ausbildung für Fotografen gibt, habe ich mir vieles selbst beigebracht. Damals war die Internetplattform flickr sehr populär. Dort habe ich angeschaut, was andere fotografieren, und von ihnen gelernt.

Mein ganzes Leben lang blieb ich eng verbunden mit meiner Heimat Darfur. Kurz bevor der jetzige Krieg ausbrach, hatte ich ein Fotoprojekt begonnen, das ich „Darfur, maybe home again" nannte. Ich wollte dokumentieren, wie ich mich selbst auf eine Reise in meine eigene Vergangenheit mache. Ich wollte meine Erinnerungen auffrischen, an die Orte meiner Kindheit und Jugend zurückgehen, meine alte Heimat besser kennenlernen. Mit zu meinen schönsten Erinnerungen gehört, wie wir in den Schulferien immer mit der Eisenbahn von Khartum nach Darfur gefahren sind. Das war eine unglaublich lange Reise! Drei Tage dauerte sie, mindestens.

Fast alle meine Verwandten mussten Darfur verlassen, als dort 2003 der Bürgerkrieg ausbrach. Sie leben heute im ganzen Sudan verstreut. Einige von ihnen sind sogar über die Grenze ins Nachbarland Tschad geflüchtet. Seit 2020 ist der Krieg in Darfur offiziell beendet, aber seine Auswirkungen sind weiterhin spürbar. Es wird noch viele Jahre dauern, bis sich die Region erholt. Wenn dafür überhaupt Zeit bleibt: Eine der beiden Kriegsparteien in Khartum, die Rebellengruppe RSF, hat ihren Hauptsitz in Darfur. Die Konflikte hängen also direkt miteinander zusammen. In manchen Gebieten der Region laufen sogar ethnische Säuberungen.

Viele Menschen werden getötet, ich höre zumindest immer wieder davon. Wir alle befürchten, dass der Krieg in Darfur wieder stärker aufflammen wird als je zuvor. Kurz gesagt: Die Lage in Khartum ist kompliziert – aber in Darfur ist sie noch komplizierter.

Wie geht es jetzt für mich weiter? Ich will auf alle Fälle dokumentieren, welche Auswirkungen die Krise im Sudan auf die Menschen hat. Wenn es mir gelingt, möchte ich vom Südsudan aus in den Tschad reisen, um die Lage der Flüchtlinge dort zu fotografieren. Das ist vermutlich einfacher, als direkt im Sudan zu arbeiten. Dort kann man als Fotograf nur noch mit minimaler Ausrüstung unterwegs sein, sonst fällt man auf und wird schnell zur Zielscheibe. Das Hauptproblem ist, eine solche Reise zu finanzieren. Denn in Kriegszeiten wird alles unglaublich teuer – Benzin, Ausrüstung, einfach alles. Ohne einen festen Auftrag, zum Beispiel von einer NGO, kann ich ein fotografisches Projekt kaum realisieren.

Was den Konflikt im Sudan zusätzlich so schwierig macht, zeigt ein Vergleich mit der Ukraine: Dort gibt es zwei klar abgegrenzte Parteien. Russland auf der einen, die Ukraine auf der anderen Seite. Jede Seite möchte ihren Standpunkt verteidigen und beweisen, dass sie im Recht ist. Im Sudan ist das ganz anders. Hier wollen beide Parteien am liebsten alles verbergen. Und sie wissen genau, dass Journalisten und Fotografen eben dies verhindern und stattdessen alles aufdecken wollen.

Die zwölfjährigen Zwillinge Suha und Suhaila Ahmed sind mit ihrer Familie aus Nyala in der Region Darfur geflohen. Auf der Suche nach einer sichereren Unterkunft legten sie 2.360 Kilometer zurück. In der Hafenstadt Port Sudan am Roten Meer kamen sie zusammen mit ihrer kranken Mutter in einem Wohnheim für Binnenflüchtlinge unter.

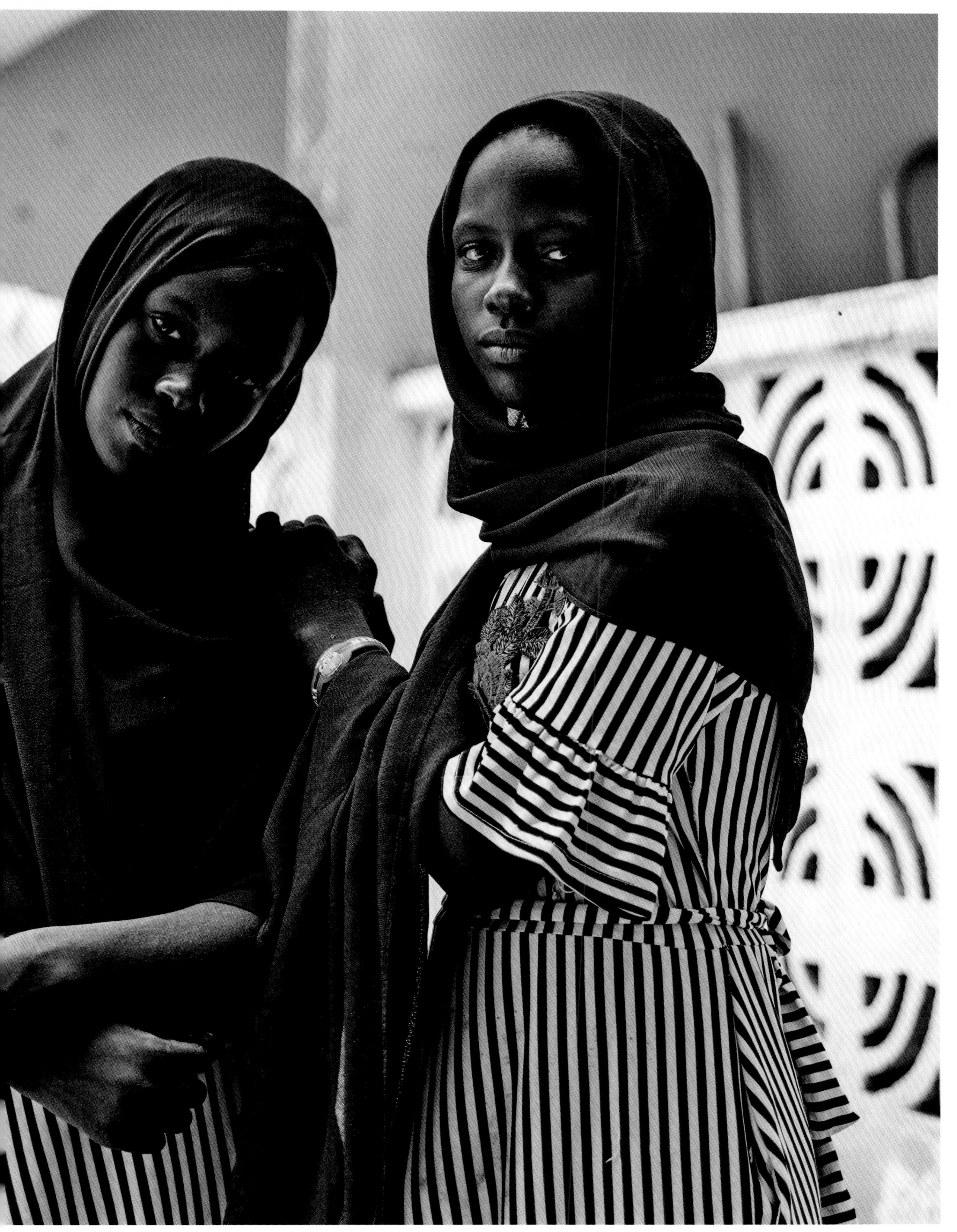

Unten: Im Norden der Hauptstadt haben Unbekannte unter dem Namen „People of Khartoum" aus Plastiktüten an einem Drahtzahn eine Kunstinstallation errichtet. Sie wirkt wie eine indirekte Interpretation der Zustände in Sudan: Seit 2019 herrscht ein Machtkampf verschiedener Parteien, die das Land vernachlässigten und schließlich ins Chaos stürzten.

Rechts: Adam Abdalla, ein Vorsteher des Abu-Shouk-Lagers für Binnenflüchtlinge im Norden von Darfur: Er lebt dort seit 20 Jahren in einem einfachen Lehmhaus, das er für seine stetig wachsende Familie mehrfach aufgeteilt hat. Schon vor dem neuen Krieg lebten in dem Lager 105.000 Menschen. Im Dezember 2023 brachen auch dort Kämpfe aus.

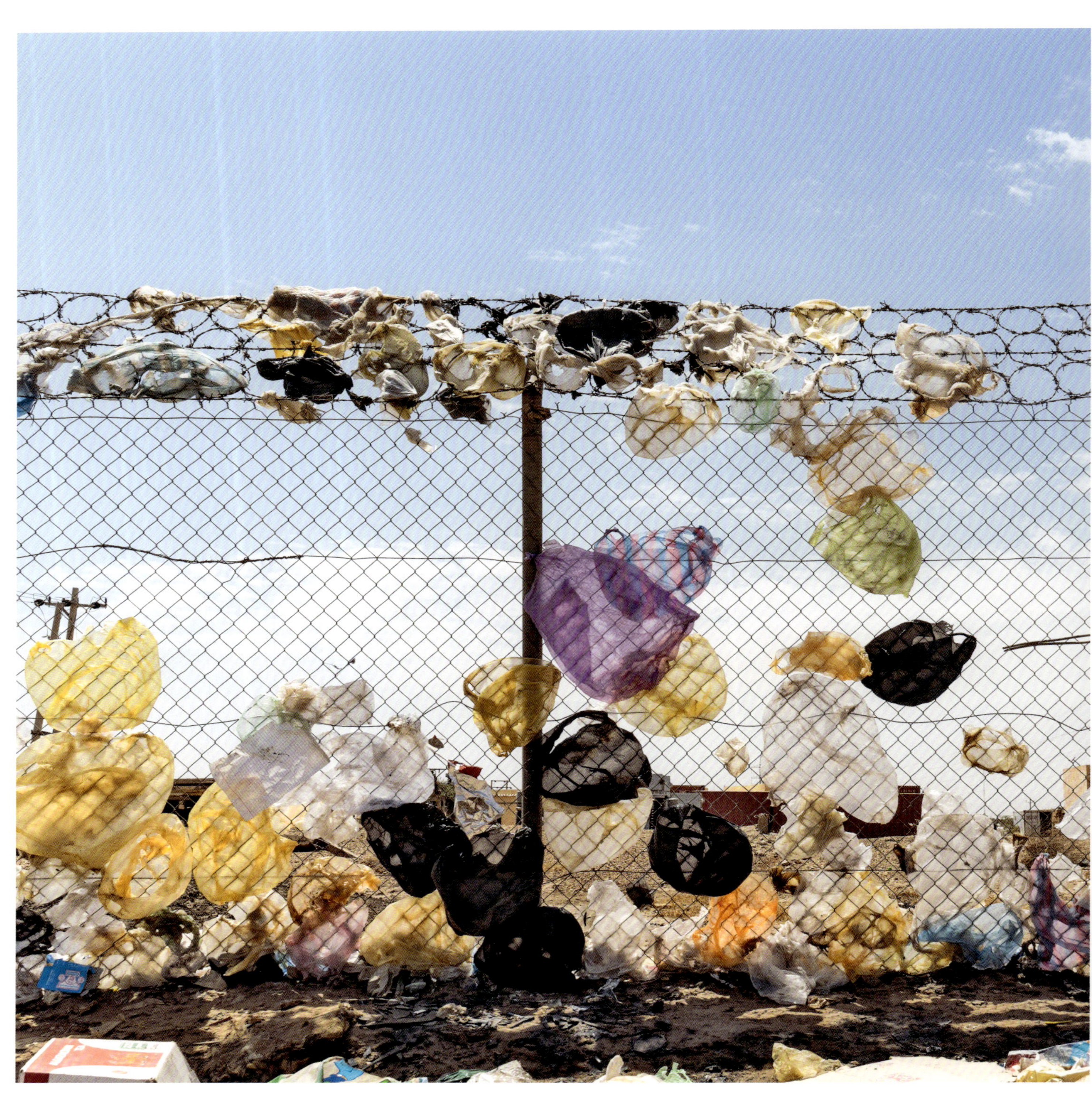

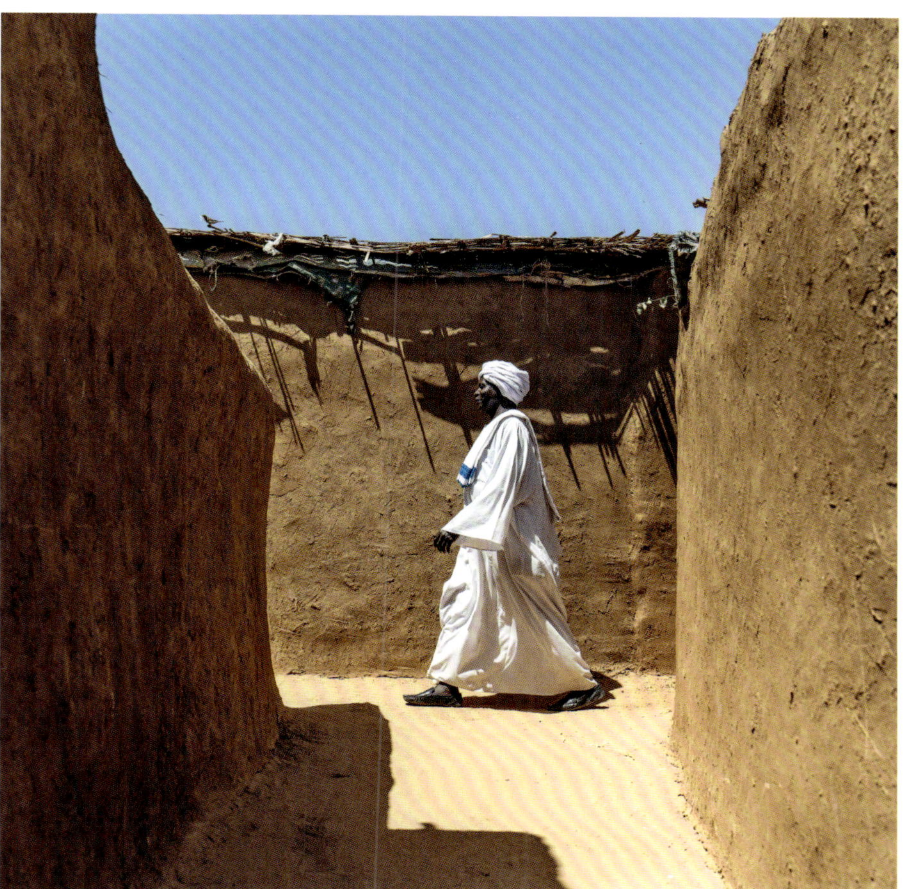

Die Kriegsparteien wollen nicht, dass die Welt erfährt, wie viele Tote und wie viel Zerstörung es gibt. Wer würde – ohne Bilder zu sehen – schon glauben, dass die sudanische Armee ihre eigene Hauptstadt in Schutt und Asche legt? Vor einigen Wochen hat das Militär eine der wichtigsten Brücken über den Nil zerstört. Das war eine lebenswichtige Verkehrsader. Mit einem einzigen Luftschlag wurde sie zerbombt.

Ich habe schon viele schreckliche Ereignisse fotografiert, zum Beispiel während des brutalen Tigray-Konflikts in Äthiopien oder in den Flüchtlingslagern von Darfur. Doch jetzt, da ich selbst zum Flüchtling geworden bin, berühren mich viele dieser Geschichten noch viel mehr. Manchmal kann ich meine Tränen nicht mehr zurückhalten, vor allem wenn ich mit Menschen spreche, die ähnliche Dinge durchgemacht haben wie ich. Oder wenn mir in einer Flüchtlingsunterkunft Leuten begegnen, die ich von früher kenne. In solch einer Situation fehlen mir oft einfach die Worte. Ich kann nicht beschreiben, was ich dabei empfinde.

Immer wieder in der Geschichte unseres Landes haben die Menschen die schlimmsten Dinge erlitten, die man sich vorstellen kann – und wenig später war alles wieder vergessen. Immer heißt es: Wir müssen nach vorne schauen. Bis ein neuer Krieg kommt. Deswegen braucht es Fotografen wie uns. Wir müssen mit unseren Bildern festhalten, was heute geschieht, damit wir uns später daran erinnern können.

Aufgezeichnet von Christian Selbherr

ALA KHEIR

alakheir.com

Ala Kheir (geb. 1985 in Nyala in der Region Darfur, Sudan) studierte Maschinenbau, als er anfing, hobbymäßig zu fotografieren. 2011 reiste er als Teilnehmer des transafrikanischen Fotoprojekts „Invisible Borders" quer durch Afrika von Nigeria bis nach Äthiopien. Seit 2012 arbeitet er hauptberuflich als Fotograf. Kheir ist einer der Mitgründer des Projekts „The Other Vision", das jungen Talenten einen Weg in die Fotografie ermöglicht. 2022 war er Mitglied der Jury für den World-Press-Photo-Wettbewerb.

CHRISTIAN SELBHERR

christian-selbherr.de

Christian Selbherr (geb. 1978 in Oberbayern) absolvierte die Katholische Journalistenschule ifp in München und arbeitet heute als Redakteur beim Hilfswerk missio in München. Er berichtet regelmäßig aus Afrika und Asien, zuletzt aus Ägypten, Kenia und dem Südsudan. Für das Multimediaprojekt „Unsere Goldhandys" über den Abbau von Rohstoffen in Staaten wie Kongo, Madagaskar und Tansania erhielt er 2019 den Alternativen Medienpreis zusammen mit zwei Kolleginnen.

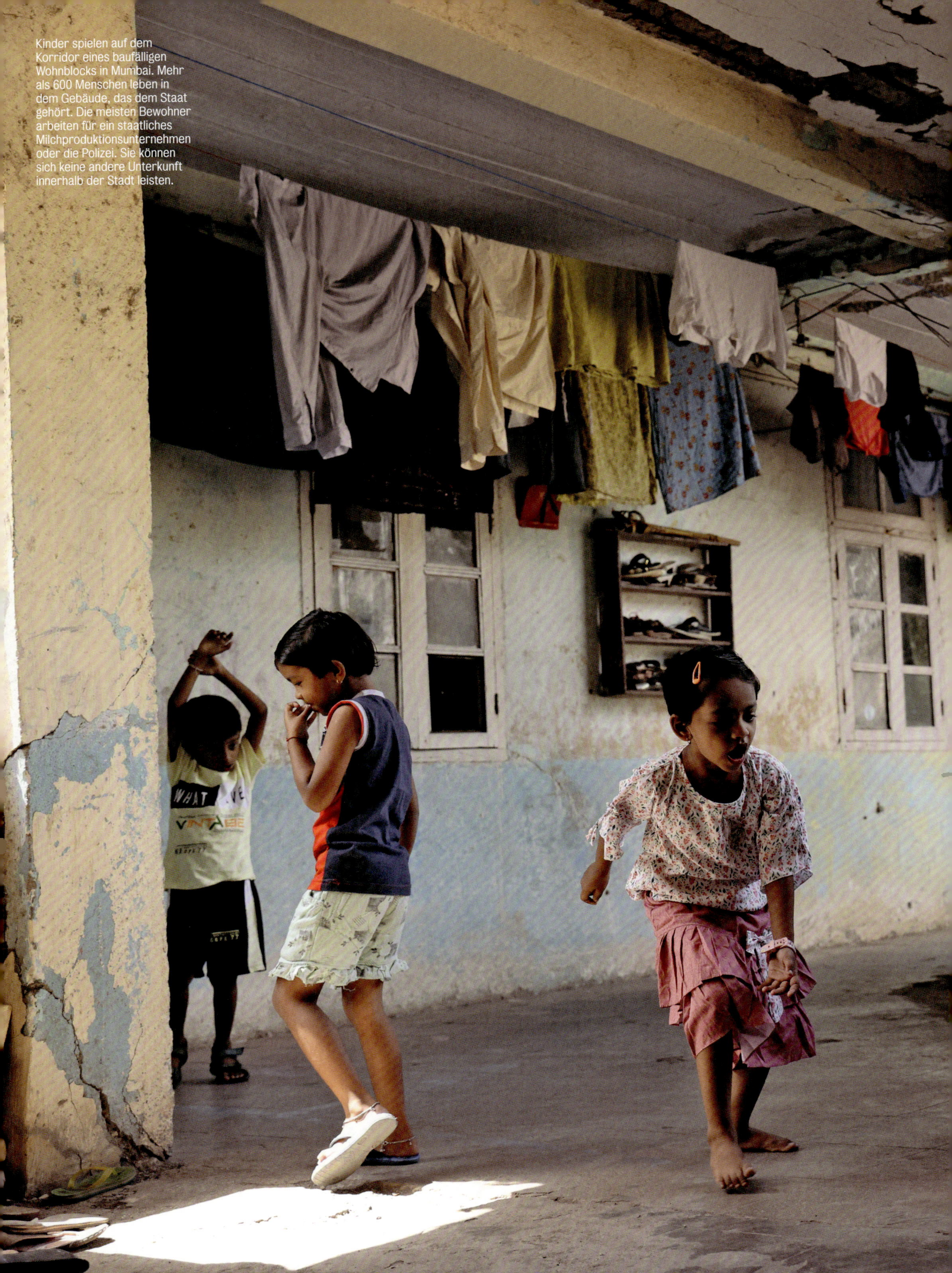

Kinder spielen auf dem Korridor eines baufälligen Wohnblocks in Mumbai. Mehr als 600 Menschen leben in dem Gebäude, das dem Staat gehört. Die meisten Bewohner arbeiten für ein staatliches Milchproduktionsunternehmen oder die Polizei. Sie können sich keine andere Unterkunft innerhalb der Stadt leisten.

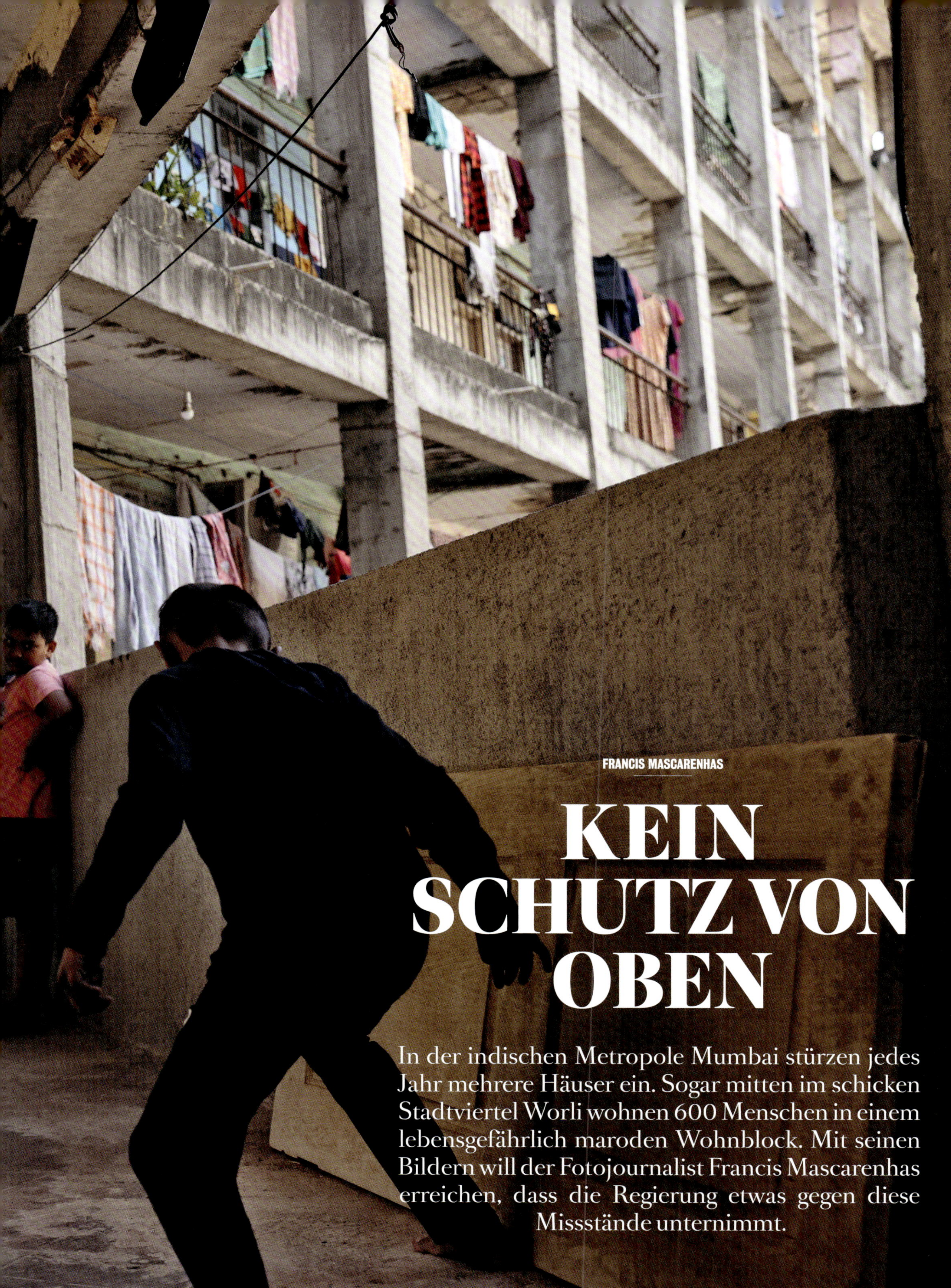

FRANCIS MASCARENHAS

KEIN SCHUTZ VON OBEN

In der indischen Metropole Mumbai stürzen jedes Jahr mehrere Häuser ein. Sogar mitten im schicken Stadtviertel Worli wohnen 600 Menschen in einem lebensgefährlich maroden Wohnblock. Mit seinen Bildern will der Fotojournalist Francis Mascarenhas erreichen, dass die Regierung etwas gegen diese Missstände unternimmt.

Als Fotojournalist in Mumbai berichte ich jedes Jahr darüber, dass Wohnhäuser einstürzen. Ich beobachte über Stunden, wie Rettungskräfte die Menschen aus den Trümmern bergen und hoffe, dass es Überlebende gibt. Die heftigen Monsunregen lassen Stahlstrukturen rosten und zermürben den Beton der Bauten. Es ist bekannt, welche Häuser einsturzgefährdet sind: Die Kommune gibt regelmäßig eine Liste betroffener Gebäude heraus. Aber mehr tut sie nicht.

Deswegen bin ich diese Liste einmal durchgegangen und habe mir gefährdete Häuser angesehen. Manchen sieht man die Einsturzgefahr von außen nicht an. Bei diesem Wohnblock im vornehmen Stadtteil Worli allerdings wirkte bereits die Fassade beängstigend. Genau danach hatte ich als Fotograf gesucht. Ich wollte die Missstände dokumentieren und sie öffentlich sichtbar machen. Der große Bau war für mein Projekt optisch bestens geeignet. Gerade auch wegen des scharfen Kontrasts: Um den sanierungsbedürftigen Wohnblock herum befinden sich nur schicke Häuser und Wolkenkratzer. Visuell ist das sehr wirkungsvoll. Und am anderen Ende der Straße wohnt die Tochter des bekannten Industriellen Mukesh Ambani.

Für Fotojournalismus habe ich mich schon im College interessiert, zunächst aber Massenkommunikation studiert. Danach habe ich für ein Unternehmen Sport-Apps entworfen und hin und wieder einen Artikel über Sport geschrieben. Mir gefiel es aber auf Dauer nicht, immer am Schreibtisch zu sitzen. Auf Facebook entdeckte ich dann eine Anzeige der Fotojournalismus-Schule „Udaan" in Mumbai und bewarb mich dort. „Udaan" bedeutet Fliegen. Mitgründer der Schule war der *Reuters*-Fotograf Arko Datta, der aus Kalkutta stammt. Er wurde als Gewinner des World Press Photo of the Year 2005 bekannt. Das prämierte Bild entstand, als ein Tsunami die Küste des indischen Bundesstaats Tamil Nadu verwüstet hatte. Arko Datta warnte mich damals, dass Fotojournalismus kein einfacher Beruf sei und noch dazu schlecht bezahlt. Dafür aber spannend. Jeden Tag passiert etwas anderes und keiner kann voraussehen, was es ist. Ich war voller Leidenschaft. 2013 schloss ich die Fotoschule ab.

Ich arbeite gerne in Indien. Wenn ich beispielsweise Richtung Norden fahre, in den Bundesstaat Sikkim am Rande des Himalayas, dann betrete ich eine völlig andere Welt. Die Vielfalt des Landes ist überwältigend und schön. Außerdem haben wir diese riesige Bevölkerung und es passiert unglaublich viel. Deshalb kommen auch Fotografen aus dem Westen gerne hierher. Ich selbst wurde in Dubai geboren und habe dort gelebt, bis ich 13 Jahre alt war. Danach ist meine Familie nach Indien zurückgekehrt und seitdem lebe ich in Mumbai. Mein fremd klingender Nachname Mascarenhas stiftet immer wieder Verwirrung über meine Herkunft: Meine Wurzeln liegen im westindischen Bundesstaat Goa, einer früheren portugiesischen Kolonie.

Ich wünsche mir vor allem, dass meine Arbeit Veränderungen bewirkt – in diesem Fall für die Mieter in Worli. Als ich den großen Wohnblock das erste Mal besucht habe, waren die Bewohner nicht gerade begeistert, aber auch nicht sehr ablehnend. Außerdem holte ich erst die Zustimmung der *Reuters*-Redaktion ein. Seit 2021 mein ehemaliger Chef Danish Siddiqui in Afghanistan ums Leben kam, sind alle noch vorsichtiger geworden, und die Sicherheitsauflagen sind strenger. Deshalb setzte ich auch einen Helm auf, wenn ich in dem Wohnblock arbeitete. Bei einem Besuch ließ ich vom dritten Stock aus eine Drohne fliegen. Da fiel ein Stück des Gemäuers herab. Getroffen hat es mich nicht, aber erschrocken habe ich mich schon.

Ich finde, es ist in Ordnung, wenn Wohnungen oder Zimmer klein sind, aber sie sollten sicher sein. Zum Glück hat sich in Worli bislang noch niemand verletzt oder ist gar zu Tode gekommen. Schließlich leben dort mindestens 200 Kinder und Jugendliche. Doch vor kurzem rief mich einer der Mieter an und erzählte, dass sich ein großer Steinbrocken aus dem Mauerwerk gelöst habe und mitten in einem Korridor aufgeschlagen sei. Es war reines Glück, dass dabei niemand zu Schaden kam. Auf den Fluren spielen oft Kinder, denn im dicht bebauten Mumbai gibt es draußen wenig Platz für sie. Viele Erwachsene verbringen ebenfalls ihre Zeit in den Korridoren, etwa wenn sie telefonieren und dabei etwas Privatsphäre haben wollen.

Die meisten der 600 Mieter des Wohnblocks sind untere Regierungsangestellte. Deshalb bekommen sie keine besseren Wohnungen bereitgestellt. Viele arbeiten in einem traditionsreichen Staatsunternehmen für Milchprodukte. Andere sind bei der Polizei. Wenn ein Wohngebäude in schlechtem Zustand ist, dann kappt die Verwaltung normalerweise einfach die Zufuhr von Strom und Wasser. In der Folge ziehen die Mieter meist nach und nach aus. In Worli ist das aber nicht passiert. Die Mieter erzählen, die Regierung habe einmal eine Firma geschickt, um Renovierungsarbeiten durchzuführen. Aber stattdessen fing diese an, Teile des Blocks abzureißen.

Oben: Der völlig marode Gebäudekomplex liegt direkt am Arabischen Meer in Mumbais Luxusviertel Worli – umgeben von schicken Wohntürmen und weitläufigen Villen. Schon wegen der sonst unbezahlbar zentralen Lage wollen viele Bewohner nicht ausziehen.

Unten: Eine Mieterin steht auf einer baufälligen Treppe: Der Wohnblock ist zum Meer ausgerichtet, weswegen das Gebäude während des Monsuns besonders anfällig ist. „Die Regierung zieht jeden Monat die Miete von unserem Gehalt ab, wir wohnen hier nicht umsonst. Daher müssen sie das Gebäude reparieren", sagt sie.

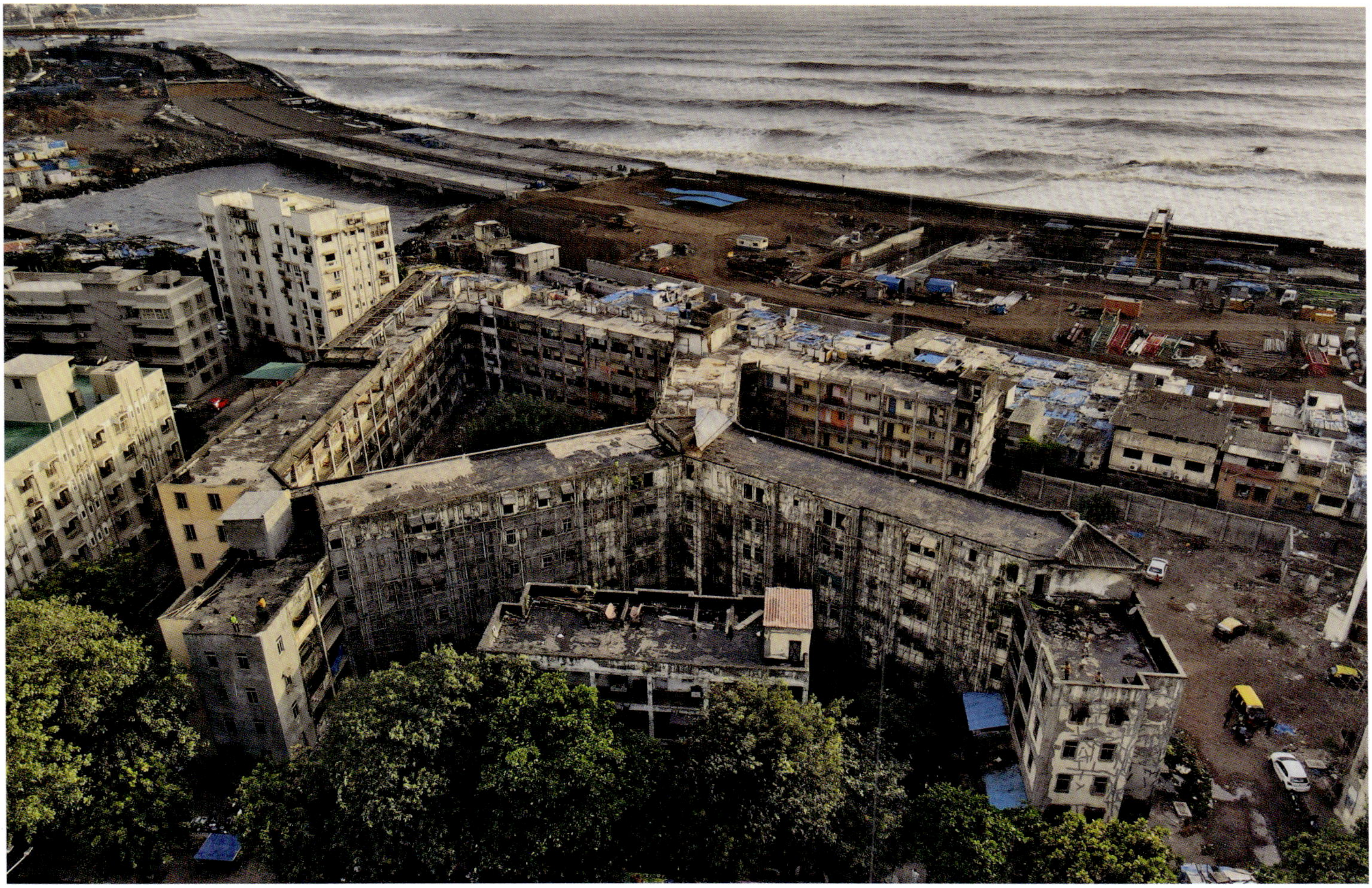

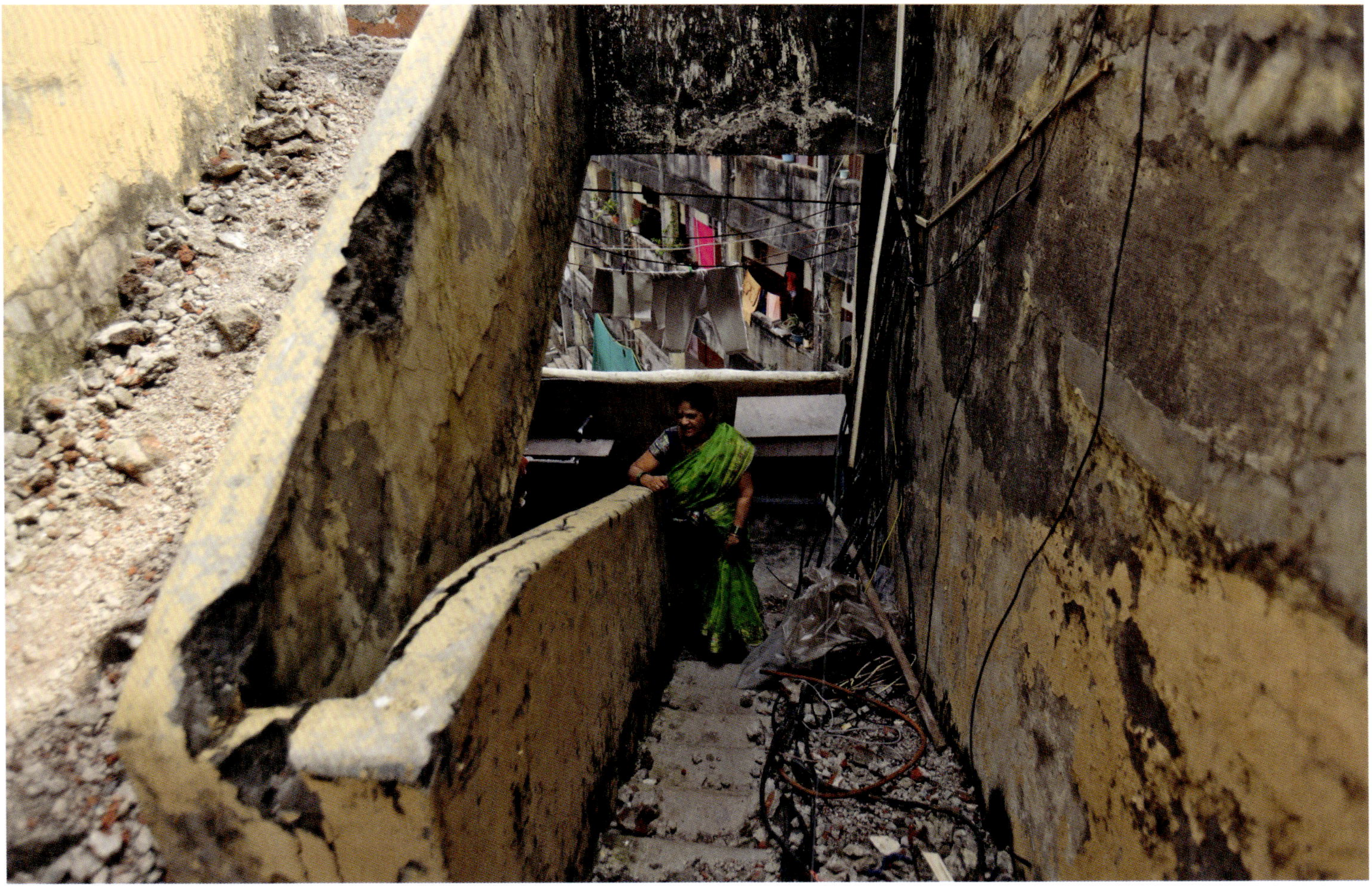

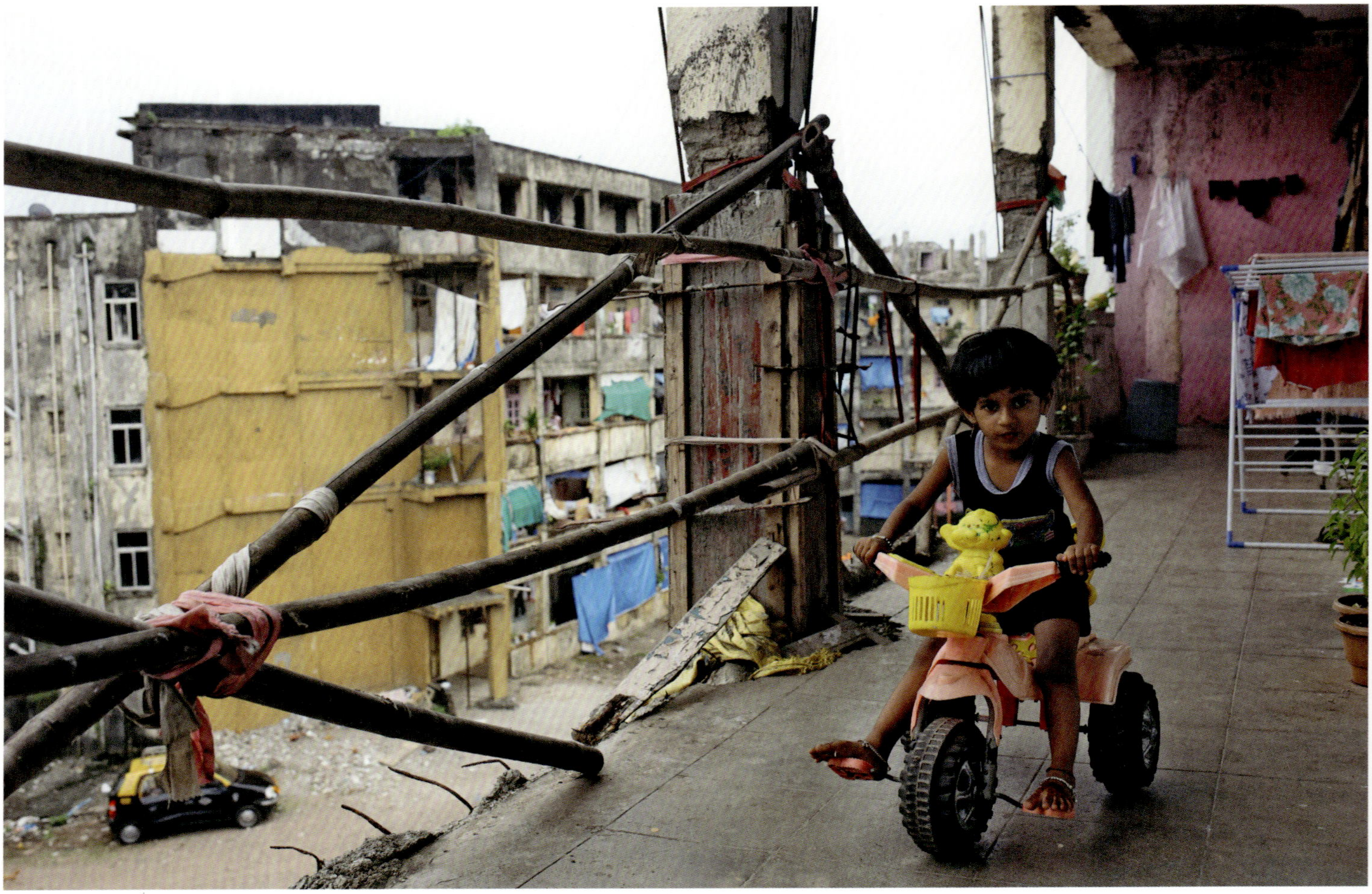

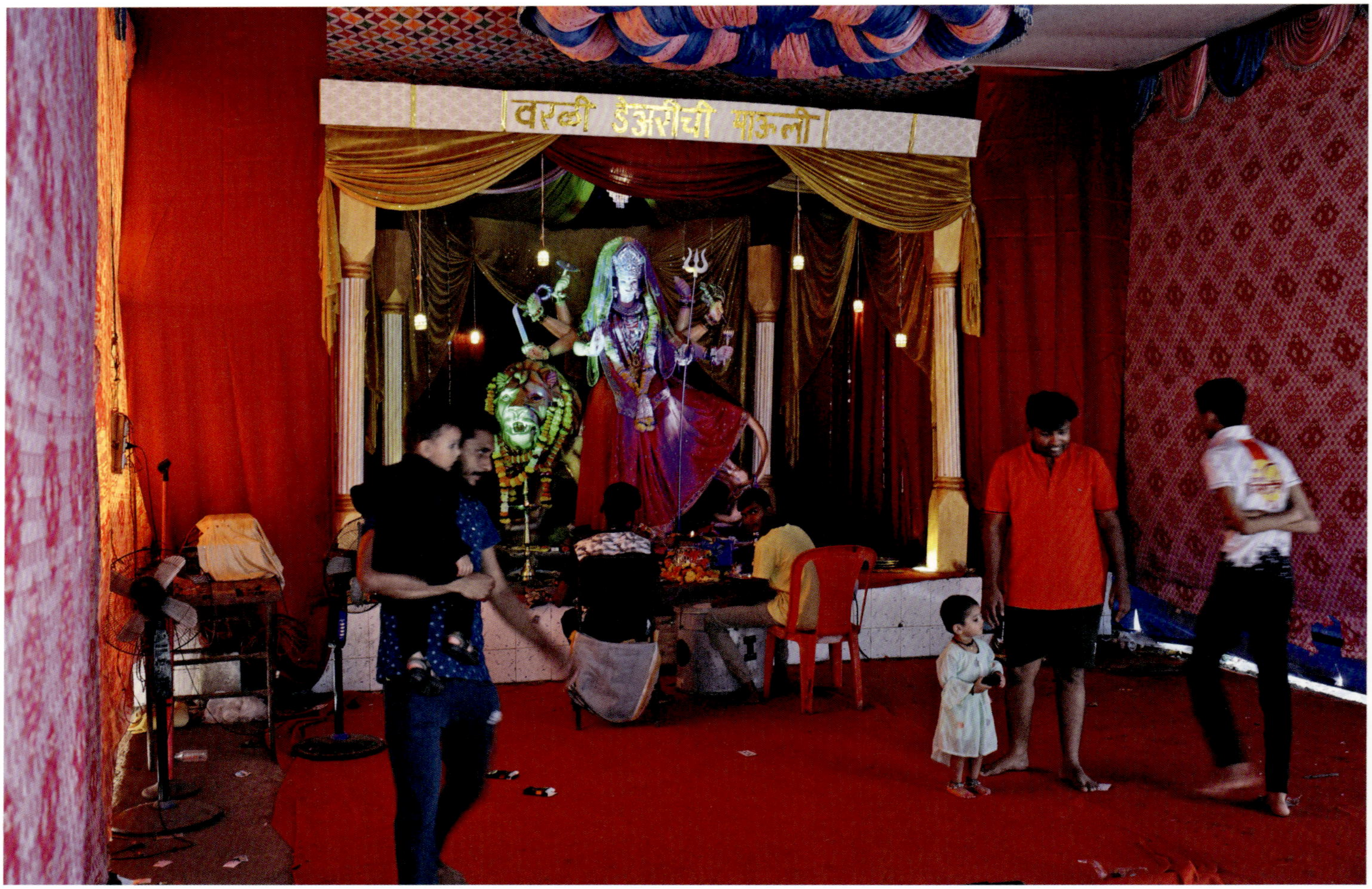

Oben: Die vierjährige Mrunali fährt mit ihrem Dreirad auf dem Gang vor ihrer Wohnung im dritten Stock. Die Bewohner haben die bröckelnden Betonpfeiler notdürftig verstärkt. Die verrosteten Balkongeländer haben sie durch Bambusstangen ersetzt und mit alten Lumpen zusammengebunden.

Unten: In einem Tempel auf dem Gelände des Wohnkomplexes in Worli beten Anwohner zur Göttin Durga: Die sechsarmig dargestellte hinduistische Hauptgottheit reitet auf einem blumenbehängten Löwen. Sie steht für Schutz, Stärke, Mutterschaft, aber auch für Zerstörung und Krieg.

Doch diese Arbeiten wurden mittendrin wieder abgebrochen. Die Regierung habe die Firma angeblich nicht bezahlt, lautete die Begründung. Die Arbeiter verschwanden daraufhin und tauchten nie wieder auf. Als ich die Mieter fragte, was danach passiert sei, zuckten sie nur mit den Achseln. Seitens der Regierung gab es keinerlei Schwierigkeiten, als ich in dem Wohnblock fotografiert habe. Aber weitere Auskünfte habe ich auch nicht erhalten.

Die Behörden, die Anwohner – alle wissen, wie es um das Gebäude steht. Es liegt direkt an einer Hauptstraße. Als der G20-Gipfel der führenden Industrie- und Schwellenländer im Sommer in Mumbai stattfand, wurde der marode Block sogar hinter einer riesigen Tafel versteckt, damit er für vorbeifahrende Delegationen nicht sichtbar war.

Die Mieter wollen ihre Wohnungen nicht verlassen – das ist Teil des Problems. Die Wohnlage liegt unschlagbar zentral. Vom Dach des Blocks kann man direkt auf das Arabische Meer blicken. Ziehen die Menschen in die Außenbezirke der 20-Millionen-Metropole, müssen sie täglich lange Anfahrtswege zur Arbeit einberechnen. Die öffentlichen Verkehrsmittel sind völlig überfüllt, alles andere als bequem und sie kosten Geld.

Ausweichen könnten die Bewohner lediglich in Übergangslager. Dort können Bewohner staatlicher Gebäude solange unterkommen, bis ihre Wohnungen fertig renoviert sind oder neue bereitstehen. So eine vorübergehende Unterbringung wird aber leicht zu einer Dauerlösung. Die Lebensbedingungen in solchen Übergangslagern sind berüchtigt. Ihnen würde ich auch gerne einmal eine Fotoreportage widmen.

Die Mieter in Worli versuchen daher, provisorische Lösungen zu finden. So ersetzen sie beispielsweise zerbrochene Balkongeländer durch Bambusstangen, die sie zusammenbinden. Die brüchigen Säulen im Hauseingang verstärken sie mit Stahl. Und wenn der Monsunregen überall durch das marode Gebäude rinnt, spannen die Bewohner Plastikplanen in ihren Wohnungen und stellen Eimer auf, um das Wasser aufzufangen.

Bei meinem ersten Besuch in dem Wohnblock kam ich nicht mit Kamera und habe stattdessen Gespräche gesucht, um den Menschen zu erklären, was ich vorhabe. Vielen hat der Gedanke, dass ich sie fotografieren wollte, nicht so sehr gefallen. Nach mehreren Besuchen waren sie dann doch einverstanden. Manchmal haben sie mir aber auch während des Fotografierens gesagt: Jetzt hör mal auf! In den Jahren 2022 und 2023 war ich mindestens zehn Mal dort – über einen Zeitraum von sieben oder acht Monaten verteilt.

Früher habe ich als freier Fotograf für die Nachrichtenagentur *Reuters* gearbeitet. Seit 2023 bin ich fest angestellt. In dem Zeitraum, als die Verhandlungen zur Anstellung liefen, war ich nicht in Worli. Diese Pause tat ganz gut. Danach konnte ich sehen, was sich in dem Wohnblock mittlerweile verändert hatte. Die Leute haben sich gefreut, mich wiederzusehen, und waren noch zugänglicher. Sie wollten wissen, ob sich durch meine Fotodokumentation etwas an ihrer Wohnsituation ändern könnte. Ich habe ihnen immer wieder geantwortet, dass das nicht in meiner Macht stehe. Ich kann nur ihre Geschichte an die Öffentlichkeit bringen und hoffen, dass dadurch ein gewisser Handlungsdruck entsteht. Aber am Ende ist die Landesregierung des Bundesstaats Maharashtra dafür zuständig, etwas zu unternehmen.

Aufgezeichnet von Antje Stiebitz

FRANCIS MASCARENHAS
instagram.com/francis_mascarenhas
Francis Mascarenhas (geb. 1988 in Dubai, Vereinigte Arabische Emirate) studierte in Mumbai Massenkommunikation. Danach absolvierte er eine Ausbildung an der Fotojournalismus-Schule „Udaan". Seitdem arbeitet er in Mumbai für die Nachrichtenagentur *Reuters*. Allerdings reist er für seine Berichterstattung durch ganz Indien, beispielsweise nach Orissa, Gujarat oder Sikkim. Dabei konzentriert er sich auf Geschichten, die das Leben schreibt.

ANTJE STIEBITZ
weltreporter.net/stiebitz
Antje Stiebitz (geb. 1973 in St. Etienne, Frankreich) hat an der Freien Universität in Berlin Außereuropäische Ethnologie und Religionswissenschaft mit Schwerpunkt Südasien und Hinduismus studiert. Seitdem reiste sie immer wieder nach Indien und lebt heute in Neu-Delhi. Sie ist Mitglied des Korrespondentennetzwerks *Weltreporter* und als Hörfunkjournalistin vor allem für *Deutschlandradio* tätig.

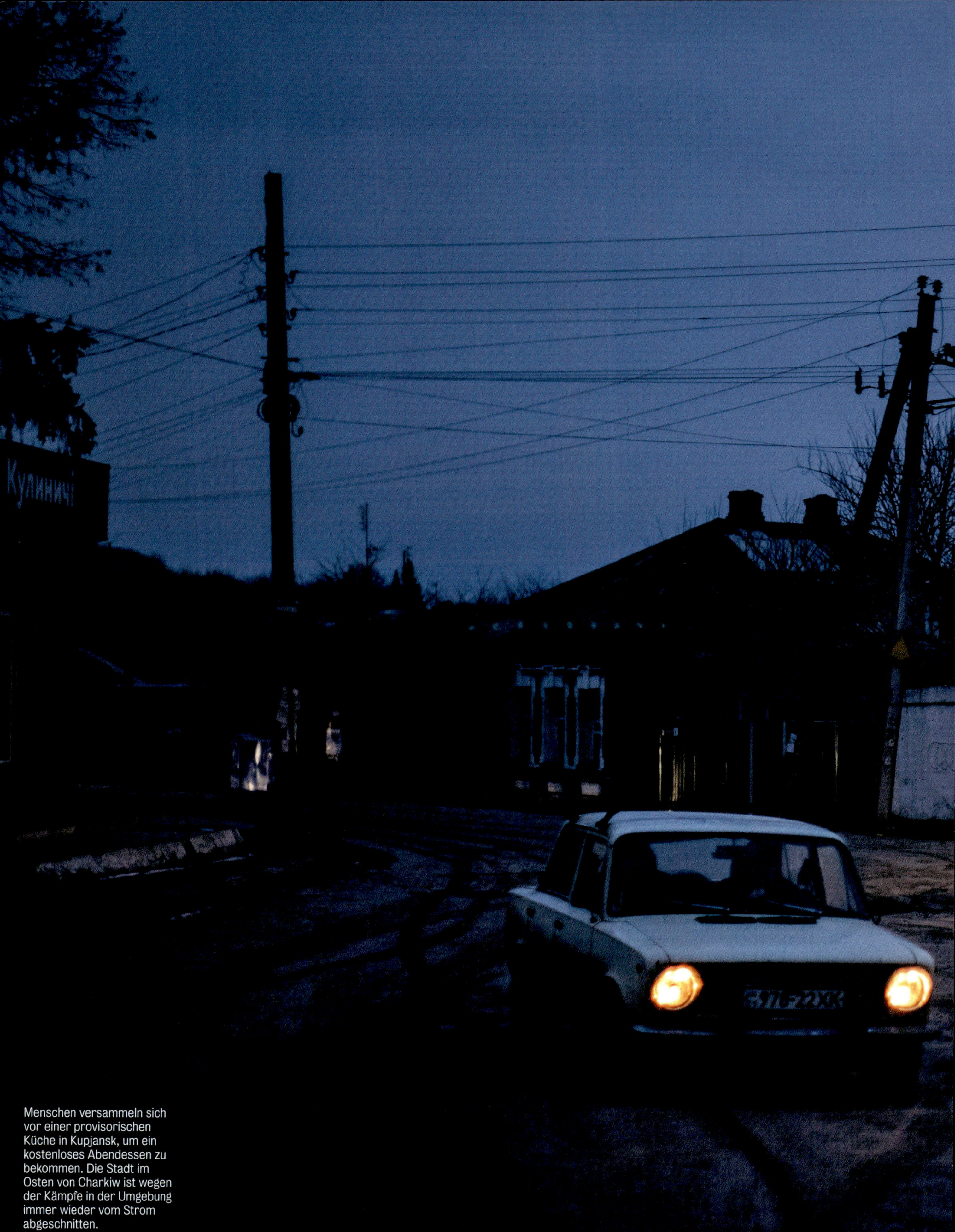

Menschen versammeln sich vor einer provisorischen Küche in Kupjansk, um ein kostenloses Abendessen zu bekommen. Die Stadt im Osten von Charkiw ist wegen der Kämpfe in der Umgebung immer wieder vom Strom abgeschnitten.

DOMINIC NAHR

AUGENKONTAKT

Der Krieg in der Ukraine ist immer im Bewusstsein der Menschen und dennoch versuchen sie, ihren Alltag aufrechtzuerhalten. Der Schweizer Fotojournalist Dominic Nahr ist fasziniert von dieser Normalität mitten im Ausnahmezustand – und hält die Momente fest, in denen die Ukrainer ihrer Kriegsrealität trotzen.

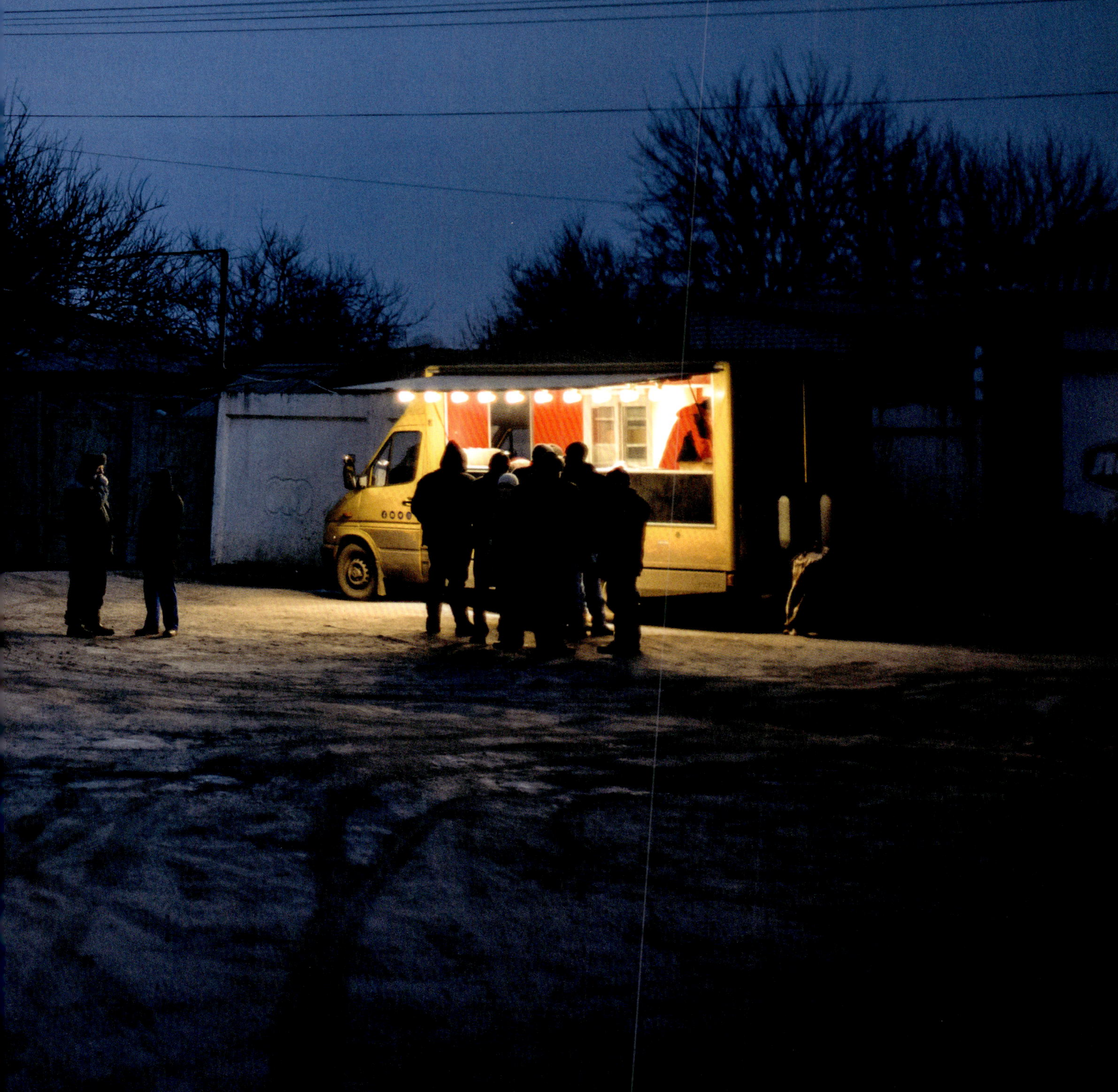

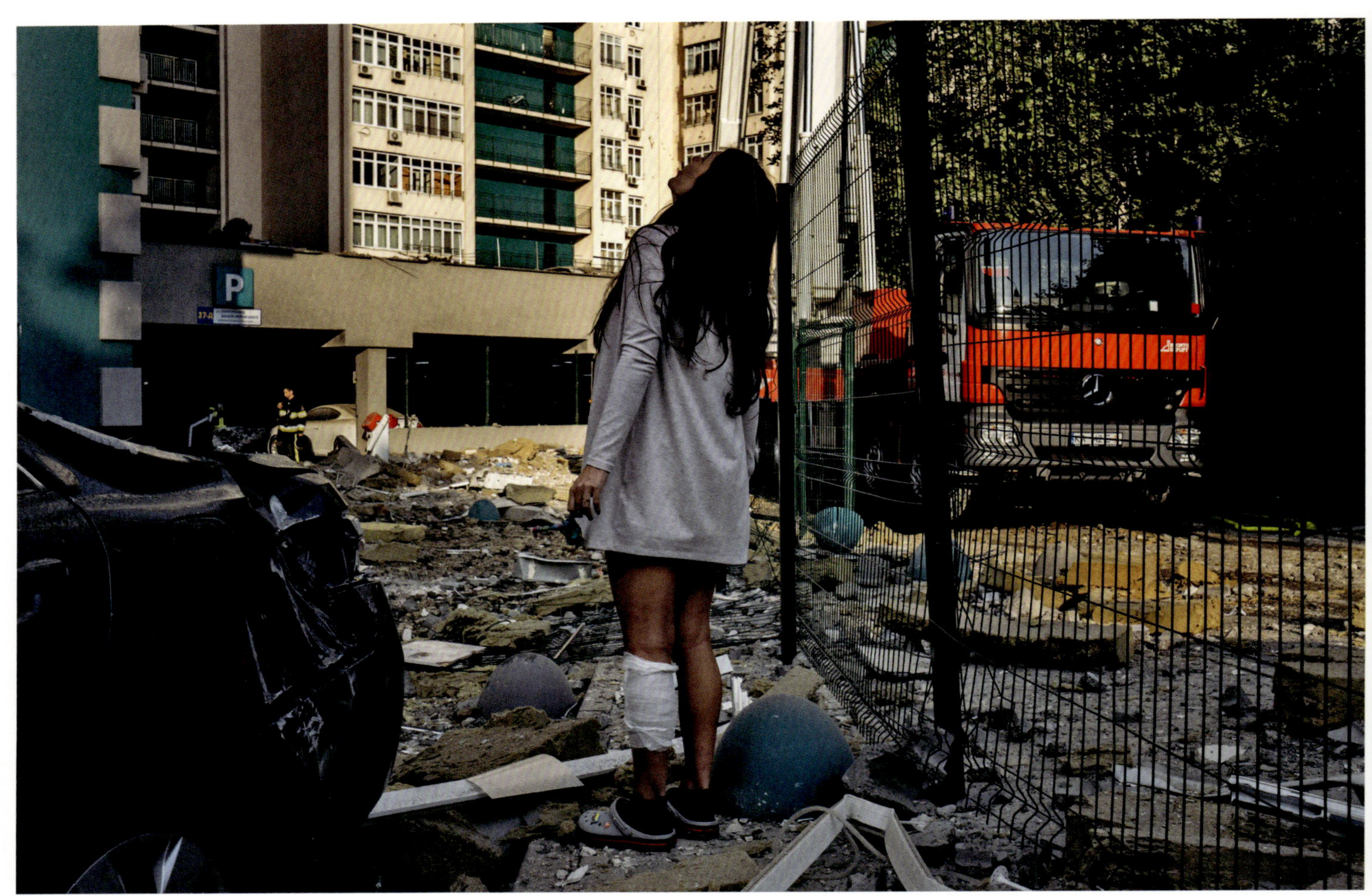

Auf einer meiner ersten Reisen in die Ukraine 2022 stand ich auf einem Hügel in der Millionenstadt Dnipro, als es plötzlich Fliegeralarm gab. Alle rannten los – bis auf eine Frau. Sie stand einfach nur da und schaute geradeaus. Erst als der Alarm aufhörte, bewegte sie sich endlich. Das war ein sehr intensiver Moment. Sie hat sich nicht stören lassen vom Krieg und von den Raketen. In der Ukraine verhalten sich viele Leute so: Sie wissen ganz genau, dass es gefährlich ist. Sie wissen, es ist Krieg – und trotzdem machen sie einfach weiter. Ich bin von diesen Menschen sehr fasziniert.

Zeit und Nähe sind sehr wichtig bei meiner Arbeit. Eine Kollegin sagte mir einmal, es handele sich um eine gute Reportage, wenn ein Fotograf festhalten könne, wie seine Protagonisten einschlafen und dann, wie sie wieder aufwachen. Das ist natürlich eine extreme Forderung nach Nähe, aber ich versuche dennoch, so nah wie möglich heranzukommen. Manchmal gibt es nur wenig Zeit zum Fotografieren, weil wir eigentlich nicht vor Ort sein dürfen. Das gilt zum Beispiel für Wohnblöcke an der Front, in denen ukrainische Soldaten untergebracht sind. Ich erinnere mich an einen Besuch dort, bei dem uns eine Frau hereinließ. Sie wollte, dass mein Kollege Jonas Roth von der *Neuen Zürcher Zeitung* und ich leise sind, damit keiner mitbekommt, dass sie Besuch von der Presse hat. Aber sie wollte uns alles zeigen und erzählen. Das ist eine Erfahrung, die ich auch in anderen Ländern immer wieder gemacht habe: Viele Menschen wollen ihre Geschichte erzählen, vor allem in der Ukraine.

Ich habe schon immer fotografiert, auch privat. Mein Vater war Logistiker, manchmal auch Rallyefahrer, und während seiner Zeit in Hongkong von 1973 bis 2011 war er Mitglied im dortigen Club der Auslandskorrespondenten. Unter den Mitgliedern gab es auch Kriegsfotografen, die unter anderem die Ereignisse während des Vietnamkriegs fotografiert hatten. Ihre Bilder hingen an den Wänden des Clubs. Ich erinnere mich gut an eine Ausstellung mit Fotos aus Afghanistan.

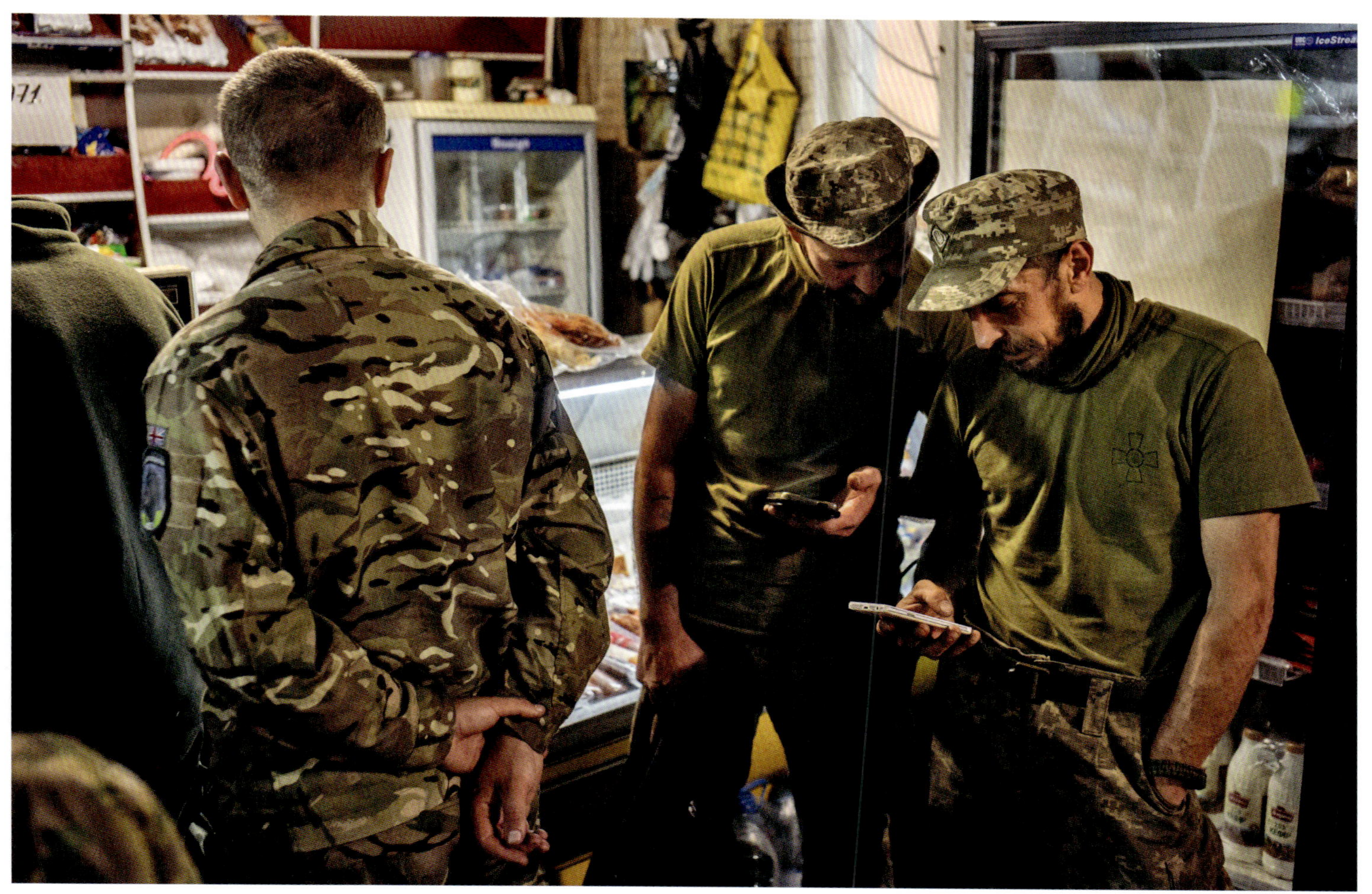

Links: Nach einem Luftangriff im Kyjiwer Bezirk Solomianskyi versucht eine Frau mit einem verbundenen Bein, zurück in ihre Wohnung zu gelangen. Das 25-stöckige Gebäude wurde von herumfliegenden Teilen einer russischen Rakete getroffen, die von der ukrainischen Luftabwehr abgeschossen worden war.

Rechts: In einem kleinen Laden nahe der Front bei Kupjansk stehen Soldaten Schlange, um Essen und Getränke zu kaufen. Viele bezahlen die Waren über eine Telefon-App. Die Ladeninhaberin hält so ihr Geschäft am Laufen und unterstützt zugleich die ukrainischen Truppen bei der Lebensmittelversorgung.

Darunter waren auch Bilder des berühmten US-amerikanischen Fotojournalisten John Stanmeyer zu sehen. Er schien mir so nah dran am Geschehen zu sein, dass ich dachte: So will ich werden – wie er. Als 13-Jähriger hatte ich in der Schule außerdem ein Geschichtsbuch, in dem ein Bild der US-Fotografin Susan Meiselas abgebildet war. Sie hatte 1981 den Volksaufstand in Nicaragua dokumentiert. Auf den ersten Blick sah ich auf ihrem Foto nur die wunderschöne Landschaft des Landes. Aber wenn man genauer hinsah, waren im Vordergrund die Beine einer Leiche zu erkennen. Aus dem Rumpf ragte eine skelettierte Wirbelsäule. Schon damals habe ich verstanden, dass man mit einem einzigen Bild – einer scheinbar normalen Szene – die ganze Brutalität des Krieges abbilden kann.

Nach vielen Jahren als Freier bin ich nun als Bildredakteur und Fotograf bei der *Neuen Zürcher Zeitung (NZZ)* festangestellt. Die Redaktion schickte mich im März 2022, kurz nach dem Beginn der russischen Großinvasion in die Ukraine.

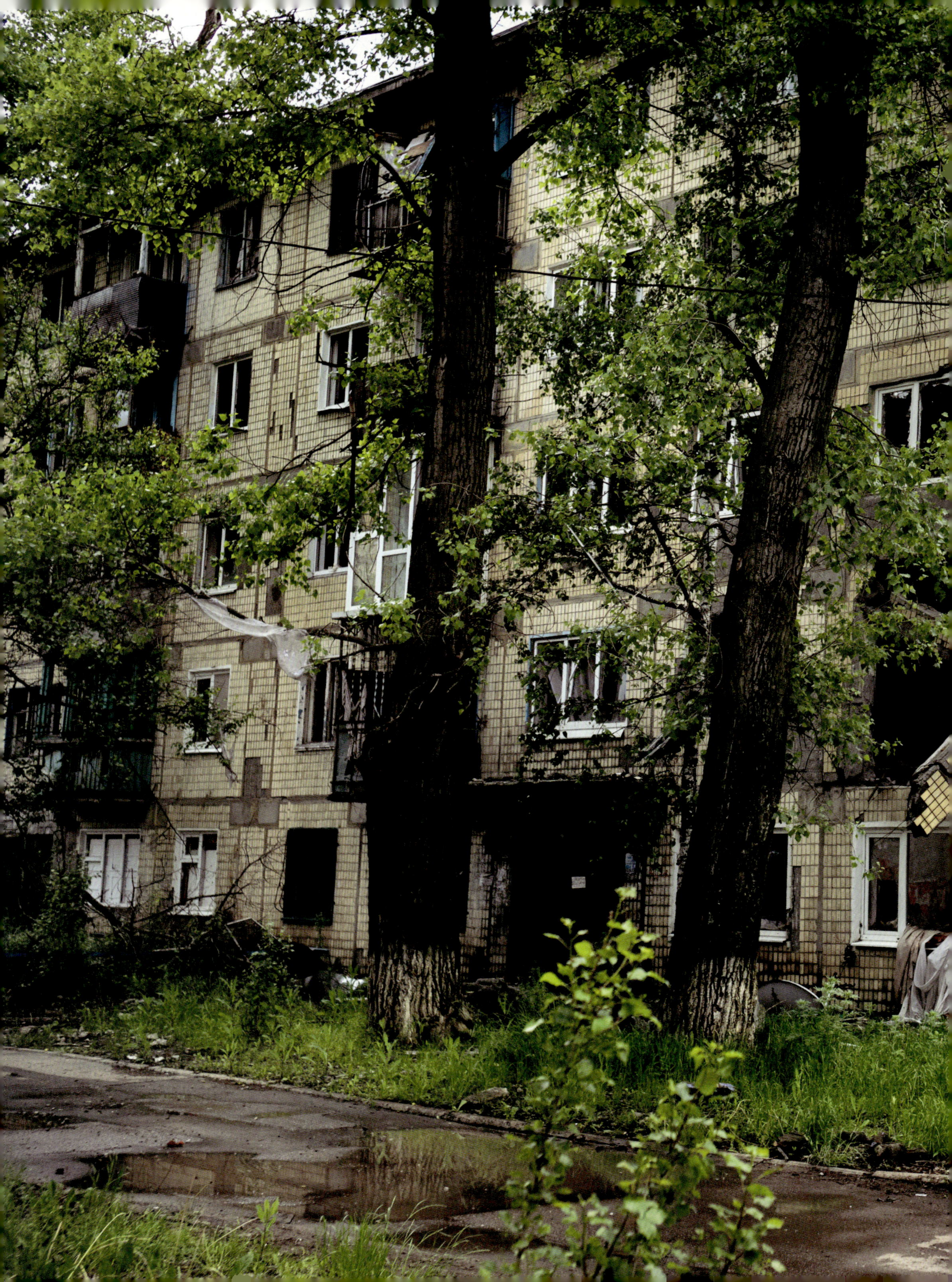

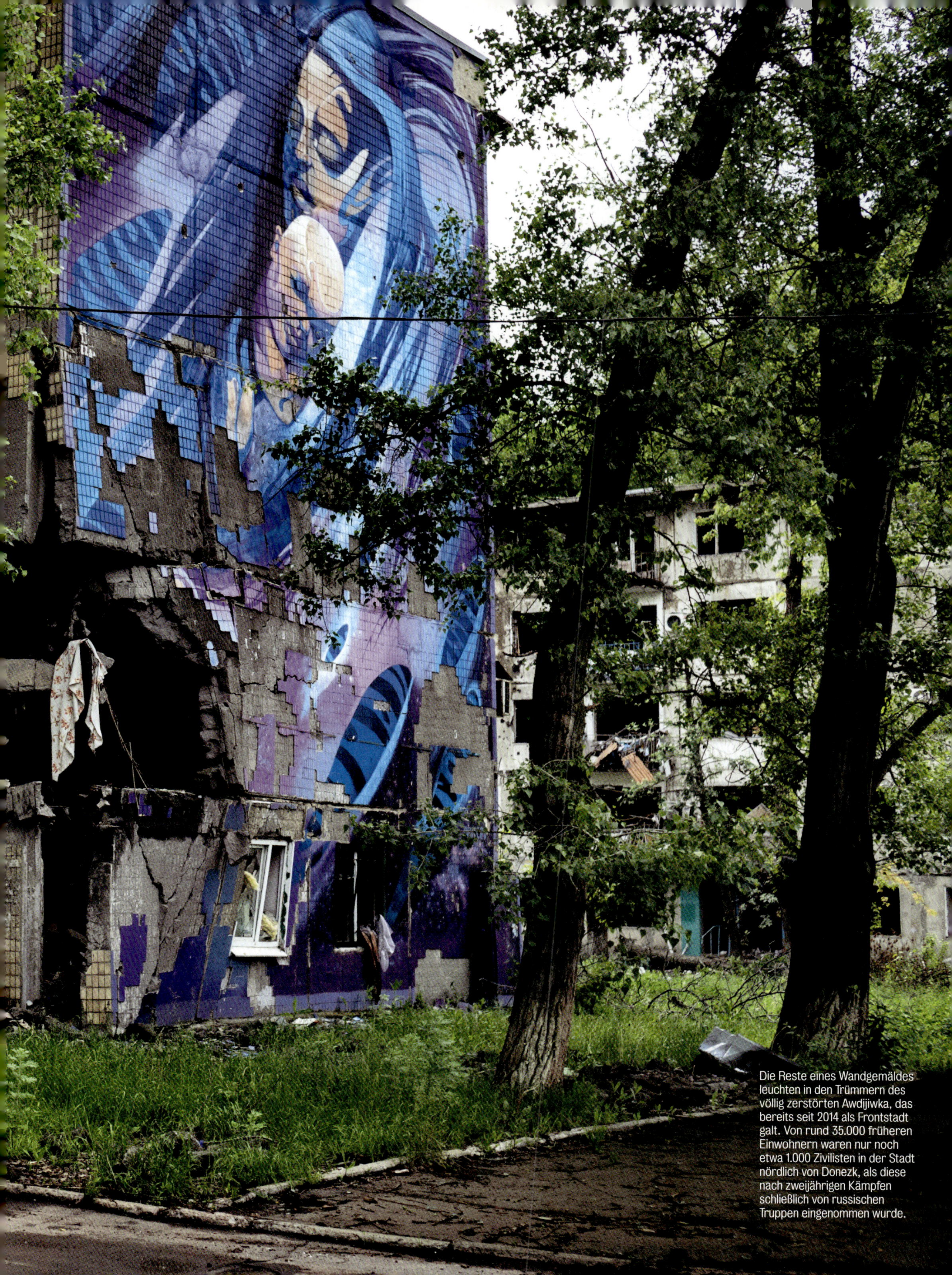

Die Reste eines Wandgemäldes leuchten in den Trümmern des völlig zerstörten Awdijiwka, das bereits seit 2014 als Frontstadt galt. Von rund 35.000 früheren Einwohnern waren nur noch etwa 1.000 Zivilisten in der Stadt nördlich von Donezk, als diese nach zweijährigen Kämpfen schließlich von russischen Truppen eingenommen wurde.

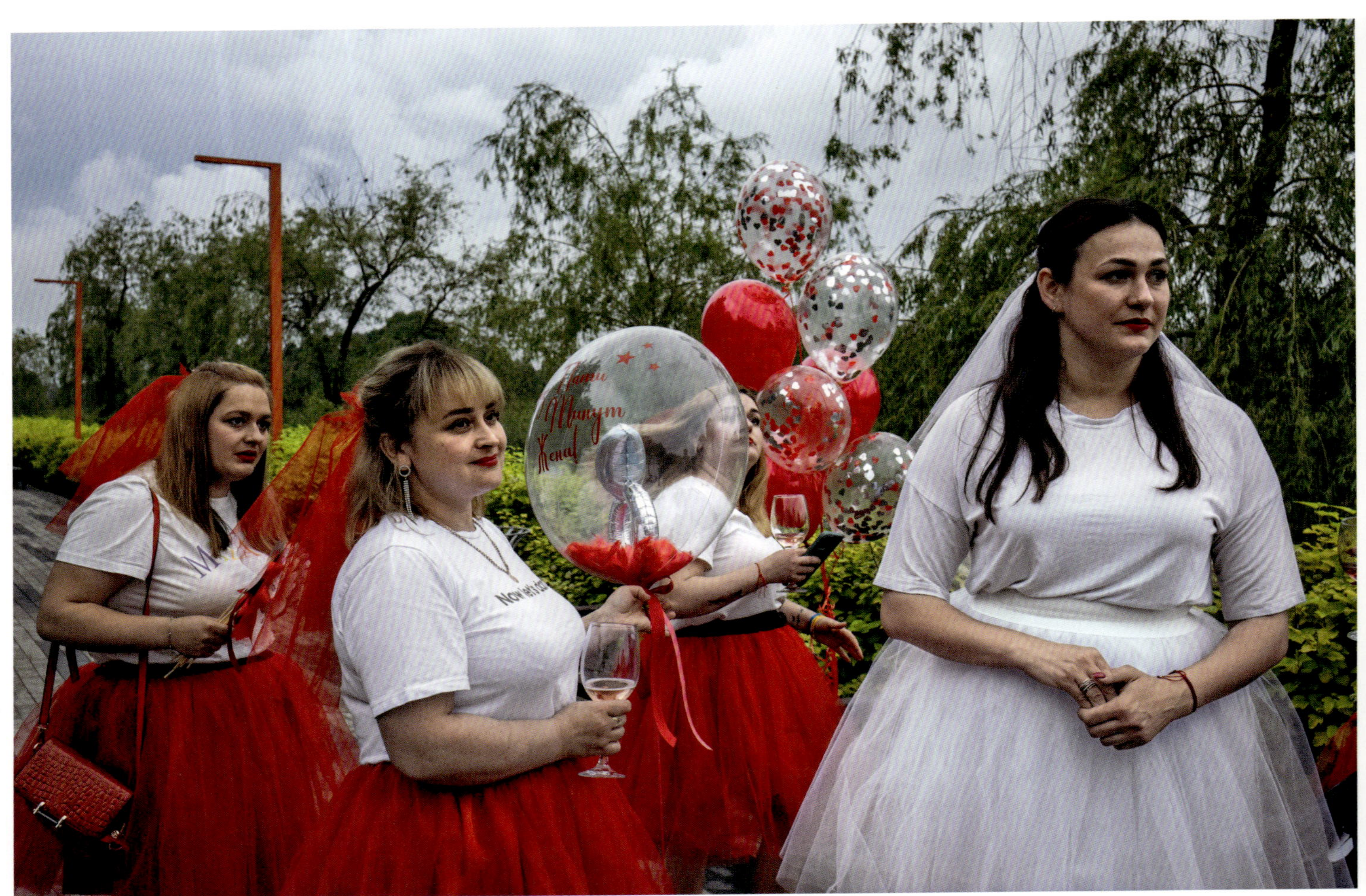

Ich war mit dem *NZZ*-Korrespondenten Ivo Mijnssen unterwegs. Im Herbst 2022 kam dann unser ukrainischer Mitarbeiter Kostiantyn Karnoza mit ins Team. Ich reiste danach noch mehrere Male in die Ukraine. 2023 zeitweise sogar monatlich und dann immer für ein bis zwei Wochen. Ich mag das Land und die Leute.

Ich spreche weder Ukrainisch noch Russisch. Bei den Begegnungen mit Einheimischen hilft mir vielleicht, dass ich eher tollpatschig bin. Ich bin groß und stoße überall an. Das lässt mich weniger bedrohlich erscheinen. Außerdem sind Zuhören und Verständnis für die Situation wichtig. Doch das Allerwichtigste ist für mich als Fotograf der direkte Augenkontakt zu den Menschen: Egal, in welchem Land man ist, das funktioniert immer.

Im Sommer 2023 waren wir in der Nähe der Ortschaft Welika Nowosilka in der Südukraine mit dem ukrainischen Militär unterwegs. Die Soldaten waren alle noch nicht lange auf dieser Position an der Front. Jedes Mal, wenn es knallte, schauten sie, woher die Explosion kam.

Links: Mit Luftballons und Sekt trotzen diese Frauen der trüben Stimmung: Im Bergbaustädtchen Pokrowsk in der umkämpften Region Donezk feiern drei Brautjungfern in roten Röcken eine Braut vor ihrer Hochzeit.

Rechts: Arbeiter bauen zerstörte Häuser in Butscha wieder auf. Im März 2022 hatten russische Soldaten dort mehr als 400 Zivilisten gefoltert und getötet. Kurz vor dem Jahrestag der Tragödie wollen die Behörden den Ort wieder bewohnbar machen.

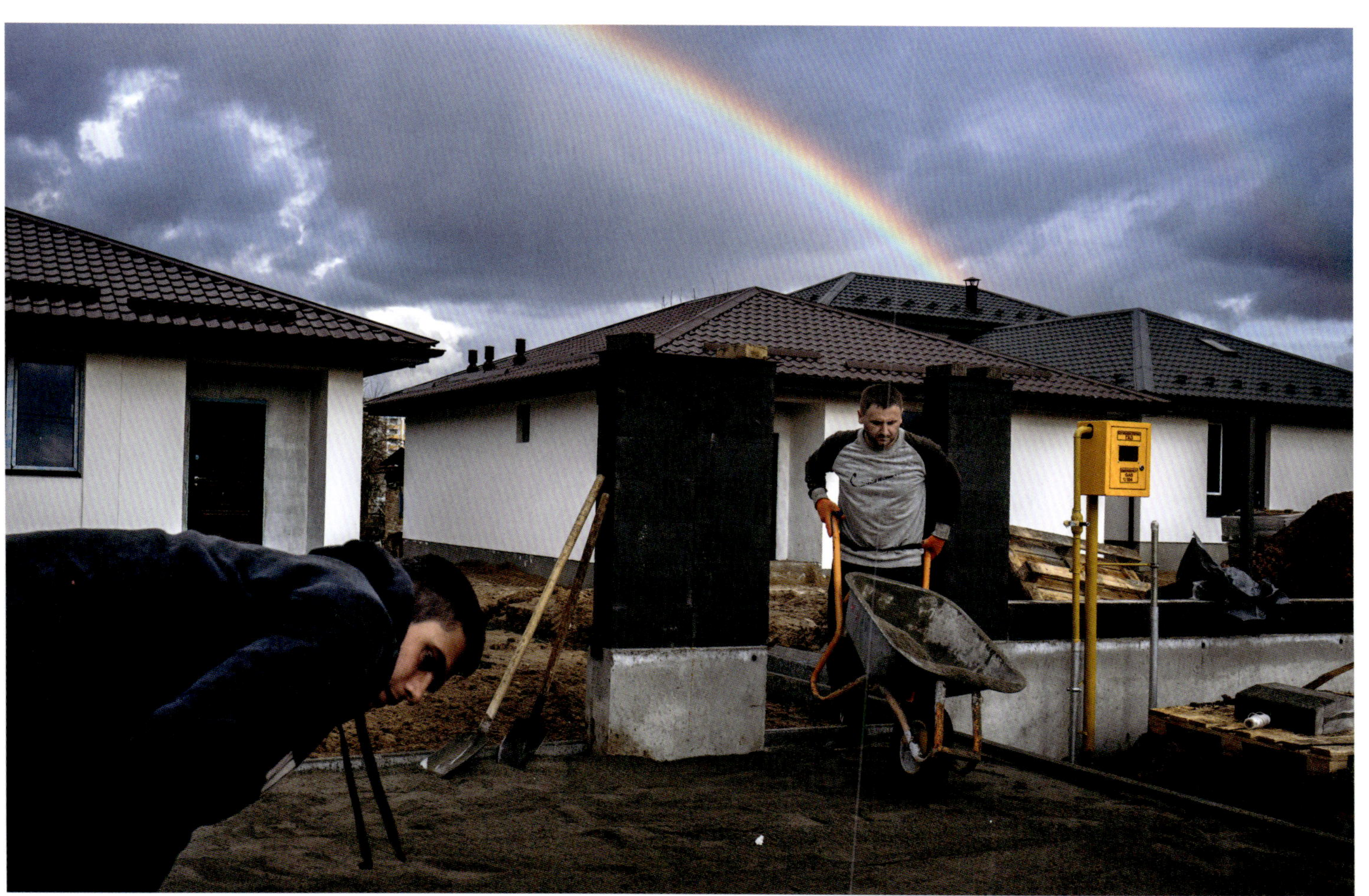

Sie waren noch nicht daran gewöhnt, wie der Beschuss hier ablief. Ich fand es sehr spannend, ihre Reaktion zu fotografieren. Auch in solchen Momenten direkt an der Front weiß ich, was ich zu tun habe: Ich möchte eine Geschichte festhalten. Dann funktioniere ich wie auf Autopilot. Ich benutze eine Leica, die Objektive sind klein. Ich vermeide schnelle Bewegungen. Ich versuche, immer meine Hände zu zeigen, niemals irgendetwas hektisch aus der Tasche zu ziehen, niemanden nervös zu machen. All diese kleinen Dinge helfen.

Ich habe viele Facetten des Krieges in der Ukraine kennengelernt. Einmal schlug morgens 200 Meter vor unserem Hotel eine Rakete ein. Wir sind dann nach Tschassiw Jar in der Nähe von Bachmut gefahren. Auch dort waren die Einschläge sehr laut. Aber die Leute, die dort lebten, hörten das nicht mehr. Zum Glück wurde niemand getötet, als wir da waren. Am gleichen Tag waren wir abends in einer Disco im vier Stunden entfernten Dnipro, auf einer Trance-Party. Die Leute dort sagten, sie tanzten für die Freiheit. Morgens Raketen an der Front und am Abend tanzen. Diese beiden Realitäten existieren nebeneinander.

Vieles in der Ukraine ist supermodern, vor allem die Städte. Nach meiner ersten Reise in das Land stand ich am Züricher Flughafen und wartete auf mein Gepäck – aber ich hatte das Gefühl, noch immer dort zu sein. Alles war so ähnlich. Vielleicht fällt es mir noch mehr auf, weil ich zehn Jahre lang vor allem in Afrika gearbeitet habe: Zwischen Mogadischu und Zürich ist der Unterschied sehr viel extremer als der zwischen Kyjiw und Zürich. Dieser Krieg aber findet nicht auf einem anderen Kontinent statt, sondern in Europa.

Oft ist es schwieriger, zurückzukommen und sich wieder anzupassen, als vor Ort im Krieg zu sein. Für mich war das früher ein großes Problem und ich habe mich oft selbst überfordert. Ich kam zu Hause nicht mehr richtig an, weil ich noch wie im Rausch war durch die Dinge, die ich im Kriegsgebiet gesehen hatte.

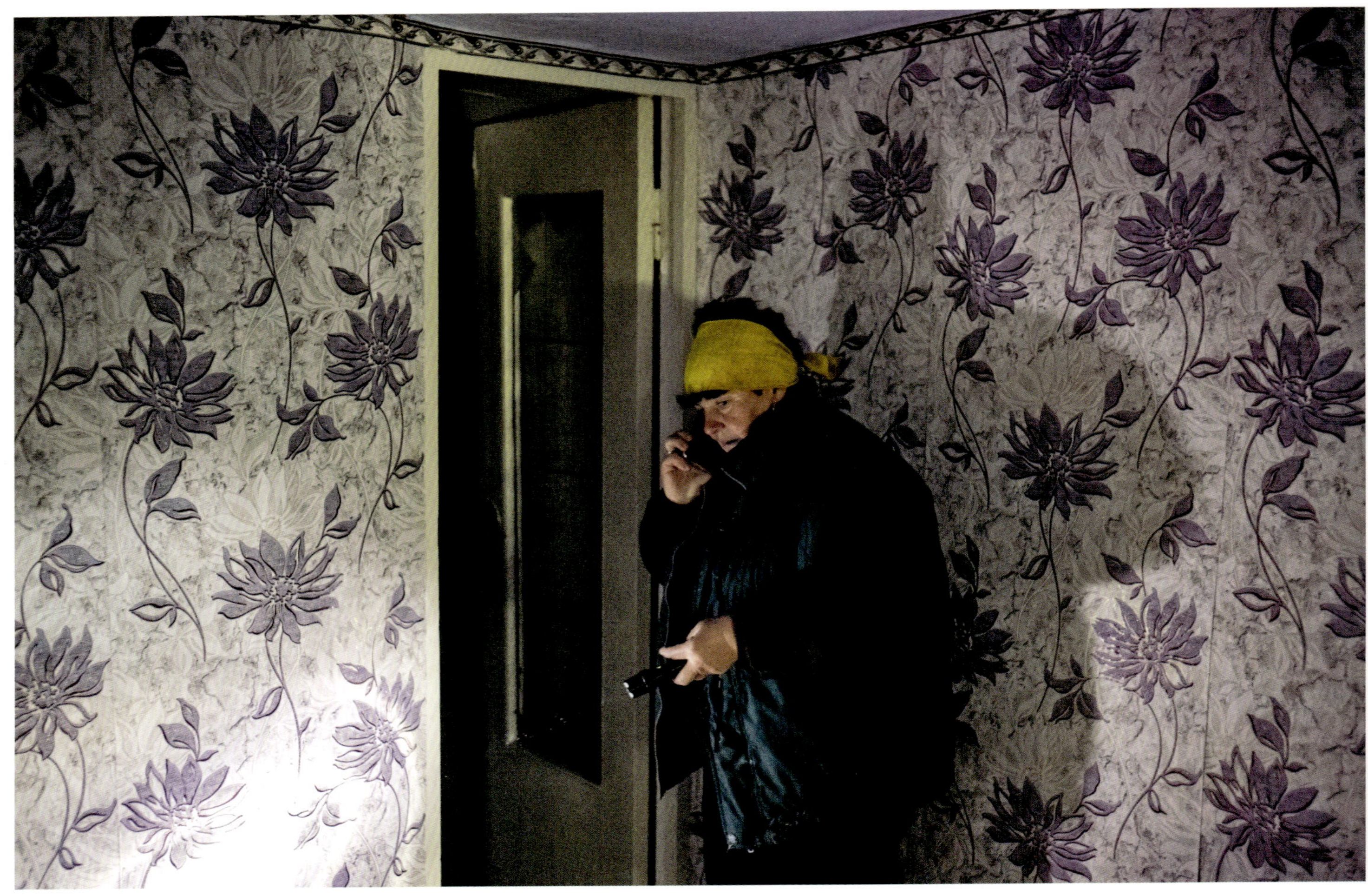

Das muss man abfedern lernen. Wenn ich jetzt nach Hause komme, versuche ich immer, erst einmal einen Puffer einzubauen, beispielsweise einen Tag ganz für mich allein zu verbringen.

Und Stabilität ist wichtig. Deshalb lebe ich in der Schweiz. Sie ist meine Heimat, auch wenn ich in Hongkong aufgewachsen bin und die Schweiz kaum kenne. Bevor ich dorthin zog, habe ich zehn Jahre lang in der kenianischen Hauptstadt Nairobi gelebt.

Die Menschen in der Ukraine aber können nicht einfach vor dem Krieg davonlaufen. Er ist immer im Bewusstsein – auch dort, wo Dörfer und Städte nicht direkt betroffen sind. Viele Ukrainer versuchen, den Krieg so gut wie möglich zu ignorieren. Sie gehen auf den Markt oder kaufen Eiscreme für ihre Kinder. Aber es gibt immer wieder Momente, in denen der Krieg sehr nahekommt.

Im Sommer waren wir in Jahidne, einem Dorf etwa zwei Autostunden nördlich von Kyjiw entfernt. Junge Leute aus der Hauptstadt sind dort hingefahren, um zerstörte Häuser zu reparieren. Am Abend sind sie im See schwimmen gegangen und haben Party gemacht. Es war das Konzept eines Wiederaufbaucamps, das versuchte, diese unterschiedlichen Realitäten zusammenzubringen. Erst habe ich nicht verstanden, um was es geht. Ich verstehe den Mann, der in seinem Dorf bleibt, obwohl es bombardiert wird. Oder die Frau, die versucht, in ihrer Stadt nahe der Front einen Laden am Laufen zu halten. In Jahidne habe ich dann erst richtig begriffen, dass diese jungen Leute das Camp nicht nur mitmachen, um auf Instagram gut auszusehen, sondern auch für sich selbst – um sich besser zu fühlen, um etwas zu tun. Denn die Realität des Krieges ist sowieso immer da.

Im Juni sollten wir in der Großstadt Kramatorsk in der Oblast Donezk den jungen Chef einer sehr beliebten Pizzeria treffen. Weil mein Kollege ins Krankenhaus musste, haben wir den Termin ein paar Tage verschoben. Auf dem Weg nach Dnipro hörten wir dann, dass das Restaurant bei einem russischen

Links: Als die russische Armee in Oleksandriwka einrückte, floh Larisa Hasan wie die meisten Bewohner des Dorfs am Fluss Dnipro. Nach der Befreiung der Region um Cherson kehrte die 54-jährige Bäuerin zurück. In ihrem zerstörten Elternhaus fand sie Hinterlassenschaften der russischen Soldaten, die hier monatelang gehaust hatten.

Rechts: Dichter ohne Kopf: Das Denkmal des russischen Schriftstellers Maxim Gorki in Tschassiw Jar wurde während eines Angriffs der russischen Truppen beschädigt. Der Ort ist nur zehn Kilometer entfernt vom schwer umkämpften Bachmut.

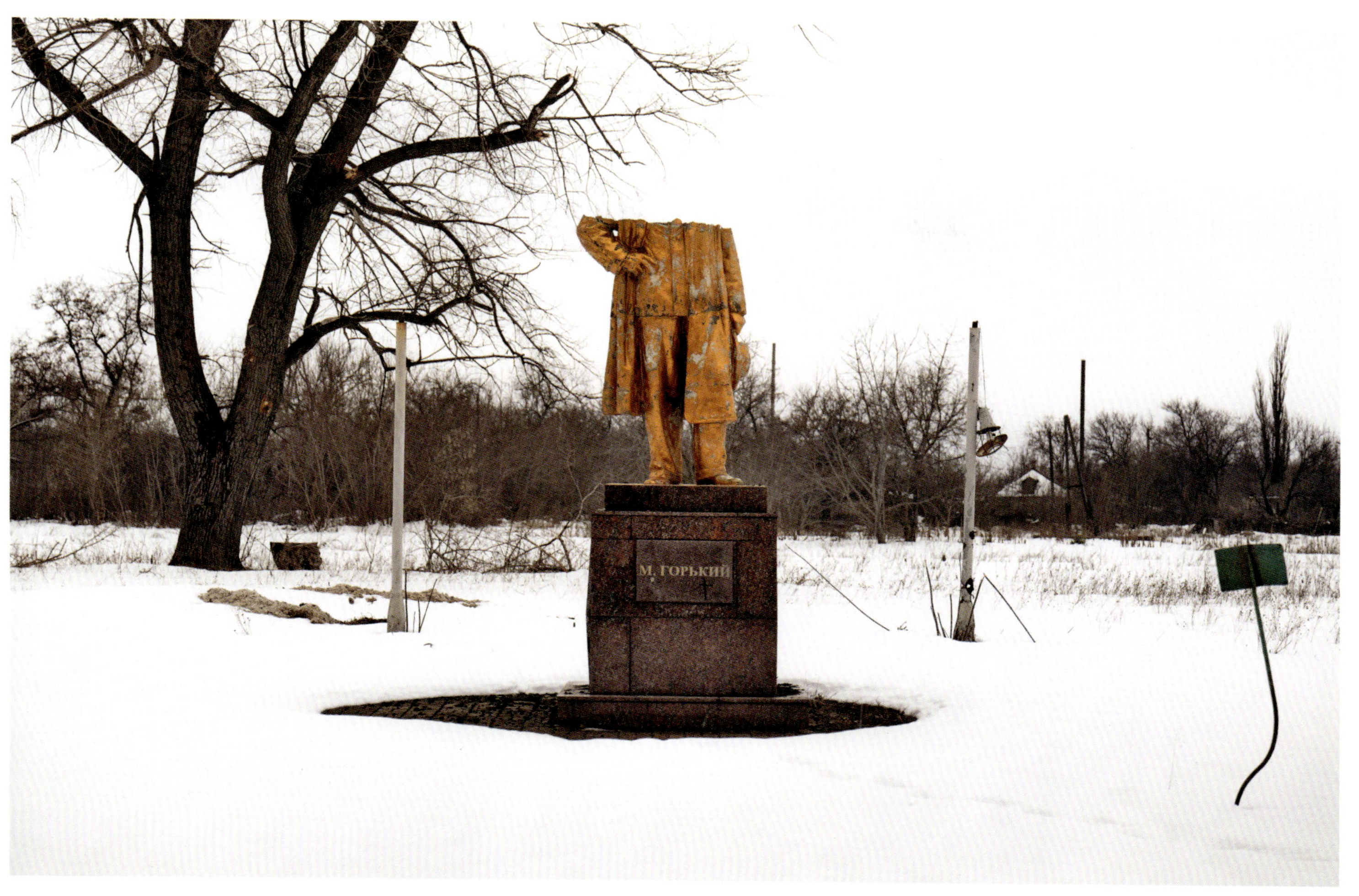

Raketenangriff völlig zerstört worden war. Auch der Manager wurde getötet. Offiziell gab es 13 Todesopfer und mehr als 60 Verletzte. Vermutlich waren es mehr, denn in dieser Pizzeria trafen sich immer viele Soldaten mit ihren Familien. Und Soldaten, die getötet werden, tauchen in offiziellen Statistiken nicht auf.

Das Leben ist eben auch ein Glücksspiel, das man nicht kontrollieren kann. Dabei hilft es nicht, in Panik zu verfallen. Man muss sich sehr genau überlegen, wie man am besten vorgeht. Es ist wichtig, einschätzen zu können, wo es unsicher und wo es sicherer ist. Ich weiß es auch nicht immer und versuche, alles so gut wie möglich in Absprache mit meinem Team zu entscheiden.

Bei meinen Reisen in die Ukraine merke ich, dass die Menschen müde sind – aber ihr Widerstand ist immer noch sehr stark. Das hat sich nicht geändert.

Aufgezeichnet von Tamina Kutscher

DOMINIC NAHR

dominicnahr.com

Dominic Nahr (geb. 1983 in Appenzell, Schweiz) wuchs in Hongkong auf. Er studierte Fine Arts in Toronto, Kanada, und lebte anschließend zehn Jahre in Nairobi, Kenia. Seit 2021 ist er als Fotograf und Bildredakteur bei der *Neuen Zürcher Zeitung* tätig. Davor berichtete er frei für internationale Medien wie *Time*, *The New Yorker*, *National Geographic Magazine* und *Geo* – vor allem aus Krisengebieten wie Israel und Gaza, Sudan, Irak oder Somalia. Seine Bilder wurden vielfach ausgezeichnet, darunter 2013 mit einem World Press Photo Award. Für seine Arbeiten in der Ukraine erhielt er den zweiten Preis der Swiss Press Photo 2023.

TAMINA KUTSCHER

tamina-kutscher.de

Tamina Kutscher (geb. 1977 in München) studierte Slawistik und Geschichte und arbeitet heute als freie Journalistin mit Schwerpunkt Russland, Mittel- und Osteuropa. Von 2016 bis 2023 war sie Chefredakteurin des Onlinemagazins *dekoder.org*, das in dieser Zeit unter anderem zwei Mal den Grimme Online Award erhielt. Zuvor arbeitete sie als Redakteurin für das Journalistennetzwerk *n-ost*, wo sie heute im Vorstand ist. Zudem ist sie Lehrbeauftragte im Studiengang Journalismus an der Hochschule Magdeburg-Stendal, Mitglied im Fachbeirat der Bundesstiftung Aufarbeitung und in verschiedenen Fachjurys.

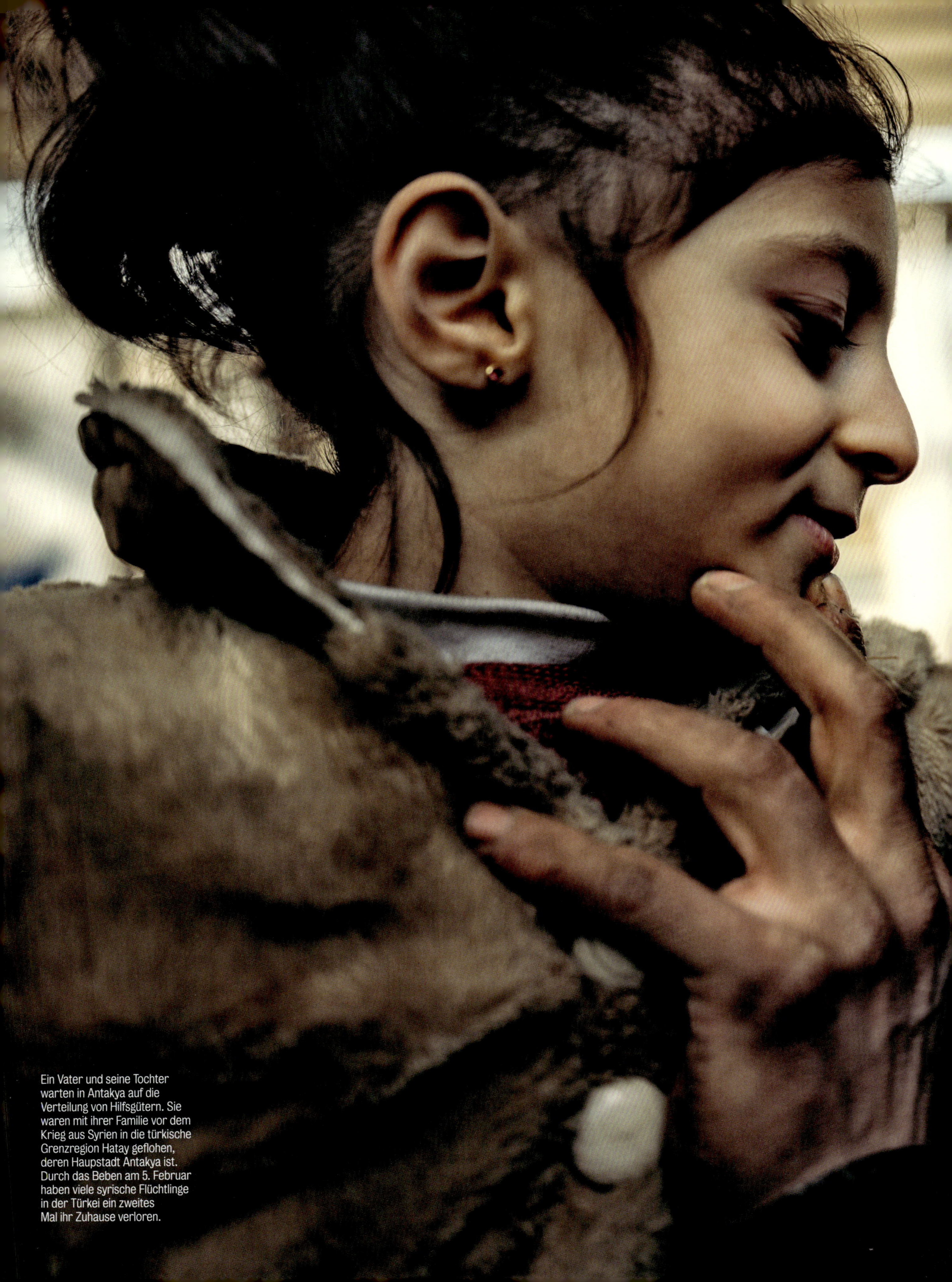

Ein Vater und seine Tochter warten in Antakya auf die Verteilung von Hilfsgütern. Sie waren mit ihrer Familie vor dem Krieg aus Syrien in die türkische Grenzregion Hatay geflohen, deren Hauptstadt Antakya ist. Durch das Beben am 5. Februar haben viele syrische Flüchtlinge in der Türkei ein zweites Mal ihr Zuhause verloren.

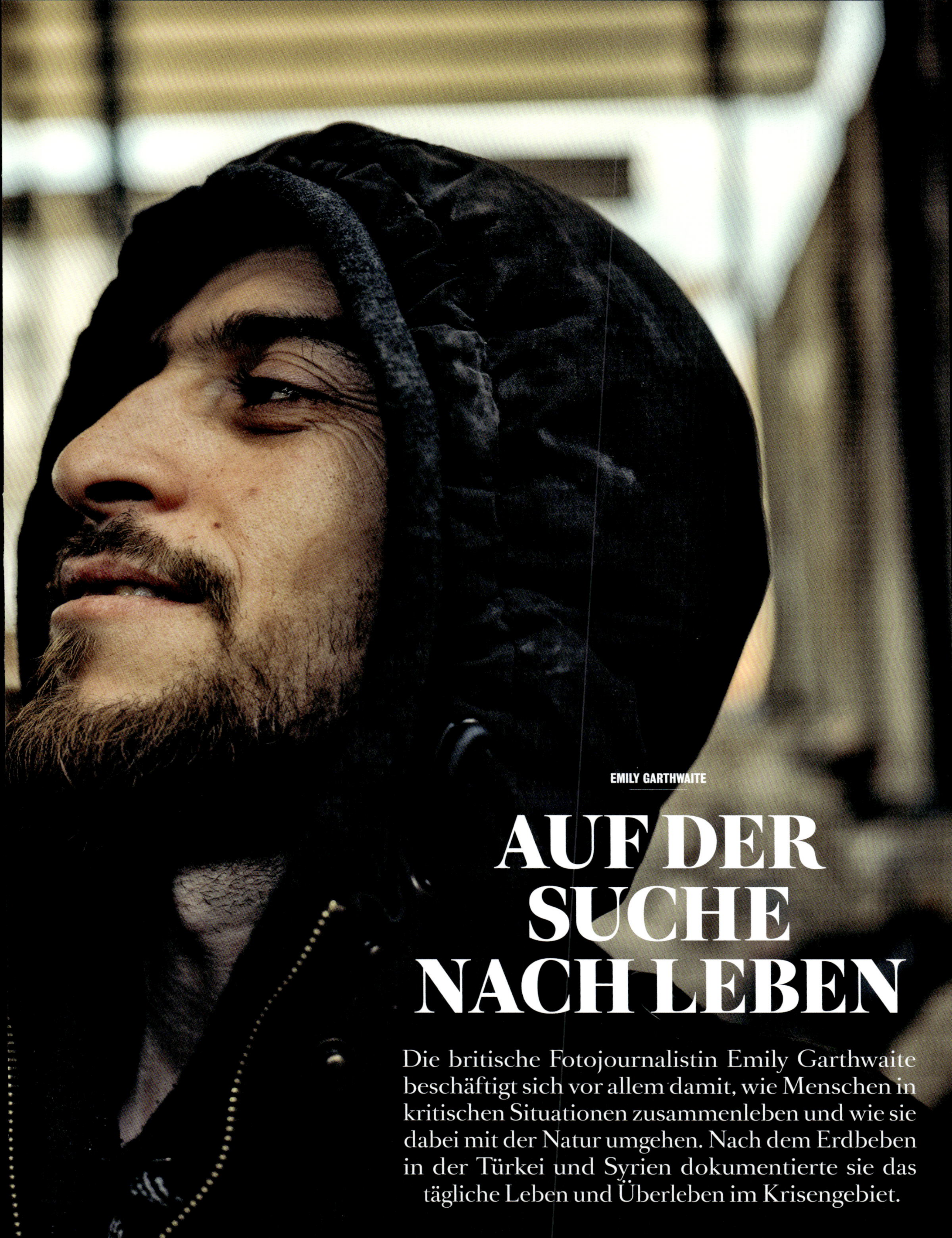

EMILY GARTHWAITE

AUF DER SUCHE NACH LEBEN

Die britische Fotojournalistin Emily Garthwaite beschäftigt sich vor allem damit, wie Menschen in kritischen Situationen zusammenleben und wie sie dabei mit der Natur umgehen. Nach dem Erdbeben in der Türkei und Syrien dokumentierte sie das tägliche Leben und Überleben im Krisengebiet.

Alles wackelte, als mich mitten in der Nacht das Erdbeben am 6. Februar im nordirakischen Erbil aus dem Schlaf riss. Ich hatte dort in der Autonomen Region Kurdistan seit Jahren eine Wohnung gemietet, die sich in einem dieser schnell hochgezogenen Neubauten befand. Weder Bauvorschriften noch Erdbebensicherheit werden hier sonderlich beachtet und das Gebäude bekam sofort Risse. Aber die Leute in Erbil hatten noch Glück, denn zeitgleich – um 4.17 Uhr in der Früh – starben in der benachbarten Türkei und Syrien zehntausende Menschen in den Trümmern des Bebens, das dort die Stärke 7,8 auf der Richterskala erreichte.

Wenige Stunden später befand ich mich bereits auf dem Weg in die Türkei, um für die *New York Times* aus dem Krisengebiet – insbesondere aus der Nähe des Epizentrums – zu berichten. Die endgültigen Opferzahlen, die zu dem Zeitpunkt noch unbekannt waren, sind erschütternd: Fast 60.000 Menschen fanden den Tod und mehr als 100.000 weitere wurden verletzt. Unzählige Dörfer und Städte lagen in Trümmern.

Die nächsten neun Tage verbrachte ich in der türkischen Provinz Hatay. Die Reise dorthin dauerte 18 Stunden – viele Straßen waren beschädigt, Flüge storniert. In der historischen Stadt Antakya waren nach Angaben von Architekten und Ingenieuren 90 Prozent sämtlicher Gebäude entweder eingestürzt oder sollten wegen starker Beschädigung abgerissen werden. Auch in Syrien war das Ausmaß verheerend: Dort verbrachte ich einen Tag, um die Lage zu dokumentieren. Eine längere Aufenthaltserlaubnis bekam ich nicht. Der Auftrag, die Folgen des Erdbebens zu dokumentieren, war nicht einfach umzusetzen. Doch durch die letzten Jahre meiner Arbeit war ich auf diese Situation vorbereitet.

Fotografie ist seit meiner Jugend Teil meines Lebens. Während meines Kunst- und Fotografie-Studiums arbeitete ich nebenher als Fotografin im Londoner Nachtleben. Ich fotografierte Menschen, die abends unterwegs waren und in Discos tanzten. Ich weiß gar nicht, ob es diese Art von Fotografen heute noch gibt, aber ich habe in diesem Job viel gelernt. Auf der einen Seite ist man den Menschen nahe und dokumentiert deren Leben. Auf der anderen Seite geht es immer wieder um die Zustimmung derer, die fotografiert werden sollen. Manche Leute möchten das nicht, andere stimmen gern zu. Auch Straßenfotografie war ein Teil meiner frühen Karriere. Dabei lernte ich meine eigenen Grenzen kennen – ich merkte beispielsweise, dass ich Menschen nicht nur im Vorbeigehen fotografieren möchte, sondern ich will mich mit ihnen hinsetzen, um ihre Geschichten zu hören. Es ist wichtig, zunächst Zeit mit ihnen zu verbringen und sie erst dann zu fotografieren, wenn sie zugestimmt haben. Dieses Einverständnis gehört zu meinen wichtigsten Regeln.

Heute bin ich 30 Jahre alt, pendele zwischen dem Irak und der Türkei und meine Arbeit dreht sich vor allem um Menschlichkeit und das Zusammenleben mit unserer Natur und Umgebung. So wanderte ich 2020 mehrere Wochen durch das iranische Zagros-Gebirge und fotografierte dort die nomadischen Bräuche und das tägliche Leben des Bachtiaren-Stammes.

Auch dokumentiere ich seit 2021 das Leben der Menschen, die vom Fluss Tigris abhängig sind, der sich durch die Türkei, Syrien und den Irak schlängelt. Gerade beim Irak ist es mir besonders wichtig, die verschiedenen Seiten des Landes zu zeigen. Manchmal ist es schwierig, Leben oder auch Überleben festzuhalten, wenn man von so viel Leid und Verlust umgeben ist. Aber genau das will ich mit meinen Bildern zeigen: ein Land, das reich ist an Kultur und Kulturerbe. Meine Reportagen stellen Menschen in den Mittelpunkt, und ich will Bilder machen, die auch politischen – insbesondere umweltpolitischen – Einfluss haben.

Menschen und Leben: Genau darum ging es mir auch, als ich in der Türkei und in Syrien das Ausmaß des Erdbebens dokumentierte. Ich habe keine Bilder von Toten veröffentlicht und mich darauf konzentriert, dass meine Berichterstattung etwas bietet, zu dem Betroffene auch später noch einen Bezug haben. Ich habe also immer nach Lebenszeichen gesucht: Menschen und Tiere, die gerettet wurden, Gegenstände, die Leute aus ihren Häusern bergen konnten, oder auch Kulturerbe. Ich besuchte Menschen in neu aufgebauten Zelten und in Höhlen, die sonst von Schafhirten genutzt werden: Hier fanden nach dem Erdbeben viele Familien Zuflucht.

Oft war es allerdings schwer, dieses Leben zu finden: So vieles war dem Erdboden gleich oder irreparabel beschädigt.

Oben: Viele Neubauten wie dieser Wohnblock in Antakya sind wie Kartenhäuser eingestürzt. Wenige Tage nach dem Beben ließen türkische Behörden mehr als hundert Bauunternehmer festnehmen: Sie sollen Bauvorschriften zur Erdbebensicherheit nicht eingehalten haben.

Unten: Ein schwer verletzter Mann liegt auf der Intensivstation des Bab-al-Hawa-Hospitals in der syrischen Provinz Idlib. Nach dem Erdbeben gelangte nur wenig internationale Hilfe in die streng abgeriegelte Region, die von türkisch unterstützten Milizen kontrolliert wird.

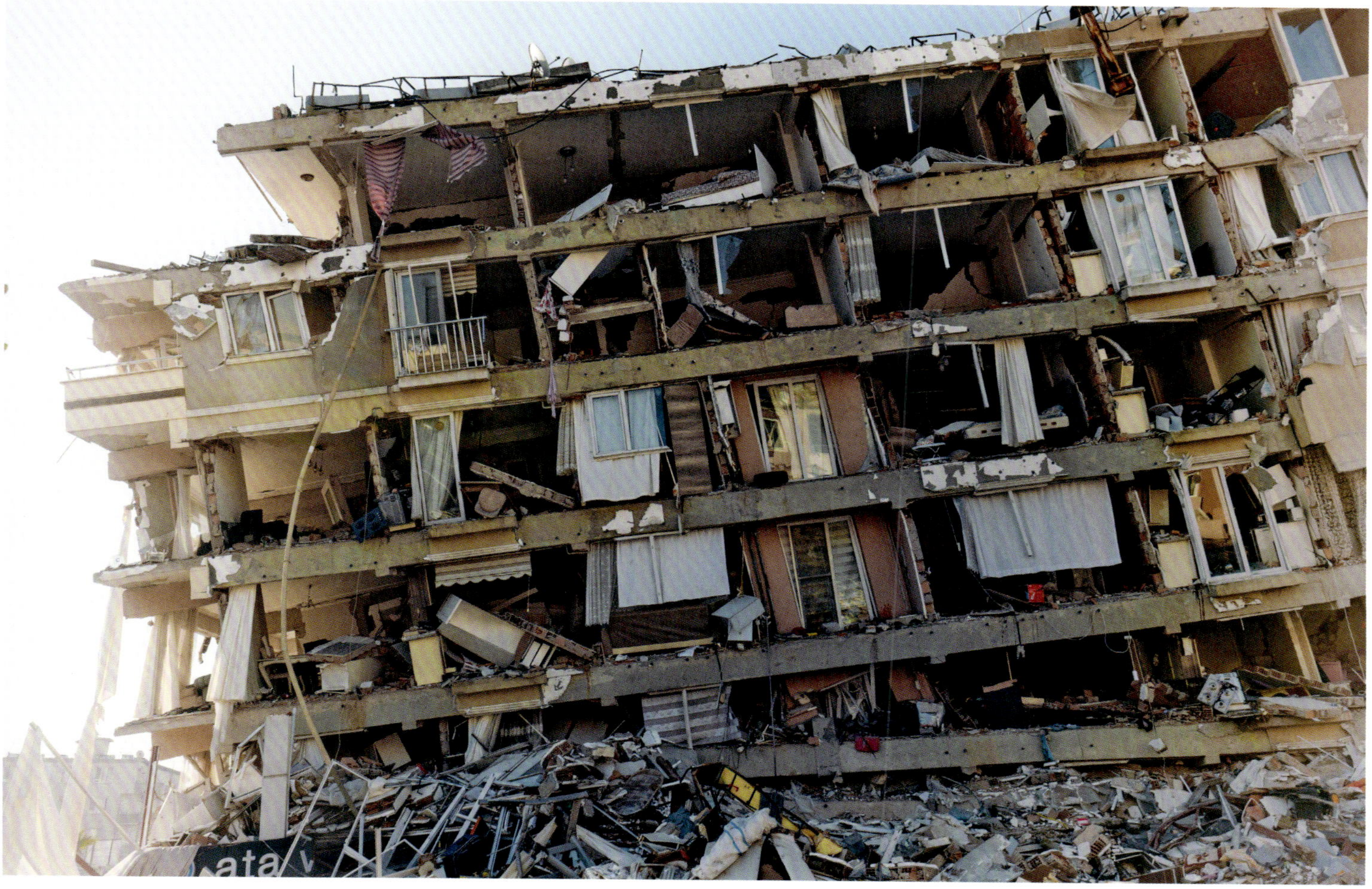

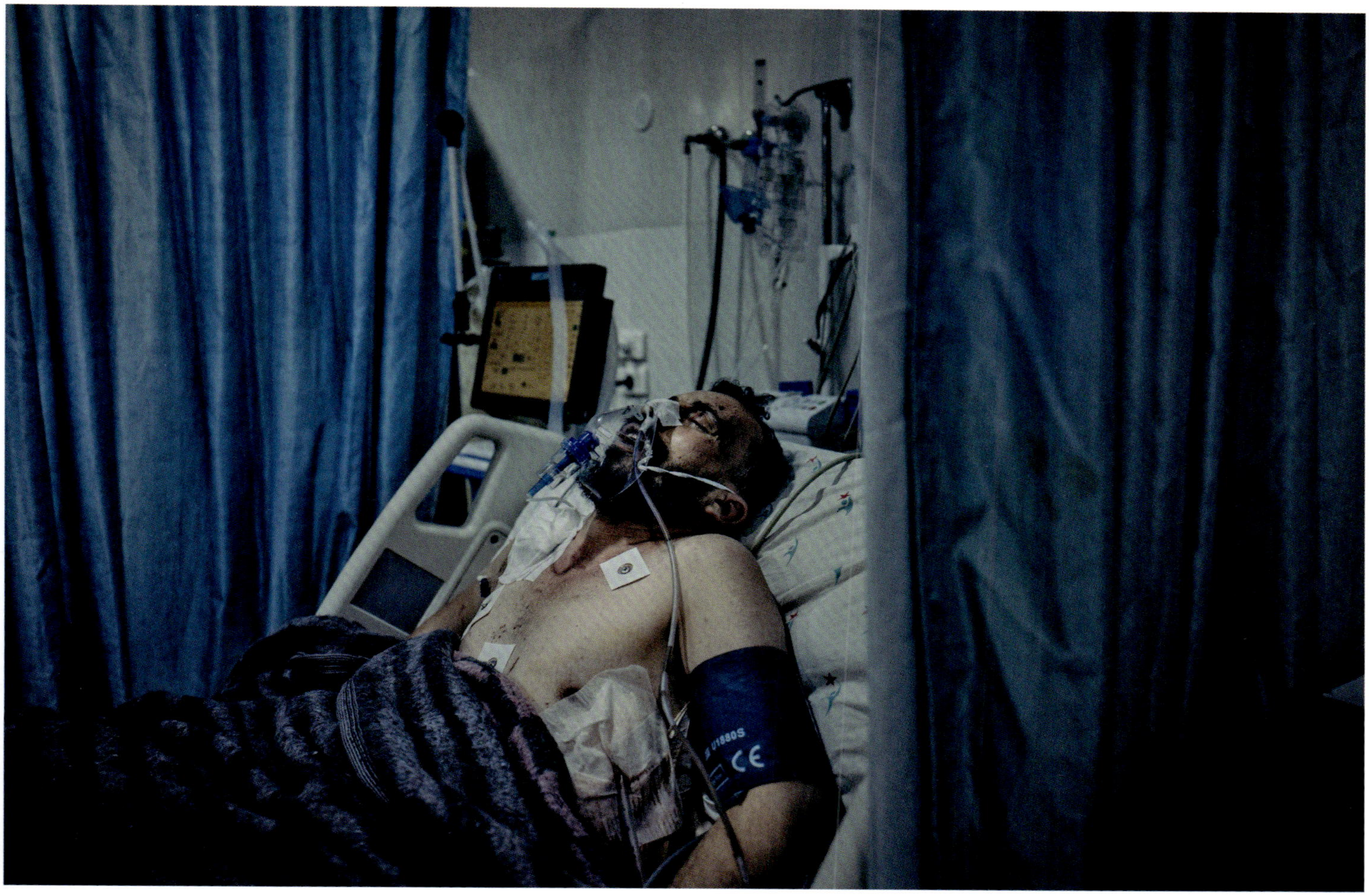

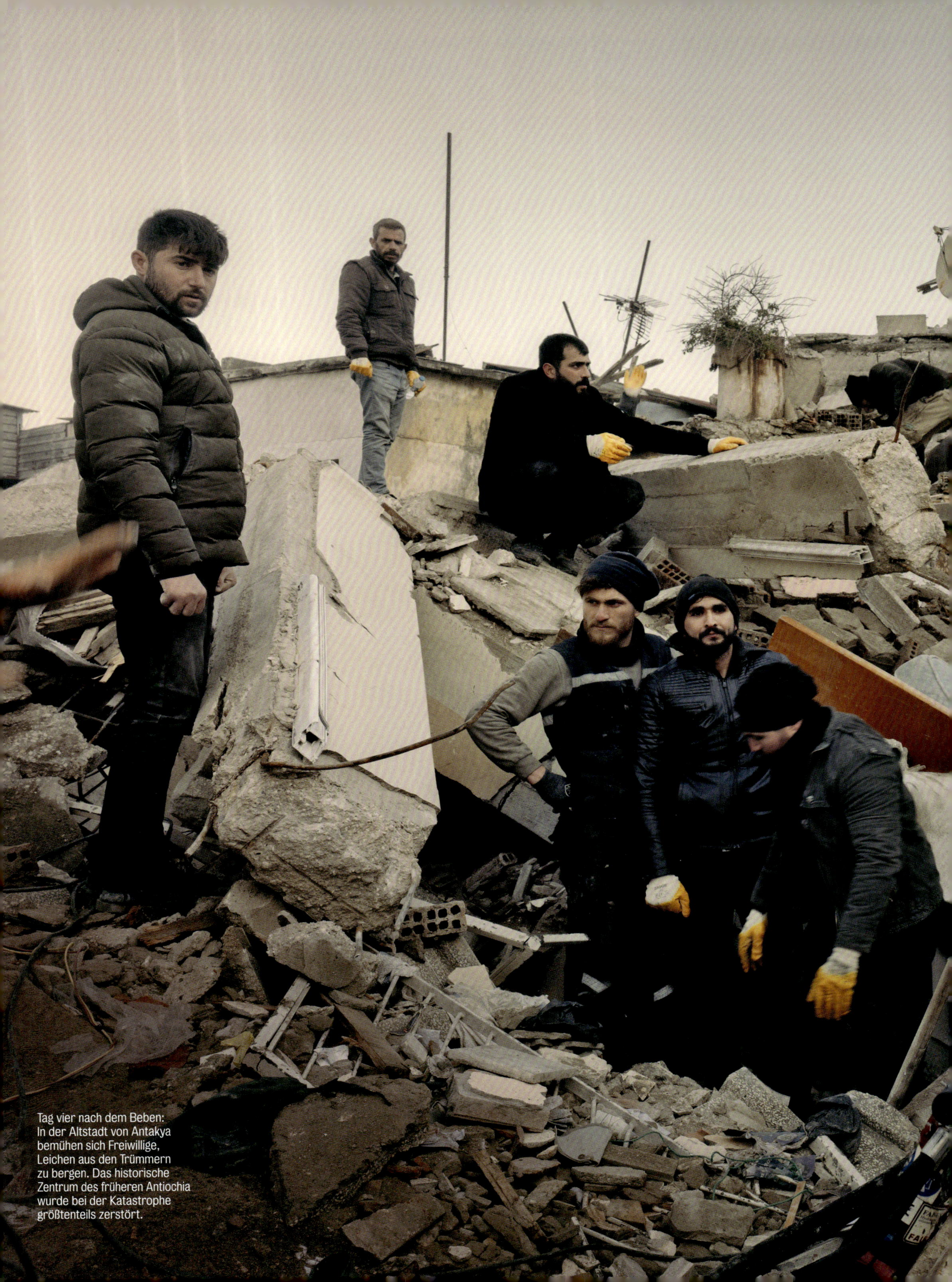

Tag vier nach dem Beben: In der Altstadt von Antakya bemühen sich Freiwillige, Leichen aus den Trümmern zu bergen. Das historische Zentrum des früheren Antiochia wurde bei der Katastrophe größtenteils zerstört.

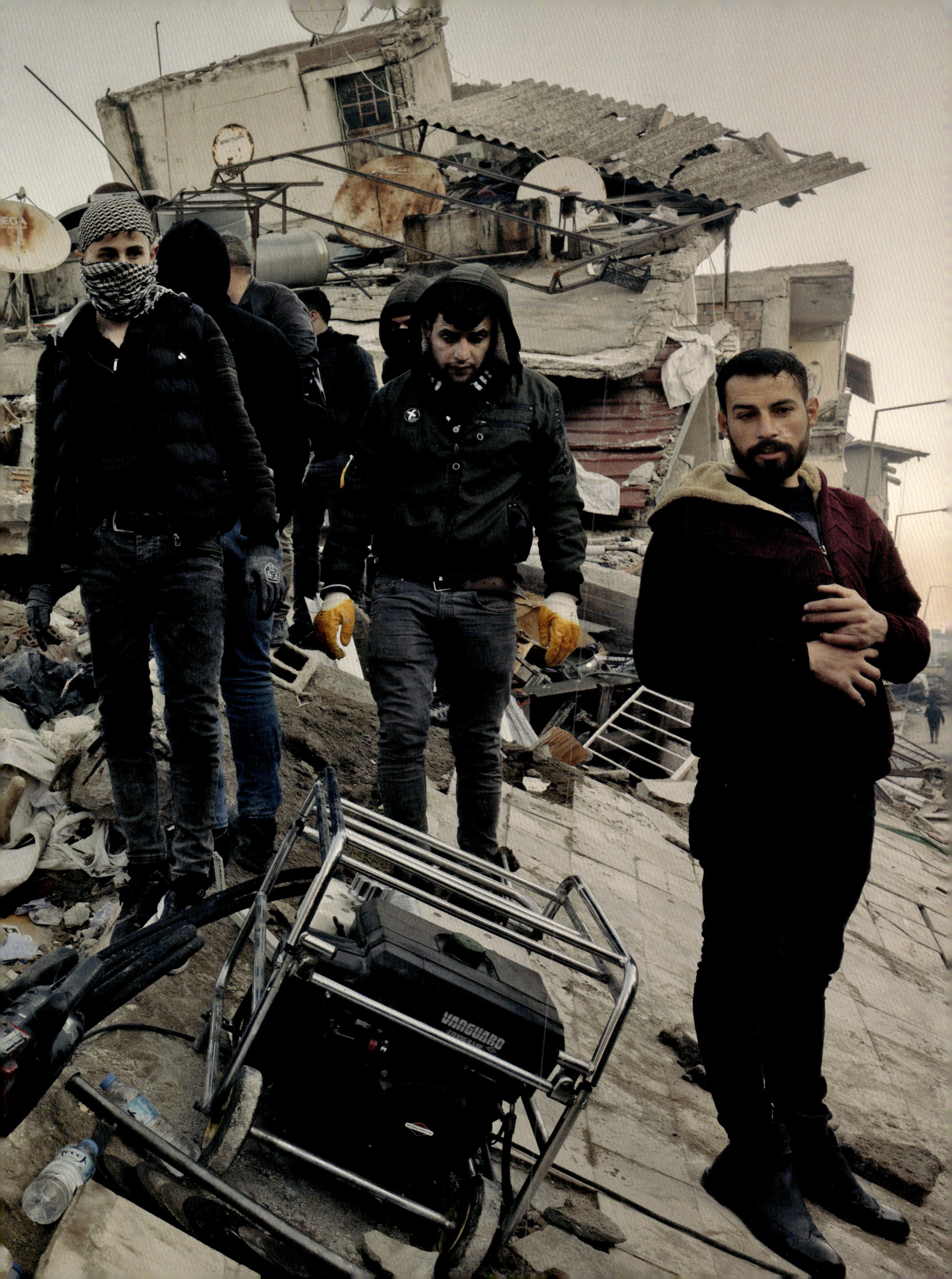
VANGUARD

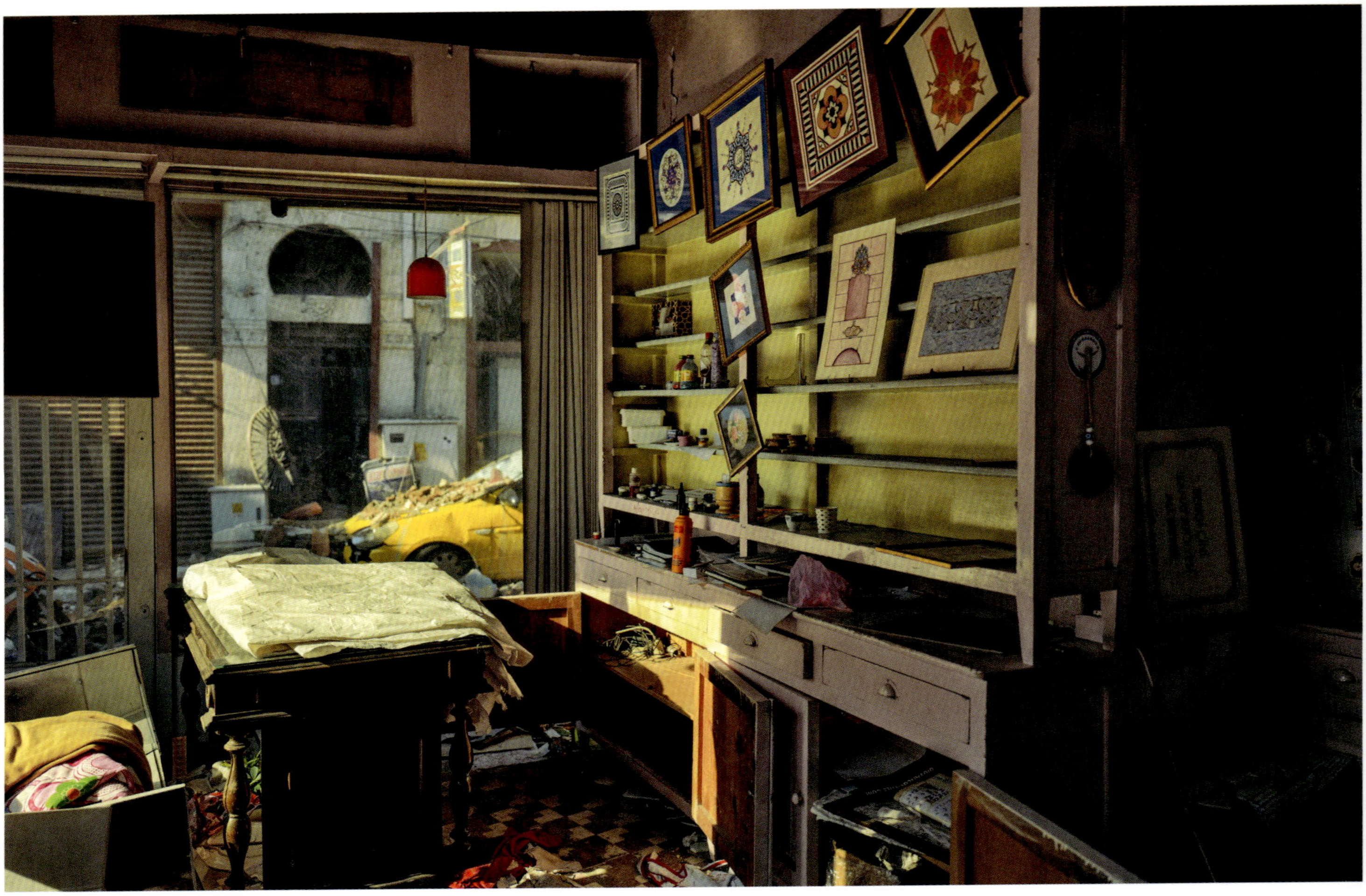

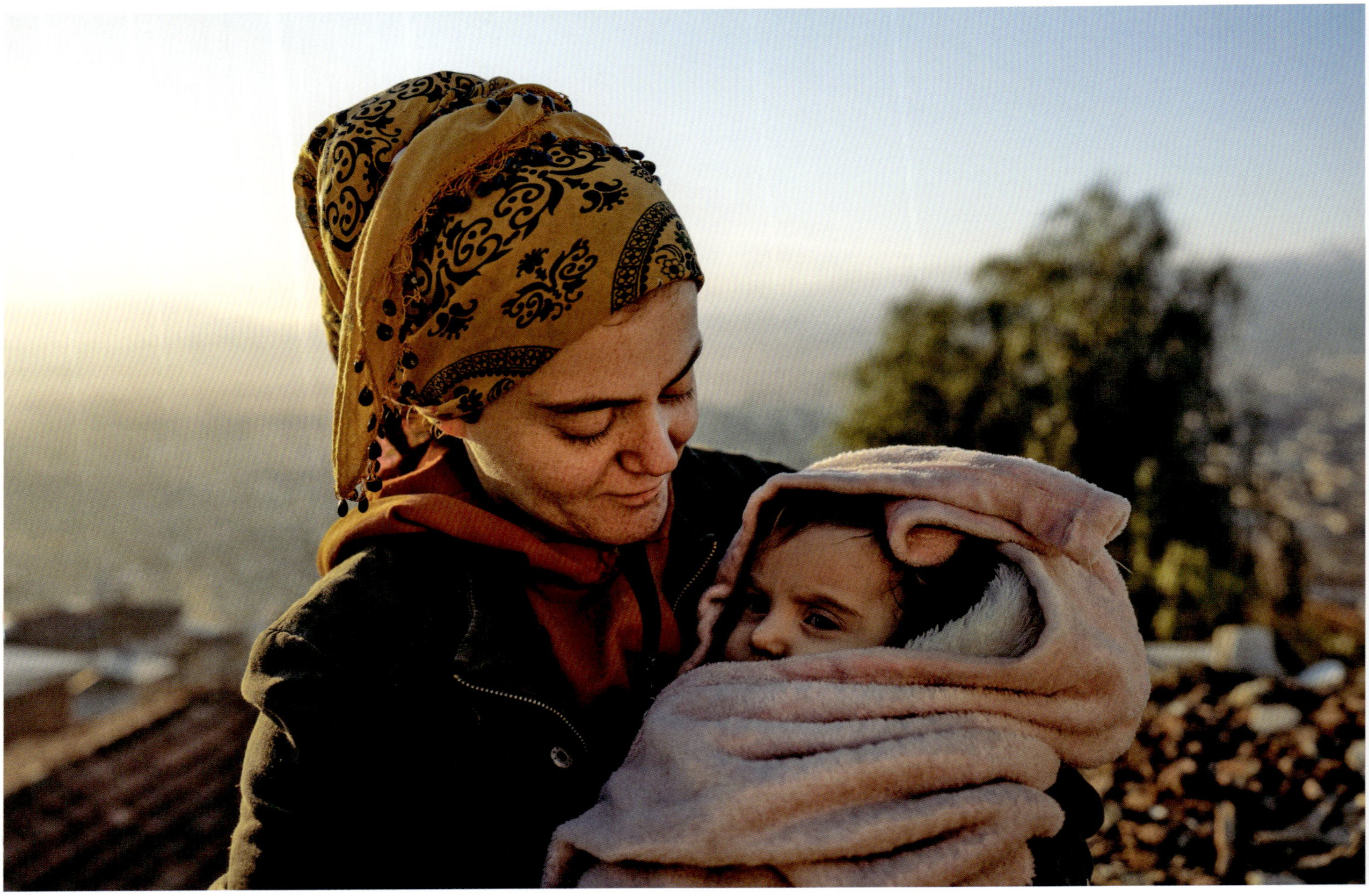

Oben: Das zerstörte Studio eines Künstlers in Antakyas Zentrum. Die Jahrtausende alte Stadt am südlichsten Zipfel der Türkei ist berühmt für ihre vielfältige Kultur.

Unten: Eine Frau hält ihr sechs Monate altes Baby beschützend im Arm: Mit ihrer Familie haust sie weiterhin in ihrem teils zerstörten Heim in Antakya. Viele Bewohner haben die Stadt verlassen – wer geblieben ist, hatte meist keine andere Wahl.

In den ersten Tagen stiegen die Todeszahlen dramatisch an, viele Menschen hatten Familienmitglieder verloren. Aber genau diese Leute wollten auch mit mir sprechen, sie wollten mir zeigen, was ich fotografieren sollte, was ihnen wichtig war, was die Welt erfahren sollte.

Als Fotografin in den Ländern des Nahen Ostens zu arbeiten, bietet mir die Möglichkeit, mit Männern und Frauen in Kontakt zu treten. Meinen männlichen Kollegen ist es oft nicht gestattet, private Wohnzimmer zu betreten, dort mit Frauen zu sprechen oder diese zu fotografieren. Dieses Privilegs bin ich mir bewusst und nehme es sehr ernst. Ich weiß, dass es vielen meiner Kolleginnen genauso geht.

Meine Fotos aus dem Erdbebengebiet musste ich zweimal am Tag an meine Redaktion schicken, denn sie wollten regelmäßig Live-Updates posten. Das war eine Herausforderung, denn Internet gab es in den ersten Tagen aufgrund der verheerenden Zerstörung kaum. In Hatay arbeitete ich mit einem Journalisten der *New York Times* zusammen, der die Texte verfasste. Wir konnten zwar ungestört arbeiten, doch die Lebenssituation und Sicherheitslage verschlechterten sich von Tag zu Tag. Es herrschte ein Klima der Hysterie. Viele Überlebende waren zunehmend wütend und verärgert über das riesige Ausmaß des Erdbebens und, wie sie sagten, über das viel zu langsame Eintreffen der Hilfe.

In Syrien durften wir nur einen Tag lang arbeiten – mit Erlaubnis und auch in Begleitung des türkischen Militärs, denn dieser Teil im Nordwesten Syriens ist teils von der Türkei besetzt. Wir wurden in Autos mit abgedunkelten Fenstern über die Grenze gebracht und wieder von türkischen Soldaten abgeholt. In der Zwischenzeit hatte ich aber Gelegenheit, mit Menschen vor Ort zu sprechen und deren Geschichten zu dokumentieren. Auch hier war mir wichtig, dass alle zustimmten, die ich fotografierte. Ich wollte niemandem im Weg stehen und sprach nur mit denjenigen, die ihre Erinnerungen mit mir teilen wollten.

Die Tage im Erdbebengebiet waren lang. Eine wirkliche Übernachtungsmöglichkeit gab es in Hatay nicht und so schlief ich mit meinem Team neun Tage lang im Auto. Ich hatte den Fahrersitz zugeteilt bekommen, es war unbequem und nachts bitterkalt. Niemand konnte wirklich schlafen und wir waren alle sehr erschöpft. Nach vier Tagen bekamen wir unsere erste warme Mahlzeit, waschen konnten wir uns nicht. Wir parkten unser Auto auf dem Parkplatz einer Tankstelle in Antakya und schon bald trafen dort auch andere Journalisten und Fotografen dort ein. Die Kameradschaft unter den Kollegen und Kolleginnen war wirklich überwältigend. Wir unterstützten uns gegenseitig während dieser schrecklichen Zeit und inmitten dieses großen Leids. Das half in dieser schwierigen Lage.

Ich erinnere mich oft an die Zeit in Hatay. Besonders häufig denke ich an eine syrische Familie, die in einer leerstehenden Autowaschanlage außerhalb Antakyas Zuflucht gesucht hatte. Es war bitterkalt und ein eisiger Wind zog durch den großen, hohen Raum der Anlage. Die Familie verbrannte Plastik, um sich so ein bisschen zu wärmen. Sie hatten Decken auf den Boden gelegt, auf denen sie schliefen, und neben dem Eingang kochten sie Tee. Während meiner Zeit in Hatay besuchte ich sie öfters. Sie wollten zurück in ihr Haus, doch wegen der Nachbeben war das zu gefährlich. Ich frage mich oft, wie es dieser Familie heute wohl geht.

Ich möchte weiterhin die Menschen in den Mittelpunkt meiner Fotografie stellen. In Zukunft will ich mich noch stärker auf Klima- und Umweltthemen konzentrieren und zeigen, wie die Folgen der Klimakrise Bewohner verschiedener Länder in unterschiedlichen Situationen beeinflussen und bedrohen.

Aufgezeichnet von Stefanie Glinski

EMILY GARTHWAITE

emilygarthwaite.com

Emily Garthwaite (geb. 1993 in Großbritannien) arbeitet als Fotojournalistin und Autorin vor allem in den Ländern des Nahen Ostens. Sie hat in London Dokumentarfotografie und Fotojournalismus studiert. Sie befasst sich in ihren Reportagen vor allem mit Menschenrechts- und Umweltthemen und erhielt dafür zahlreiche Auszeichnungen. Sie arbeitet unter anderem für die *New York Times, Washington Post, Smithsonian Magazine, Le Figaro, Der Spiegel* und *Geo*. Heute pendelt sie zwischen dem Irak und der Türkei.

STEFANIE GLINSKI

stefanieglinski.com

Stefanie Glinski (geb. 1986 in Hagen) wohnt derzeit in Istanbul und arbeitet vorwiegend im Nahen Osten als Journalistin und Fotografin. Zuvor lebte sie mehrere Jahre lang in Afghanistan und Südsudan. Sie studierte Internationalen Journalismus in London und arbeitet heute vor allem für die britische Zeitung *The Guardian* und das US-Magazin *Foreign Policy*. Außerdem ist sie Stipendiatin der International Women's Media Foundation und Mitglied von *Women Photograph*.

ZUHAUSE IN DER VORSTADT

Als Sohn kambodschanischer Einwanderer wuchs der Fotograf William Keo in der Banlieue von Paris auf. Trotz seines internationalen Erfolgs kehrt er immer wieder dorthin zurück. Seine Bilder spiegeln seinen einzigartigen Zugang zu den dort lebenden Menschen und ihren Problemen wider.

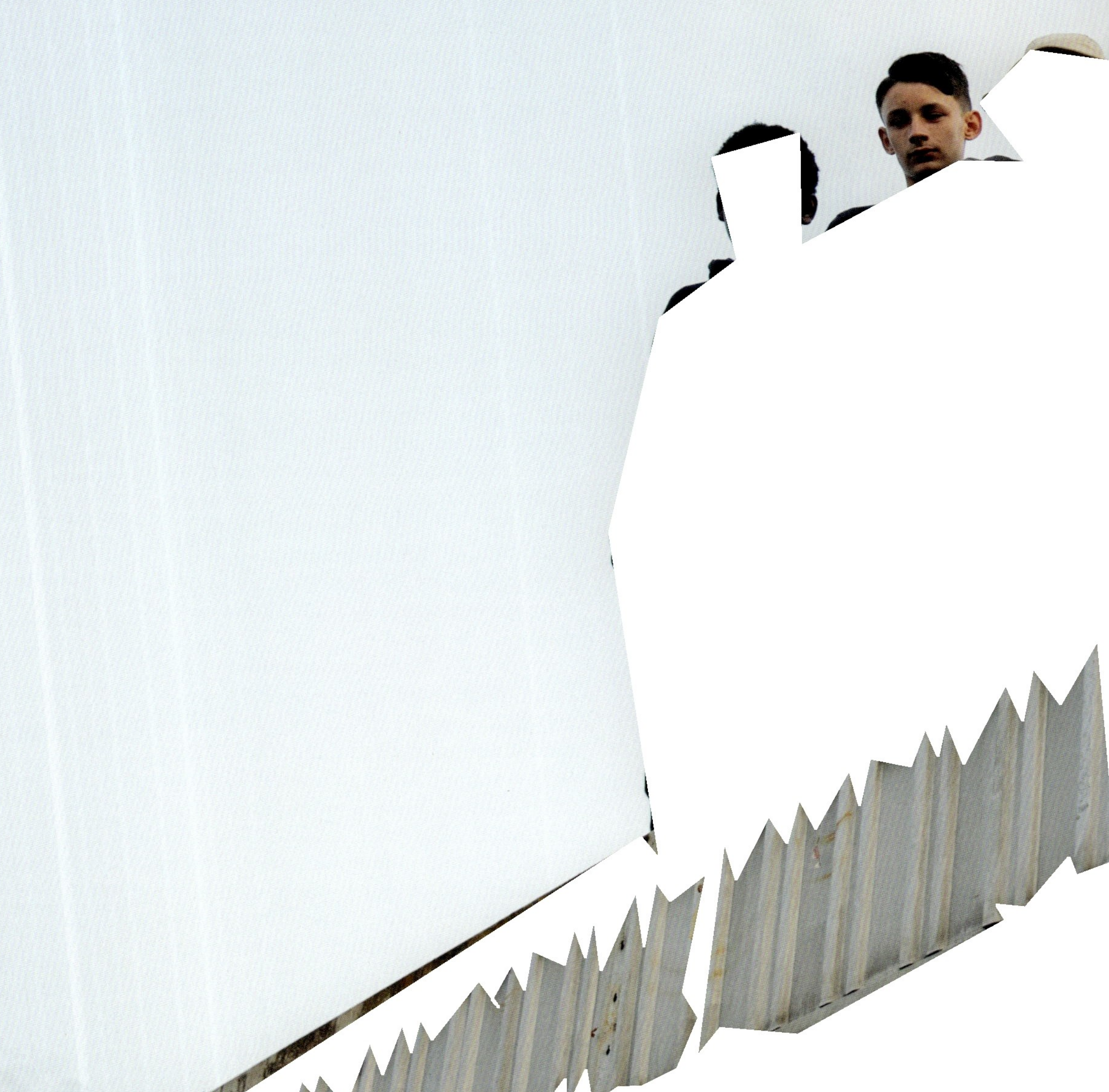

Jugendliche stehen auf einem Dach in der Pariser Vorstadt Verneuil-sur-Seine. Sie leben im sozialen Wohnungsprojekt „Briques Rouges" (Rote Backsteine): Die Sanierung der vier heruntergekommenen Wohnblöcke aus den 1960er-Jahren gilt als Pilotprojekt für bessere Lebensbedingungen in den Banlieues.

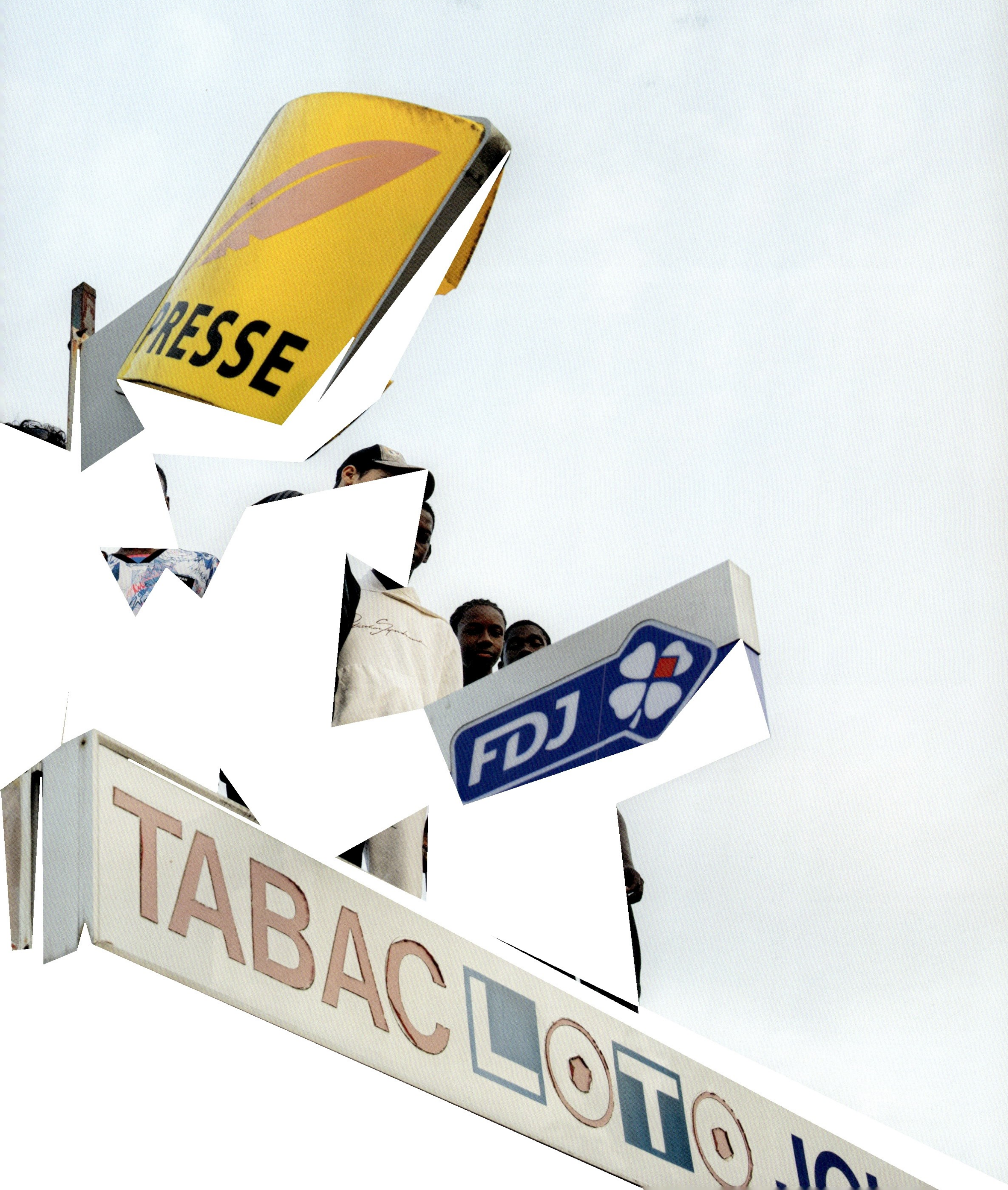
PRESSE
FDJ
TABAC LOTO

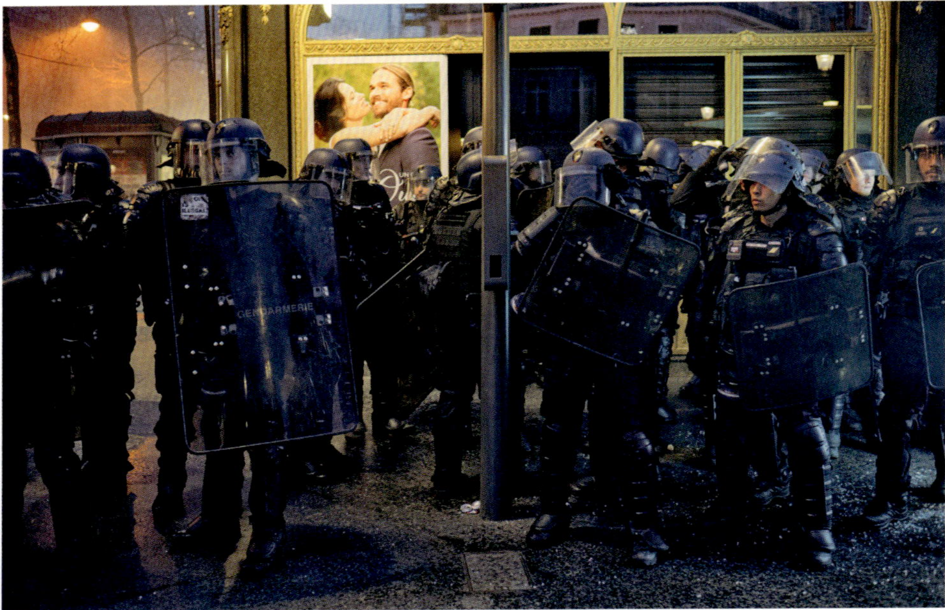

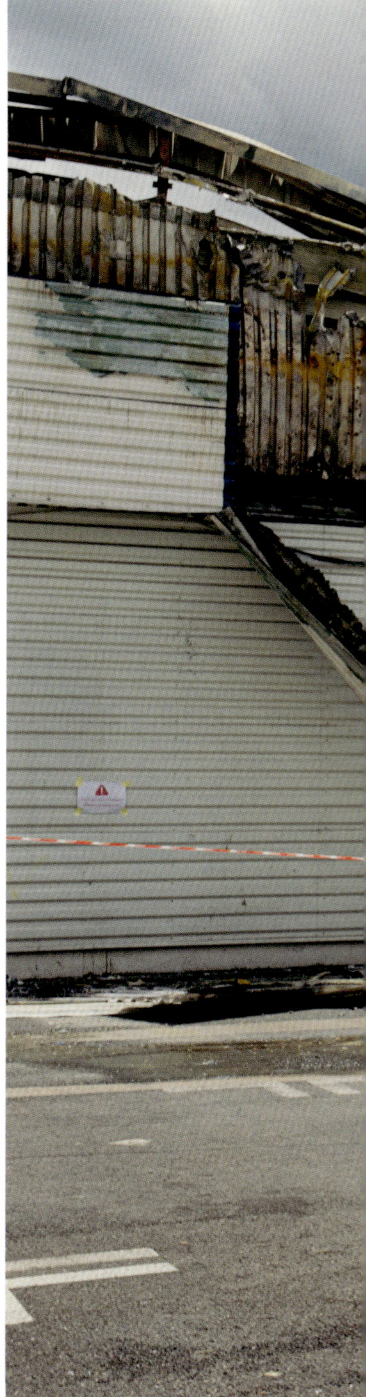

Oben: Demonstranten in Paris sind eingenebelt von Tränengas: Nachdem die französische Regierung gegen den Willen von Teilen der Bevölkerung im März das Rentenalter auf 64 Jahre angehoben hatte, kam es landesweit zu Protesten.

Unten: Vor allem in Paris eskalierten die Unruhen und es kam zu gewaltsamen Auseinandersetzungen mit der Polizei. Zugleich riefen alle französischen Gewerkschaften zum Generalstreik auf.

Rechts: Ein junger Mann läuft an einem baufälligen Einkaufszentrum in Sevran Beaudotte vorbei, in einer Banlieue im Nordosten von Paris. Bei den Unruhen im Juli wurde es schwer beschädigt.

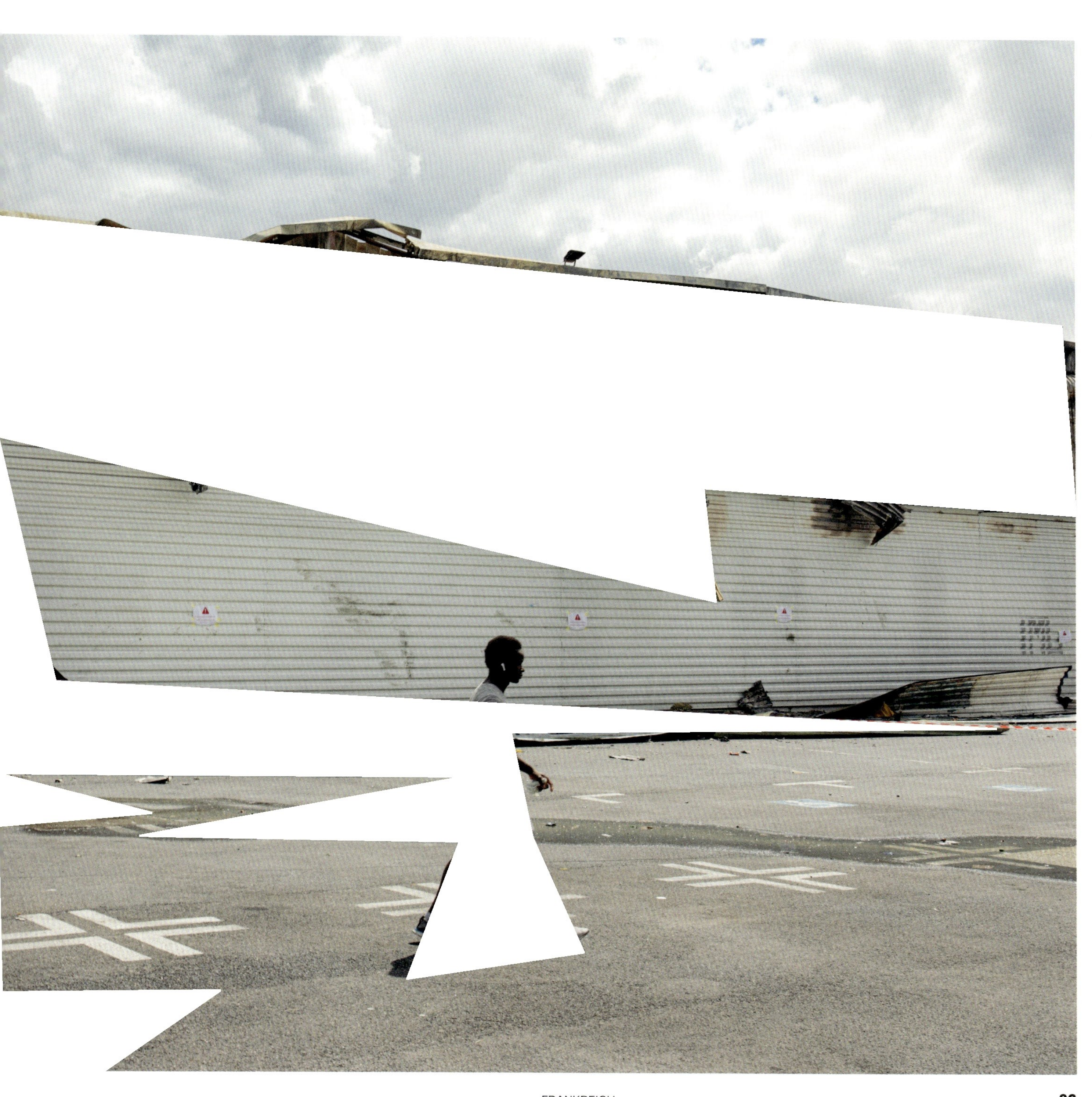

Jugendliche aus dem sozialen Wohnungsprojekt „Briques Rouges" in der Pariser Vorstadt Verneuil-sur-Seine treffen sich, um gemeinsamen zu grillen.

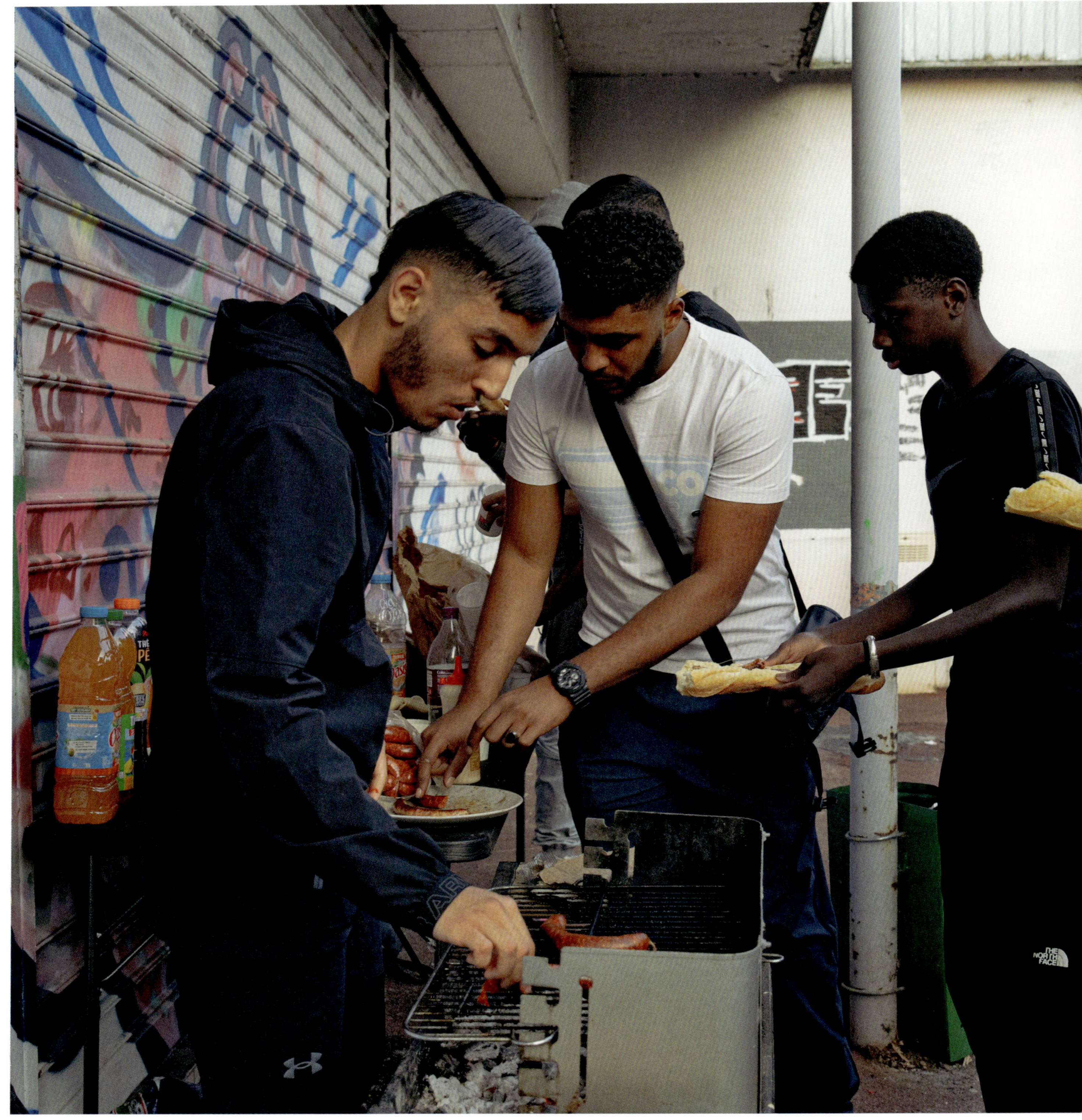

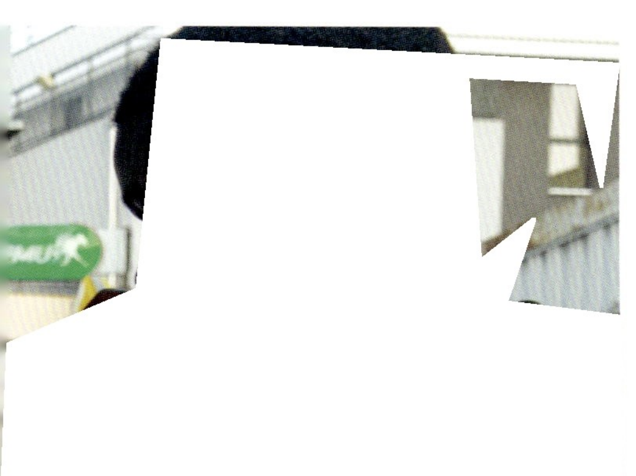

Banlieue. Vorstadt. Dort komme ich her. Von dort wollte ich immer entfliehen. Dorthin bin ich zurückgekehrt. Lange Zeit habe ich meine Herkunft – meinen Heimatort Aulnay-sous-Bois, nordöstlich von Paris – verleugnet. Ich schrieb nie meine Postleitzahl in eine Bewerbung. Ich sah mich damals als Aufsteiger, als Vorzeigeeinwanderer, als einen, der es raus in die Welt geschafft hatte. Mit meinen kambodschanischen Wurzeln habe ich nie dem typischen Vorstadtbewohner entsprochen, der in der kollektiven Wahrnehmung eher schwarz ist, aus dem Maghreb stammt und nicht unbedingt asiatisch aussieht. Dabei beherrsche ich die Codes der Vorstadt: diese besondere Art zu reden und die Körpersprache, die als ein stummes Erkennungsmerkmal dient und die Türen in diese Welt öffnet.

Unser Bild dieser Vorstadtwelt ist sehr stark von sozialer und realer Gewalt geprägt. Das stimmt teilweise, aber gleichzeitig ist es dort nicht so wie in vielen Kinofilmen oder auf den meisten Fotos. Mich hat die Vorstadt nie wirklich losgelassen – trotz meiner Arbeit als Fotoreporter in vielen Regionen der Welt, ob in Darfur, in der Türkei, im Irak oder in Marokko. Irgendwann wurde mir bewusst, dass ich einen besonderen Zugang zu dieser Welt der Banlieues habe, die so nah ist und vielen doch so verschlossen bleibt. Die meisten Fotografen geben sich mit dem zufrieden, was sie dort an der Oberfläche sehen und was naheliegend scheint: die brennenden Autos und die Straßenschlachten mit der Polizei. Die Action, wenn man so will, das „einfache Foto". Für mich beginnt die Arbeit genau hier. Auch ich fotografiere erst dieses naheliegende Bild – um mich dann zu fragen, wie es zu der Situation gekommen ist. Was ging diesem Moment voraus? Welche Geschichte hat ihn ausgelöst? Von dort begebe ich mich auf die Suche.

Zum Fotografieren kam ich während meines Kunststudiums. Ich begann als Autodidakt, und es war mein Vater, der mir das technische Können mit auf den Weg gab. Er hatte ein Familienarchiv angelegt, seit er Anfang der 1980er-Jahre als politischer Flüchtling aus Kambodscha nach Frankreich eingewandert war: All unsere Reisen, alle wichtigen familiären Ereignisse hatte er auf Fotos festgehalten. Diese erzählen auch viel über die französische Gesellschaft der letzten Jahrzehnte. Später erkannte ich, dass die Fotografie für mich auch bedeutet, eine politische Haltung zu zeigen und dafür eine eigene, überzeugende Bildsprache zu finden.

Ich denke, es ist Illusion zu glauben, man könne gänzlich objektiv berichten. Auch wenn mir als Fotograf immer daran gelegen ist, beide Seiten zu zeigen. Daher war ich auch immer mal wieder mit der Polizei unterwegs und habe mir deren Arbeit in den Vorstädten angeschaut. Aber als Fotograf wähle ich stets nur einen Bildausschnitt aus. Das heißt auch, dass ich Dinge außen vorlasse und nicht alles zeigen kann. Außerdem gibt es Grenzen, also Bereiche, in die wir nicht vordringen können. Kein Polizist würde mir solche Einblicke gewähren, wie es Leute tun, die ich seit Kindheitstagen kenne. Das heißt, der Wunsch nach journalistischer Ausgewogenheit und Objektivität prallt auf die realen Bedingungen vor Ort. Ich sehe vor allem, unter welchen Bedingungen und Schwierigkeiten die Vorstadtbewohner leiden – und das zu zeigen, ist schon ein politisches Statement. Ihr Verhältnis zur Polizei ist allerdings derart von Hass und Gewalt geprägt, dass es sich als Thema für meine Arbeit irgendwann einfach aufdrängte.

Begonnen hat mein Engagement in den Banlieues im Jahr 2018, als mich die schwierigen Lebensbedingungen von Migranten in den Vorstädten nicht mehr losließen. Ich wohnte gleich neben ihren provisorischen Unterkünften – da kam plötzlich die Einwanderungsgeschichte meiner eigenen Familie wieder hoch. Wie erging es meinen Eltern damals? Lebten auch sie einst unter so widrigen Umständen? Es waren auch Fragen nach meiner eigenen Identität.

Im Sommer 2023 wurde der 17-jährige Nahel Merzouk bei einer Polizeikontrolle im Vorort Nanterre, westlich von Paris, getötet. Als daraufhin im ganzen Land wochenlange Aufstände ausbrachen, die einer urbanen Revolte gleichkamen, zog es mich sofort dorthin. Ich brach eine andere Reportage in London ab und fuhr zurück nach Frankreich. Vor Ort traf ich so viele Fotografen wie nie zuvor. Sie alle fotografierten immer dasselbe: wütende Jugendliche beim Kampf gegen die Polizei.

Fontenay-sous-Bois, eine Vorstadt im Osten von Paris: Ein Anwohner sitzt auf dem Dach einer Schule mitten in den Wohnblöcken der Sozialsiedlung „La Zup“. Bis in die 1960er-Jahre wuchsen dort noch Obstplantagen.

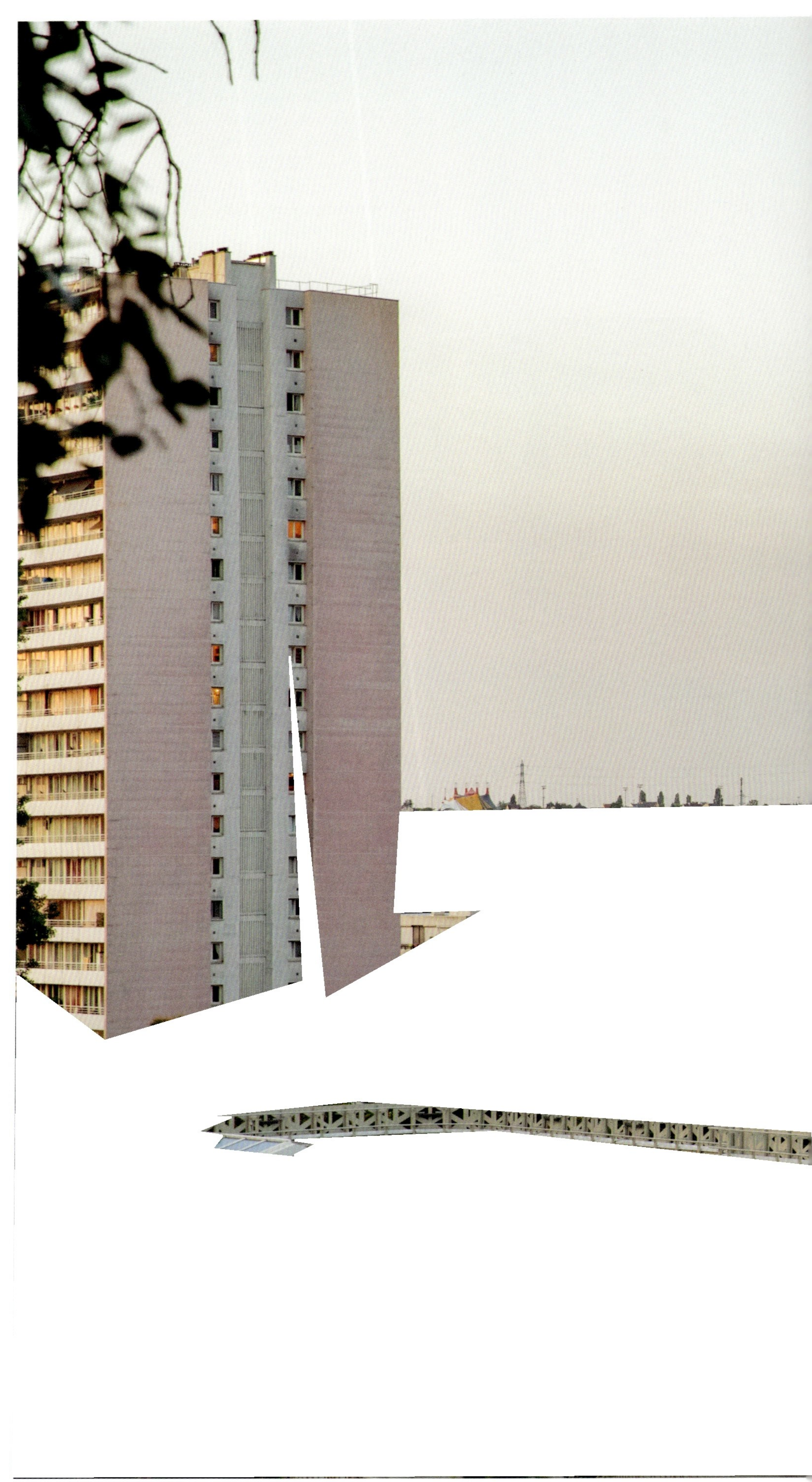

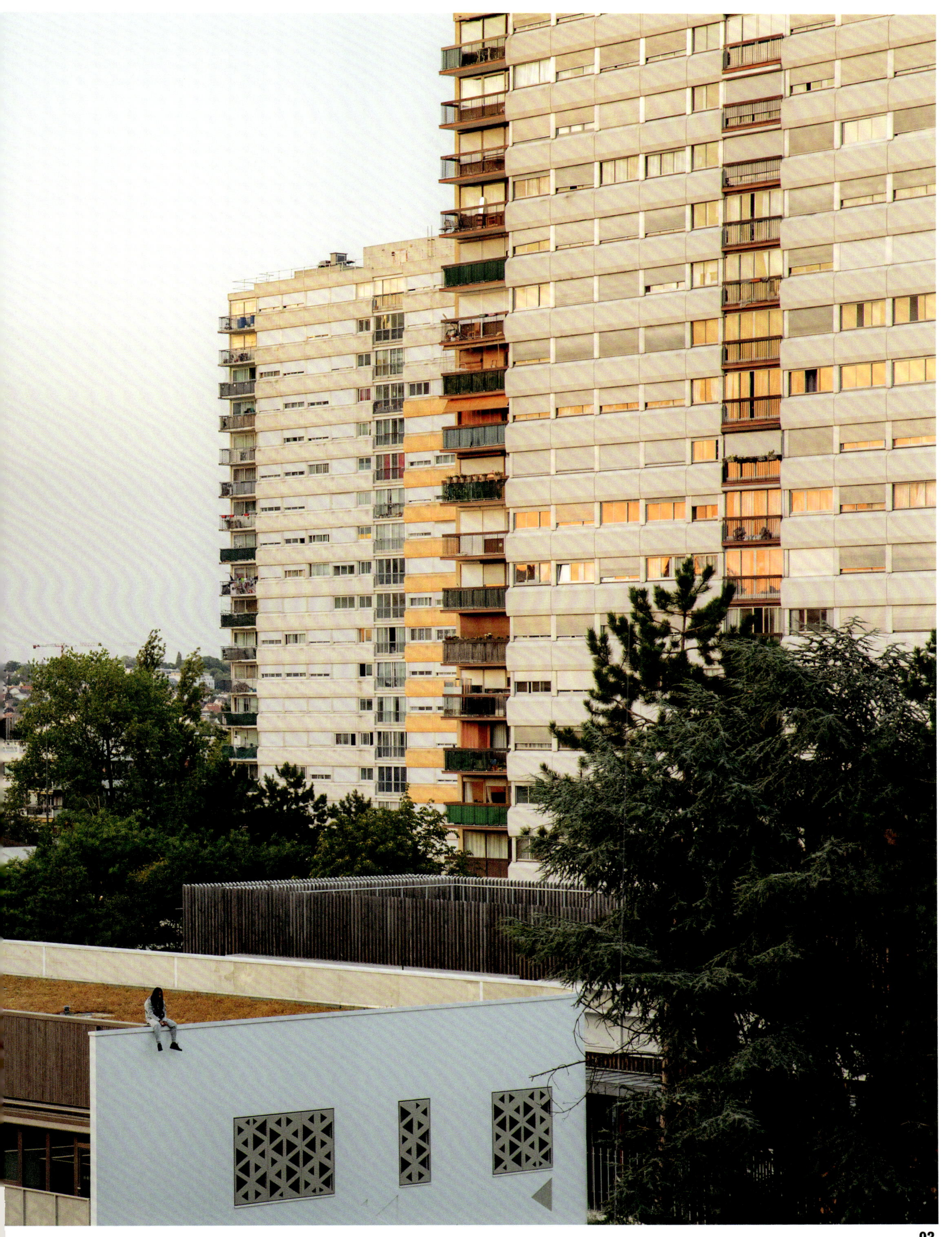

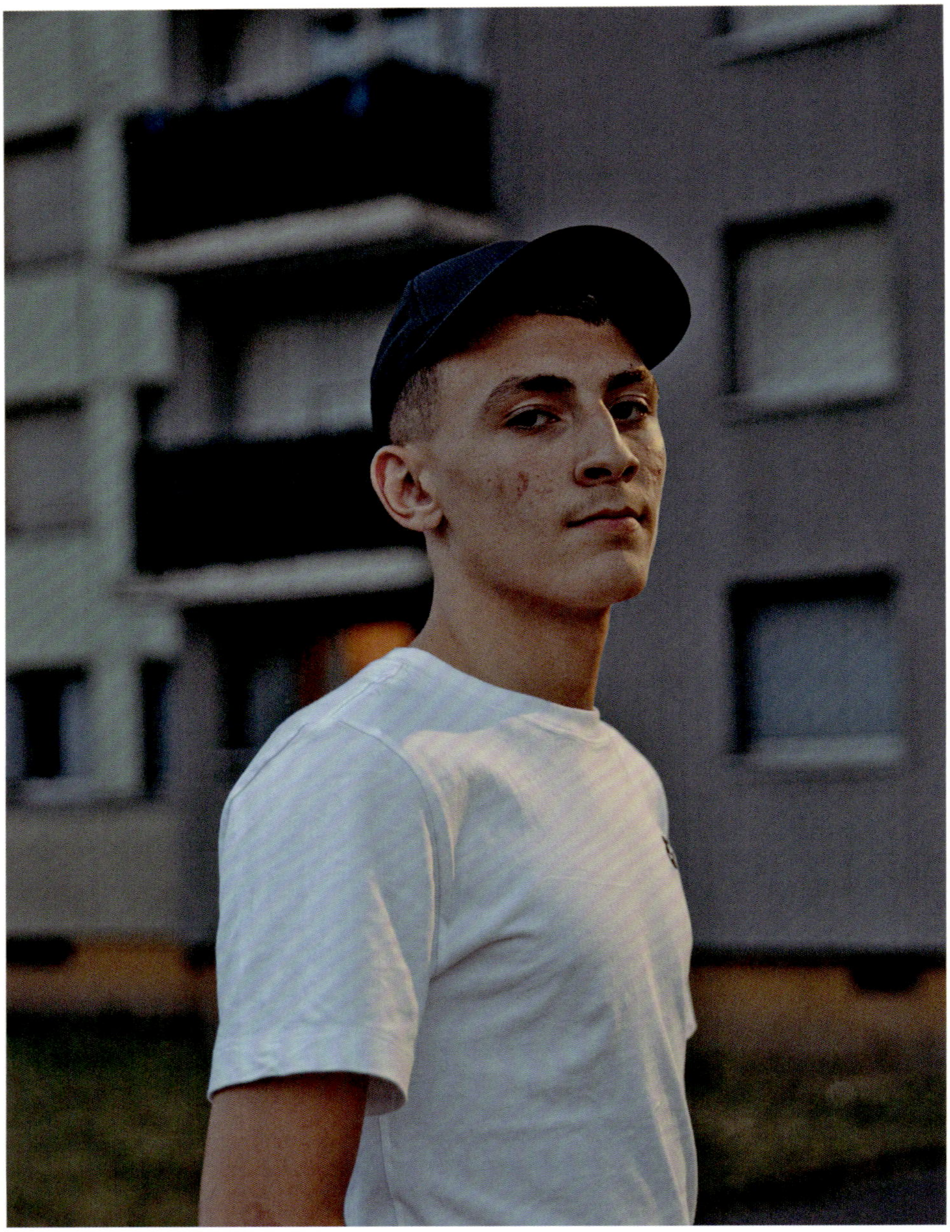

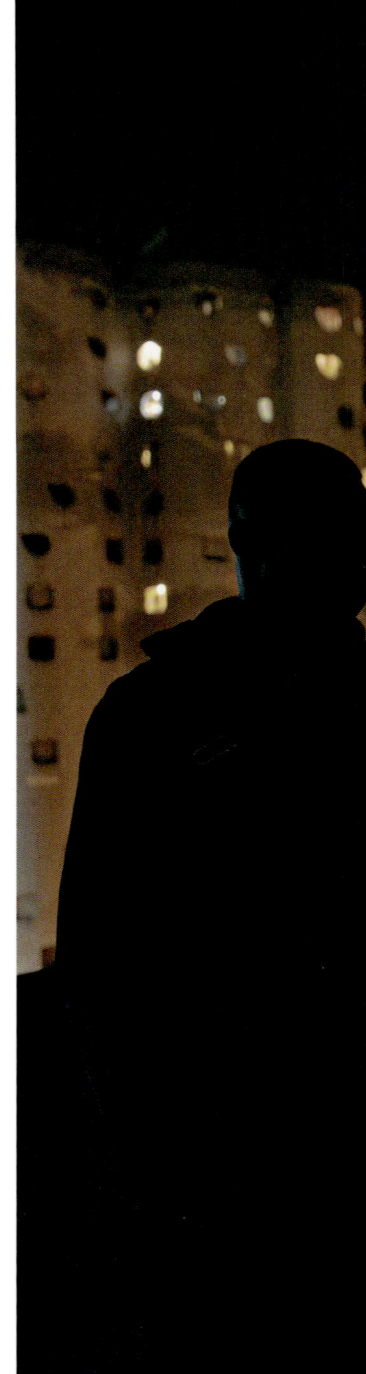

Oben: Porträt eines jungen Mannes in Stains. Die dicht besiedelte Banlieue im Norden von Paris besteht zum großen Teil aus Wohnsiedlungen in Plattenbauweise. Die meisten Bewohner sind Einwanderer aus dem Maghreb oder Ländern der Subsahara.

Rechts: Auch in der Wohnsiedlung „Pablo Picasso“ in Nanterre treffen sich die Jugendlichen angesichts fehlender Alternativen auf dem Dach. In der Vorstadt im Westen von Paris kam es zu schweren Unruhen, nachdem Polizisten im Juni einen 17-Jährigen erschossen hatten.

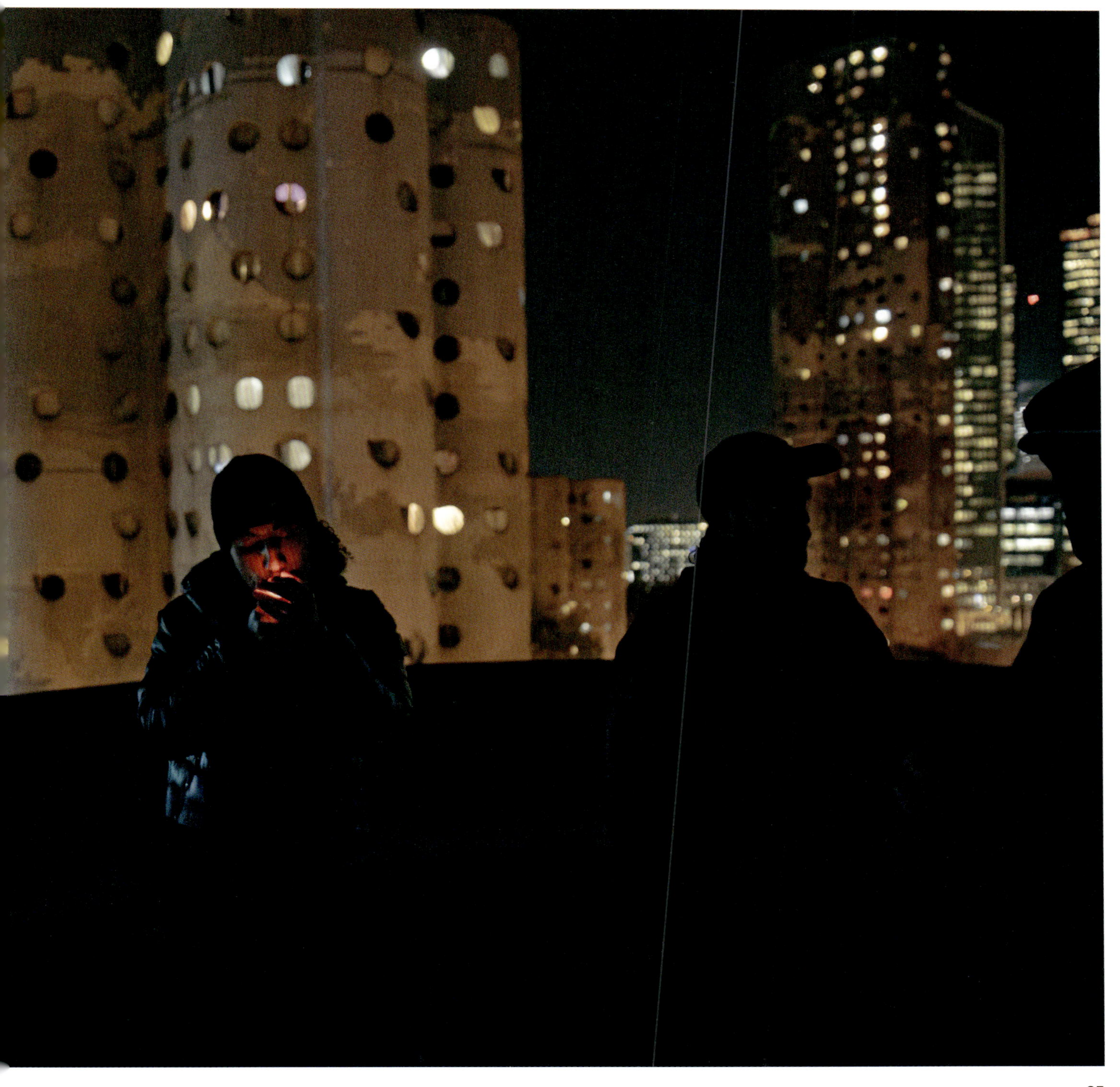

Als ich eintraf, war es spät am Abend. Selbst jene Jugendlichen, die ich kannte, wollten nicht reden. Es war ein Klima des Misstrauens, der Feindseligkeit. Man spürte die Wut und Gewaltbereitschaft dieser jungen Menschen. Dies war ihr einziges Mittel, um sich auszudrücken, ihre Emotionen herauszulassen.

Einige Zeit später kehrte ich nach Nanterre zurück und brachte viel Zeit mit. Da nahmen mich ein paar Bekannte mit auf die Dächer der Hochhaustürme. Dort standen Einkaufswagen voller Pflastersteine und Feuerwerkskörper. Es war, als bereiteten sich die Jugendlichen auf einen erneuten Krieg vor. Ein beängstigender, eindrucksvoller Moment. Für diesen Blick hinter das Offensichtliche braucht es Vertrauen, braucht es Nähe. Genau diesen Kontakt habe ich zu den Menschen dort, weil sie mich als einen der ihren ansehen. Mit einer Einschränkung: Auf meinen Bildern sind so gut wie keine Frauen zu sehen. Mit ihnen habe ich eben nie abgehangen, zu ihnen habe ich als Mann in dieser Welt keinen Zugang.

Die größte Herausforderung, wenn man in den Banlieues arbeitet, ist das mangelnde Vertrauen in Journalisten. Viel zu oft fühlen sich die Menschen dort gar nicht gesehen oder falsch dargestellt. Häufig habe ich das Gefühl, ich müsse vor Ort unseren ganzen Berufsstand verteidigen und erklären, warum wir dorthin kommen oder was unsere Bilder bewirken sollen. Nicht immer kann ich die Bewohner überzeugen, denn viel zu häufig stellen Medien ihre Fotos in den falschen Kontext. Aber auf diese Weise entsteht immerhin eine Diskussion mit den Protagonisten meiner Bilder.

Bei kommerziellen Aufträgen zum Thema Banlieue bin ich immer sehr vorsichtig und erkundige mich ganz genau, wo und wie die Bilder publiziert werden sollen. Bei den Protagonisten meiner Aufnahmen handelt es sich schließlich um Menschen, die mir vertrauen. Sie sind meine Nachbarn und wissen, wo ich wohne. Mitunter lehne ich Anfragen von Zeitungen ab, wenn ich fürchte, dass meine Bilder in falsche Zusammenhänge gerückt werden könnten. Ihr Sinn, ihre Aussage könnte von einer Redaktion so verdreht werden, dass ich das Gefühl habe, „meine Leute" zu verraten. Dann ist es besser, darauf zu verzichten. Es geht mir in der Vorstadt nicht darum, meine Bilder um jeden Preis kommerziell zu verwerten. Ich will lieber die Kontrolle über meine Arbeit behalten, ich will wahrhaftig bleiben. Für meine Fotos von den Aufständen im Sommer habe ich mit Zeitungen wie *Die Zeit* und *Le Monde* zusammengearbeitet, weil ich deren journalistische Grundhaltung schätze und mit den Redaktionen gute Erfahrungen gemacht habe. Bei anderen Medien habe ich hingegen Bedenken.

2024 werde ich wieder in Vorstädten fotografieren, diesmal mit einem besonderen Fokus: die Olympischen Spiele. Sie finden – so ist es politisch gewollt – zu einem großen Teil in den vermeintlichen „Problemvierteln" im Nordosten von Paris statt. Versprochen wurden neue Wohnungen, Freizeitanlagen, Arbeitsplätze. Der olympische Traum soll auch positive Impulse für die Anwohner setzen. Doch was passiert genau auf dem Weg dahin? Gibt es Gentrifizierung, werden die Menschen verdrängt, weil die Mieten steigen? Und wie steht es mit der Islamfeindlichkeit? Das Thema Sport birgt jede Menge Zündstoff – bis hin zur Frage, ob Frauen bei bestimmten Sportarten ihr Haar verhüllen dürfen. Diesen Problemen will ich nachgehen, um zu zeigen, welche Folgen Olympia für einfache Menschen in den betroffenen Vierteln hat. Für ihre Wohnsituation, für ihren Alltag und für ihr Verhältnis zu Frankreich, in dem sie sich überwiegend als Bürger zweiter Klasse fühlen. Wer profitiert am Ende von den Spielen, wer werden die Verlierer sein? Mit diesen Fragen werde ich mich auf Spurensuche begeben. An diesen besonderen Orten, den Vorstädten, die ich mental nie verlassen habe, genauso wenig wie sie mich.

Aufgezeichnet von Romy Straßenburg

WILLIAM KEO

william-keo.com

William Keo (geb. 1996 in Paris, Frankreich) begann während seines Kunststudiums, für NGOs zu fotografieren. In seinen Bildern nimmt der Sohn kambodschanischer Einwanderer die Themen Migration, soziale Ausgrenzung und Intoleranz in den Fokus. Seit 2016 berichtet er aus zahlreichen Krisengebieten, etwa aus Syrien, dem Irak und zuletzt aus der Ukraine. In den vergangenen Jahren konzentrierte er sich auf sozial benachteiligte Bewohner in Frankreichs Vorstädten. 2021 wurde er Nominee der Agentur *Magnum*.

ROMY STRASSENBURG

romy-strassenburg.com

Romy Straßenburg (geb. 1983 in Ostberlin) studierte Französisch, Geschichte und Soziologie, als sie erstmals ein journalistisches Praktikum in Frankreich absolvierte. Heute berichtet sie als freie Journalistin für deutsche und deutsch-französische Medien aus Paris. Für den Kultursender *Arte* arbeitet sie als Moderatorin und Regisseurin von Fernsehdokumentationen. Ihre Reportagen spüren sozialen, politischen und kulturellen Themen in Frankreich nach. Sie wurde 2008 mit dem Deutsch-Französischen Journalistenpreis ausgezeichnet, 2016 war sie für den Grimme-Preis nominiert.

WIR DANKEN

WIR DANKEN: Den Fotografinnen und Fotografen, Autorinnen und Autoren, die ihre Bilder und Texte für dieses Buch zur Verfügung gestellt haben, der Crowdfunding-Plattform Startnext sowie den Crowdfunding-Unterstützern, dem Druckhaus Sportflieger in Berlin, den Agenturen *Agence France-Presse (AFP), AP Photo, APA, dpa Picture-Alliance, EPA, Getty Images, laif, Magnum Photos, Panos Pictures, Redux* und *Reuters* für ihre Kooperation und allen Medien, Verbänden und Unternehmen, die dieses Projekt und *Reporter ohne Grenzen* gefördert haben.

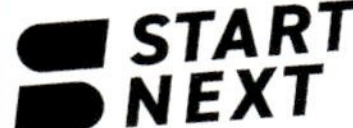

TITELBILD (AUSSCHNITT):
Foto: Mohammed Salem/Reuters

PROJEKTLEITUNG: Barbara Stauss
INHALTLICHE KONZEPTION: Gemma Pörzgen, Barbara Stauss
ART DIREKTION UND LAYOUT:
Jonas Herfurth, www.TenTen.Team
GESTALTERISCHE KONZEPTION: onlab, Berlin
www.onlab.ch

CHEFREDAKTION: Gemma Pörzgen
TEXTREDAKTION: Christina Schott
TEXTE FAKTENTEIL: Christina Schott
TEXTE ESSAYTEIL: Christine Wollowski (S. 24), Gemma Pörzgen (S. 34), Anne-Beatrice Clasmann (S. 40), Peggy Lohse (S. 46), Christian Selbherr (S. 54), Antje Stiebitz (S. 62), Tamina Kutscher (S. 68), Stefanie Glinski (S. 78), Romy Straßenburg (S. 86)
FOTOREDAKTION: Studio Stauss
LEKTORAT: Ansgar Gilster
MITARBEIT: Sylvie Ahrens-Urbanek, Prisca Martaguet, Christopher Resch

VERLAG: *taz* Verlags- und Vertriebs-GmbH, Berlin
VERTRIEB: Direktvertrieb und Werkstatt, Rastede
PRODUKTION: Holger Schmirgalski
HS Printproduktion, Berlin
DRUCK: Druckhaus Sportflieger, Berlin

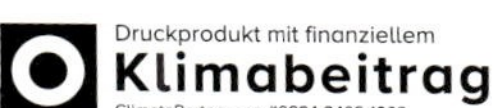

LOGOS UND ANZEIGEN: Daniela Dibelius, Anika Machura, Max Kästner, Nadja Kockrow
Der Erlös aus den Platzierungen fließt in vollem Umfang in unsere Menschenrechtsarbeit.

SPENDENKONTO:
Reporter ohne Grenzen e. V.
IBAN: DE26 1009 0000 5667 7770 80
BIC: BEVODEBB
JETZT ONLINE SPENDEN:
www.reporter-ohne-grenzen.de/spenden
JETZT MITGLIED WERDEN:
www.reporter-ohne-grenzen.de/mitgliedschaft

ISBN 978-3-98682-031-2
EAN 4198741218009

Reporter ohne Grenzen e. V.
Postfach 304108
10756 Berlin

kontakt@reporter-ohne-grenzen.de
www.reporter-ohne-grenzen.de

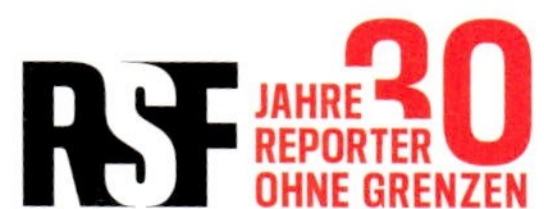

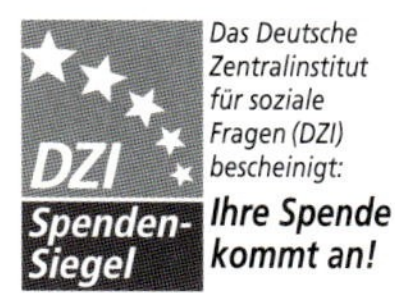

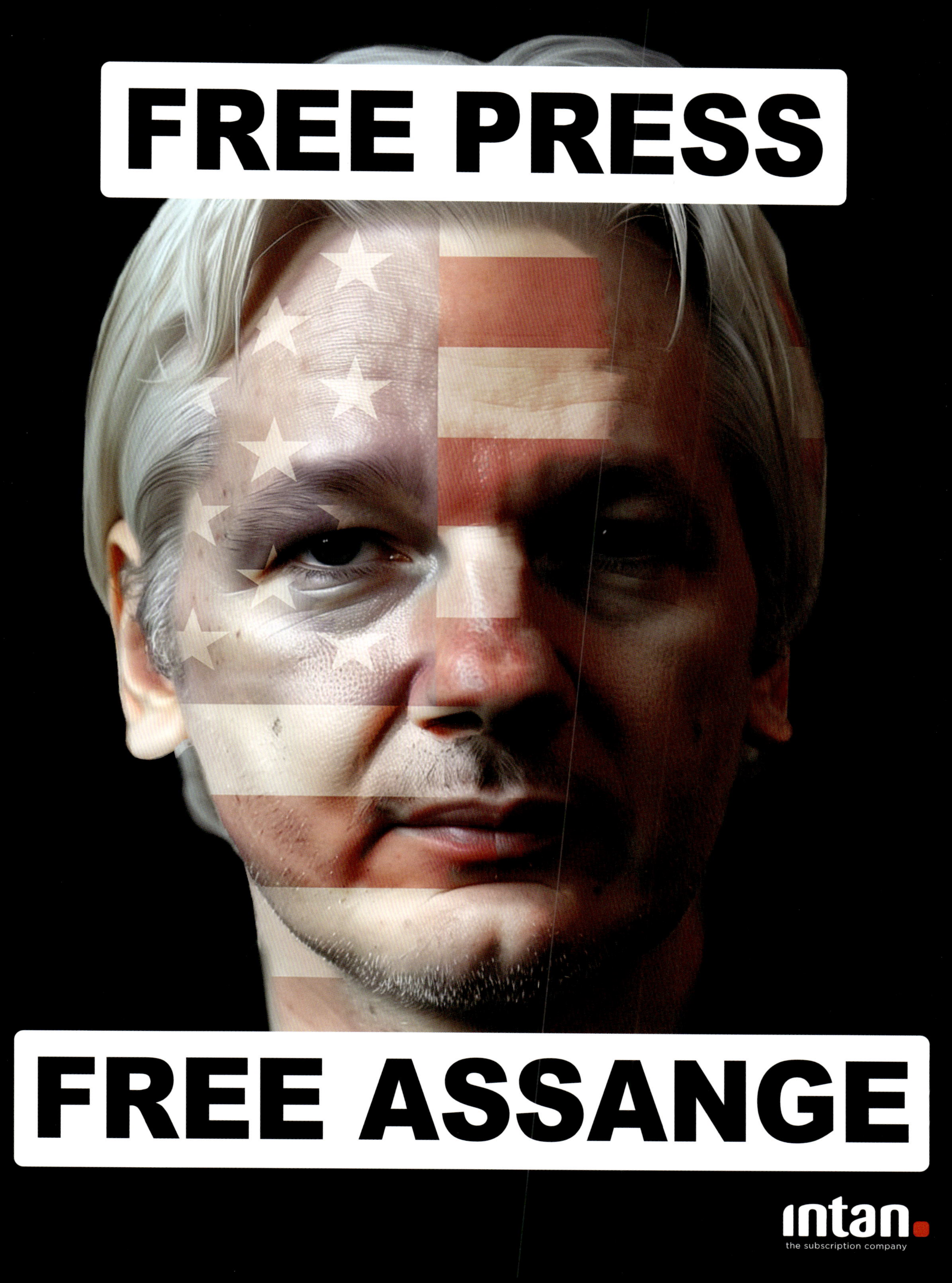

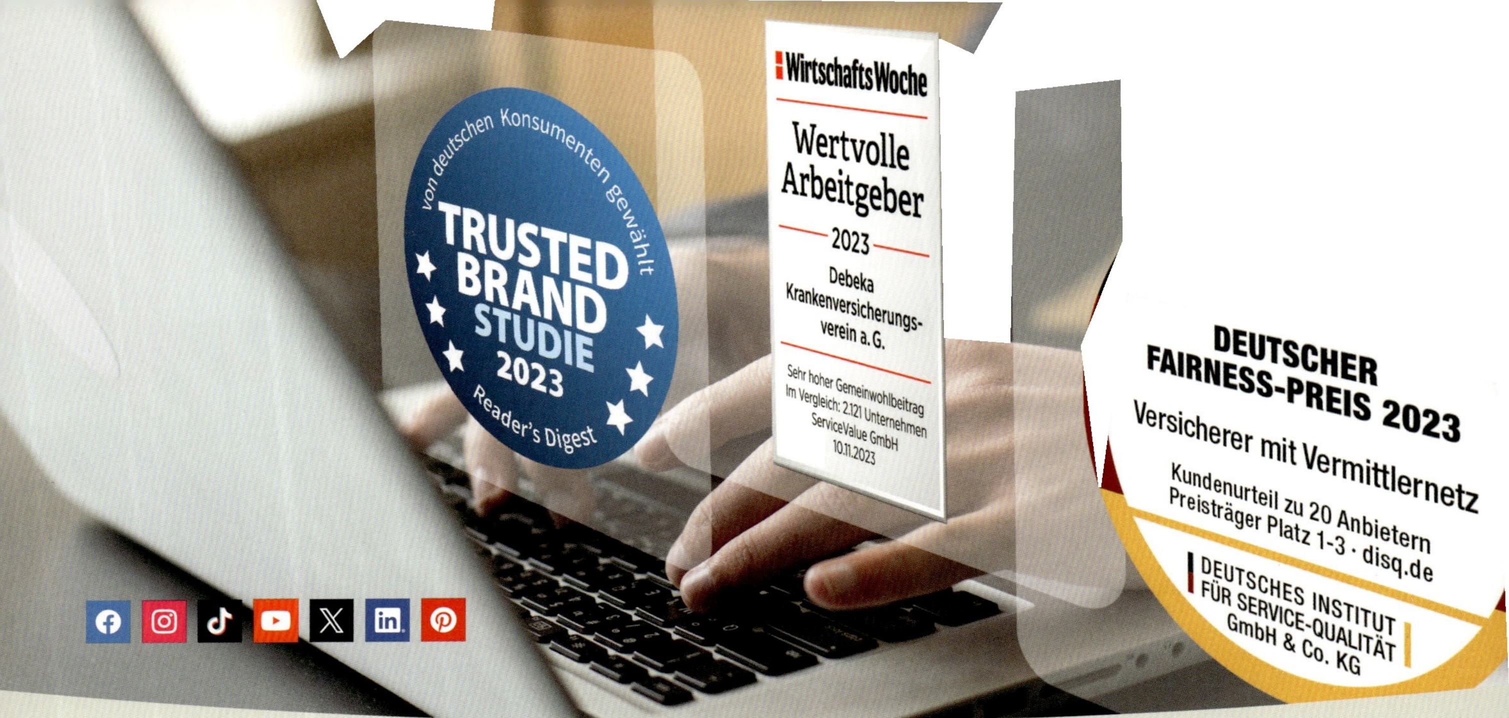
von deutschen Konsumenten gewählt
TRUSTED BRAND STUDIE 2023
Reader's Digest
WirtschaftsWoche
Wertvolle Arbeitgeber
2023
Debeka Krankenversicherungsverein a.G.
Sehr hoher Gemeinwohlbeitrag
Im Vergleich: 2.121 Unternehmen
ServiceValue GmbH
10.11.2023
DEUTSCHER FAIRNESS-PREIS 2023
Versicherer mit Vermittlernetz
Kundenurteil zu 20 Anbietern
Preisträger Platz 1-3 · disq.de
DEUTSCHES INSTITUT FÜR SERVICE-QUALITÄT GmbH & Co. KG

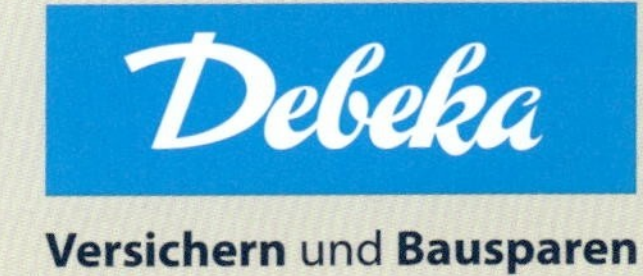
Debeka

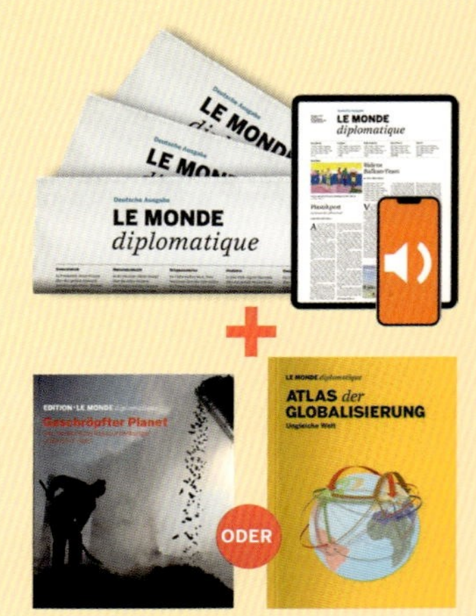
LE MONDE diplomatique
ODER
ATLAS der GLOBALISIERUNG
Geschröpfter Planet

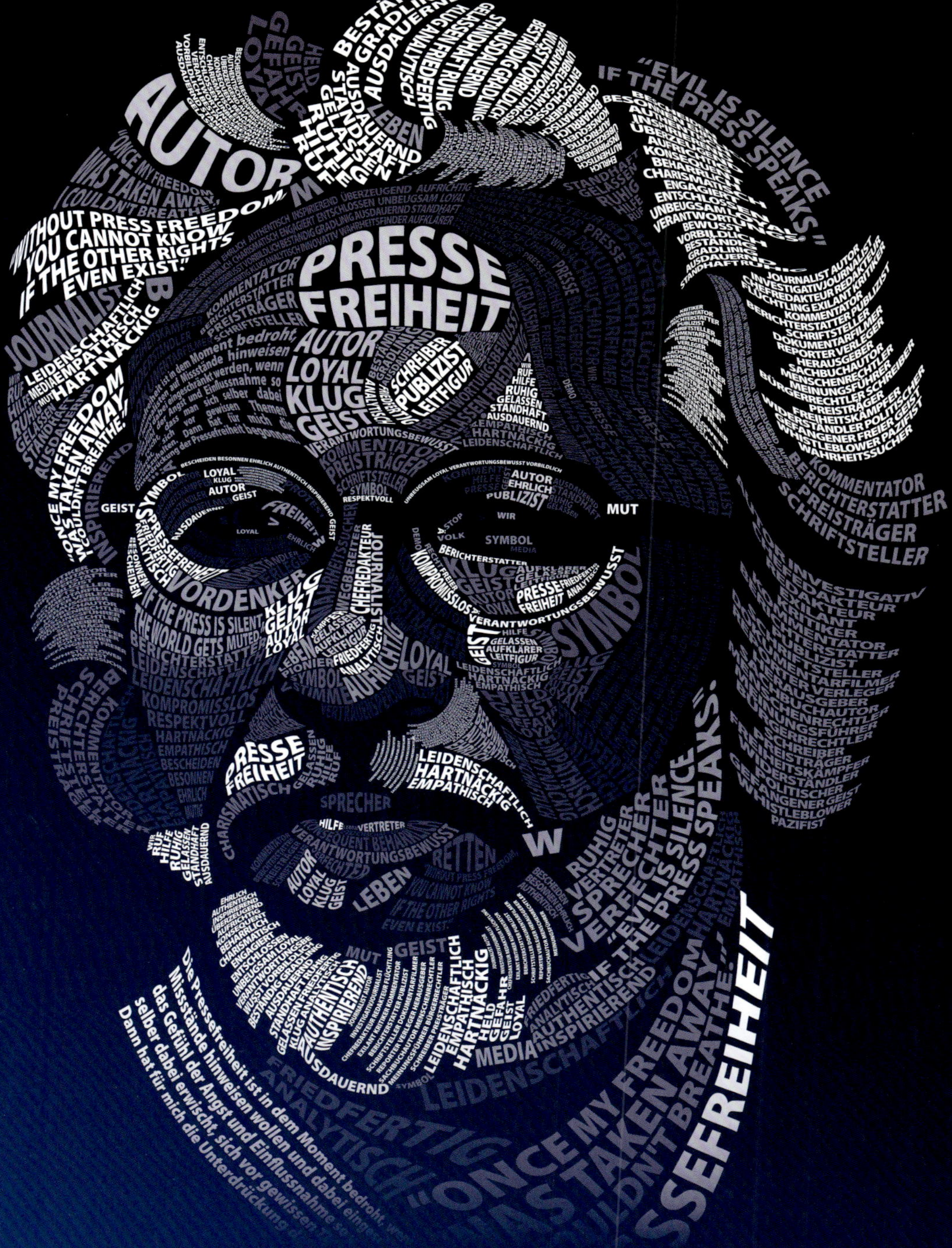

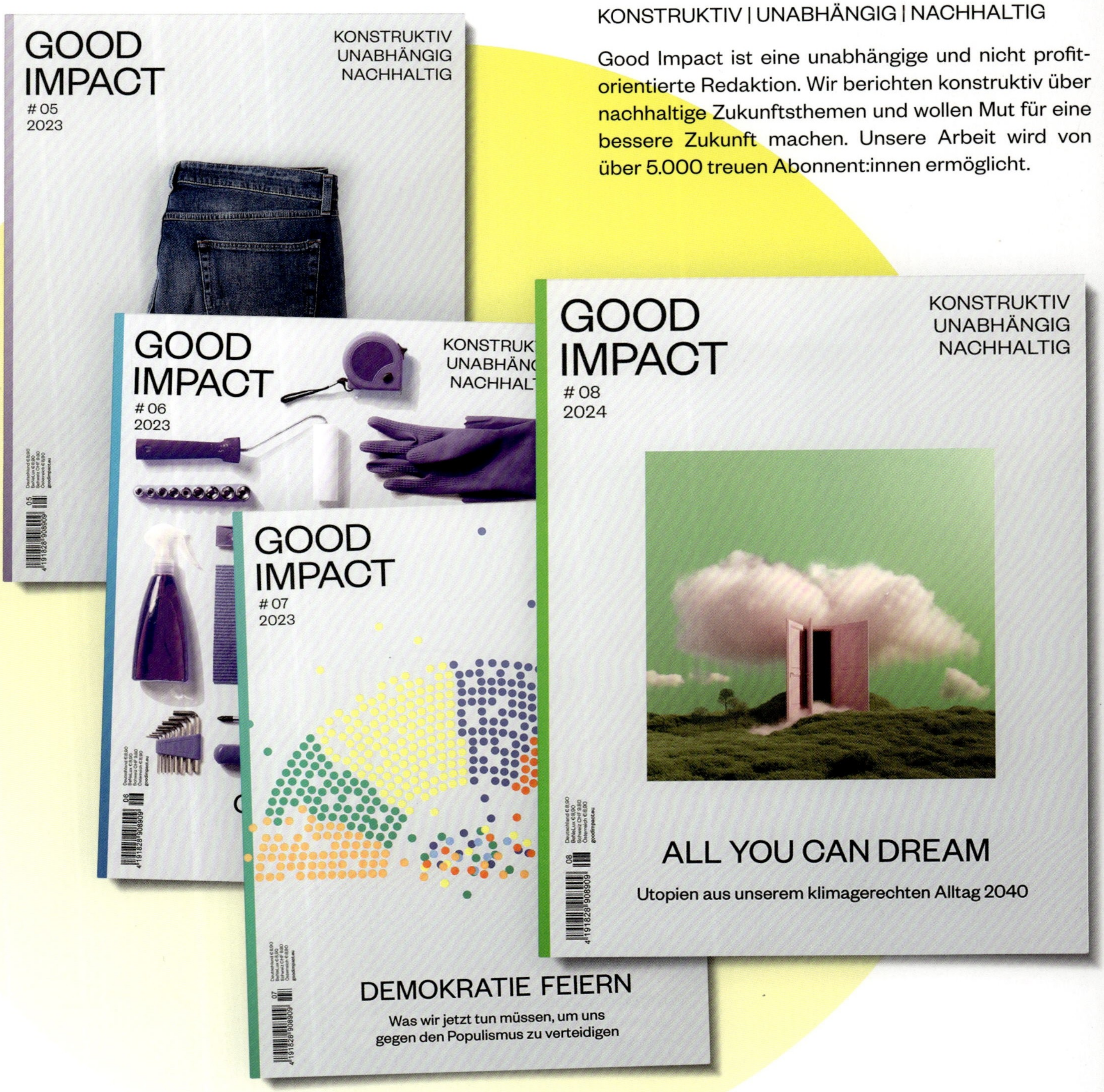